복 있는 사람

오직 여호와의 율법을 즐거워하여 그 율법을 주야로 묵상하는 자로다.
저는 시냇가에 심은 나무가 시절을 좇아 과실을 맺으며 그 잎사귀가 마르지 아니함 같으니
그 행사가 다 형통하리로다. (시편 1:2-3)

"사도신경은 '내가 삼위일체 하나님을 믿는다'만이 아니라, 오히려 '삼위일체 하나님께서 나를 믿으신다'라는 것을 역으로 알려 주는 것 같습니다." 이와 같이 강의 끝 부분을 마무리하는 김진혁 교수의 사도신경 해설은 예사롭지 않다. 그리스도인이 믿는다고 고백하는 하나님은 삼위 하나님임을 분명하게 설명하면서도 이 고백 속에 드러나는 인간은 어떤 존재인지, 삼위 하나님이 어떻게 인간을 찾아오시고 품으시는지 이 책은 여러 방식으로 설명하고 있다. 동서방 교부신학자들의 저작에 많이 의존하면서도 중세와 종교개혁 신학자, 그리고 현대 신학자들의 논의를 끌어들여 사도신경에 담긴 믿음의 내용을 쉽게 이해할 수 있도록 풀어 준다. 그리스도인이 무엇을 믿는지, 어떻게 믿어야 하는지, 믿는다는 것이 무엇인지 궁금했던 모든 이에게 이 책을 권한다.

강영안 미국 칼빈신학교 철학신학 교수

교회의 시간이 끝나가는 것 같은 불길한 징후가 도처에서 나타나고 있다. 회개하지 않으면 "내가 가서 네 촛대를 그 자리에서 옮기겠다" 하신 분의 말씀이 천둥소리처럼 울리고 있다. 기독교인이 된다는 것이 무엇을 의미하는지 새롭게 정립해야 할 시간이다. 『우리가 믿는 것들에 대하여』는 사도신경 속에 담긴 신앙의 신비를 삼위일체론적 관점에서 정밀하게 풀어내고 있다. 저자는 사도신경이 예배 공동체인 '교회의 응축된 지혜'라고 말한다. 어떤 이들에게는 신앙의 화석처럼 보일 수도 있는 사도신경이 실은 하나님의 아름답고 조화로운 세계로의 입구임을 이 책보다 잘 보여줄 수는 없을 것 같다. 영혼의 헛헛증을 느끼는 이들이 이 책 한 권 손에 들고 다시금 진리의 세계 속으로 입장할 수 있으면 좋겠다.

김기석 청파교회 담임목사

이미 『질문하는 신학』에서 그리스도교 교리 체계 전반을 일목요연하게 서술한 바 있는 김진혁 교수는 오늘날 한국 교회가 가장 신뢰할 만한 조직신학자 중 한 사람이다. 『우리가 믿는 것들에 대하여』에서 김진혁은 사도신경 주해 형식을 빌려 보다 간략하고 흥미롭게 그리스도교 신앙의 기초를 설명한다. 이 책은 많은 그리스도인이 너무나 익숙하게 생각하는 사도신경 본문을 새롭게 이해하게 만드는 신선한 통찰과 다양한 읽을거리로 가득하다. 특히 개신교와 가톨릭, 정교회 등 그리스도교의 다양한 전통이 분화되기 이전 초기 그리스도교 신학을 복원해서 소개하는 이 책은, 그리스도인이든 아니든 그리스도교의 핵심 가르침을 이해하거나 가르치고자 하는 모든 독자에게 교과서적인 텍스트가 될 것이다.

김정형 연세대학교 연합신학대학원 교수

우리가 믿는 것들에 대하여

우리가 믿는 것들에 대하여

2022년 7월 20일 초판 1쇄 발행
2023년 4월 7일 초판 3쇄 발행

지은이 김진혁
펴낸이 박종현

(주) 복 있는 사람
주소 서울특별시 마포구 연남동 246-21(성미산로23길 26-6)
전화 02-723-7183(편집), 7734(영업·마케팅) 팩스 02-723-7184
이메일 hismessage@naver.com
등록 1998년 1월 19일 제1-2280호

ISBN 979-11-91987-84-3 03230

ⓒ 김진혁 2022

사도신경에 담긴 그리스도교 신앙 해설

우리가 믿는 것들에 대하여

김진혁

복 있는 사람

일러두기

| 이 책은 2021년 우드베리 연구소에서 "선교 현장을 위한 기독교 교리 해설" 이란 제목으로 진행된 연속 강의를 보완하여 엮은 책이다.

| 이 책에 인용된 성경은 '개역개정판' 제4판을 따랐다.

| 이 책의 사도신경 각 조항 해설은 라틴어 원문의 배열 순서를 따랐으며, 본문에 인용된 사도신경은 대한예수교장로회 통합 교단에서 사용하는 '새번역'을 주로 인용하고 참고했다.

| 신명(神名)은 하나님을 원칙으로 하고, 인용문의 경우는 저자와 번역자가 사용한 신명을 그대로 사용했다.

| 인명과 지명은 원음을 원칙으로 하되, 몇몇 명칭들은 일반화된 음역을 따랐다.

차례

서문

도라는 어느 날 그리스도교를 떠났습니다. 불현듯 "자기가 주기도문을 빨리 외울 수는 있으나, 천천히 외울 수 없다는 것을 발견"했기 때문입니다.[1] 이것은 영국 작가 아이리스 머독Iris Murdoch, 1919-1999의 『종』Bell이라는 소설 도입부에 나오는 일화입니다. 이 작품에서 머독은 신앙과 욕망이 범벅된 채 복잡하고 무거운 관계의 짐을 지고 살아가는 여러 현대인의 모습을 그려 냅니다. 이 소설의 주요 인물인 도라는 학창 시절 예술가의 꿈을 키웠지만 결혼 이후 그 꿈을 내려놓게 됩니다. 매우 지적이고 예의 바르지만 그래서 더욱 무섭게 느껴지는 남편과의 결혼 생활로 도라는 자신의 욕망에 낯설어진 채 하루하루를 무의미하고 무료하게 흘려보냈습니다. 그러던 어느 날 도라는 자신이 어릴 적부터 알았던 주기도문을 천천히 외우지 못한다는 사실을 깨닫고는 조금의 괴로움이나 서운함도 없이 믿음을 떠나보냅니다.

도라와 마찬가지로 인간은 누구나 입술과 마음의 속도 차를 경험하며 살아갑니다. 그 간격을 삶의 일부로 품고 성숙의 계기로 삼느냐 그것을 견디지 못하느냐의 차이입니다. 신학의 중요한 역할 중 하나는 그 틈이 우리의 의지로 메워지는 것이 아닌 자비로우신 하나님의 은혜로 유지되는 성격의 것임을 보여주는 데 있습니다. 인간은 연약한 존재이기에 자의적으로 자신의 입술과 마음의 움직임을 일치시키려 하다 보면 자칫 신앙에 과부하가 걸리기 쉽습니다. 오히려 입술과 마음 사이에 벌어진 간격을 인정하고, 자아라는 환상에 사로잡힌 우리보다 우리의 처지를 더욱 잘 아시는 하나님의 은혜에 자신을 개방하는 것이 삶에 차이를 만들어 내는 결정적 계기가 되기도 합니다.

매주 전 세계 수많은 교회가 사도신경 *Symbolum Apostolorum* 으로 신앙을 고백합니다. 서로 다른 삶을 살아온 사람들이라도 그 순간만은 삼위 하나님을 향해 함께 마음을 엽니다. 그러나 간혹 무심코 예배 진행 속도만 따라가다 보면 사도신경을 암송하면서 마음의 속도를 놓치기도 하고 더러는 그 의미를 놓치기도 합니다. 고대에 작성된 종교문서가 오늘날 내가 옳다고 생각하는 종교적 진리를 제대로 표현하고는 있는지 의문이 들기도 하고, 공동체적 고백이 신앙의 형성과 성숙에 어느 정도 중요성을 갖는지 잘 느끼지 못할 때도 많습니다. 사도신경이 본래 예전적 본문이다 보니 각 문장과 단어의 의미를 곱씹는 것에 왠지 저항감이 생길 수도 있습니다. 그럼에도 그리스도인들은 지난 이천여 년 동안 이처럼 미해결된 문제들을 안고서도 계속해서 사도신경을 사용해 왔습니다.

사도신경은 그리스도교인이 믿어야 할 바를 핵심적으로 요약한 고대교회의 신앙고백입니다. 원시 그리스도교 공동체가 세례식에서 사용한 의식문이 발전하여 7-8세기경 교회에 정착하면서 오늘날 우리가 사용하는 사도신경이 되었습니다. 전통적으로 사도신경은 오순절에 성령이 강림하시면서 예수 그리스도의 제자였던 열두 사도에게 알려 주신 신앙의 핵심 내용을 하나씩 모아서 만들어졌다고 알려져 왔습니다.[2] 그렇다고 사도신경의 초기 원본을 열두 제자가 직접 만들었다는 주장을 입증할 만한 역사적 증거가 있는 것은 아닙니다. 하지만 예부터 이런 낭만적인 이야기가 널리 퍼졌다는 것은 초기 그리스도인들이 사도신경에 얼마나 큰 권위를 부여하고 소중히 여겼는지 짐작할 수 있게 합니다.

사도신경은 예수 그리스도를 통해 계시된 삼위 하나님의 존재와 활동에 나의 삶을 걸겠다는 공동체적 고백입니다. 또한 팔레스타인 지역을 중심으로 일어난 예수 운동이 고대 다신교 로마 문명권에서 하나의 거룩하고 보편적인 교회로 성장하던 시기에는 결정적인 신앙의 기준이 되기도 했습니다. 지금도 전 세계 수많은 교회가 다양한 언어로 번역된 사도신경으로 함께 신앙을 고백하며 삼위 하나님을 예배합니다. 이러한 이유로 수많은 신학자가 그리스도교 신앙을 설명하는 데 자신만의 틀을 새로 고안하는 대신 사도신경의 조항 하나하나를 해설하는 방식을 사용하곤 했습니다. 우리말로 번역된 서적 중에서도 아우구스티누스, 토마스 아퀴나스, 마르틴 루터, 장 칼뱅, 칼 바르트, 볼프하르트 판넨베르크, 베네딕토 16세, 한스 우르스 폰 발타사르 등 시대와 교회를 대표하는 거장들뿐 아니라, 현재 활발히 활동하고 있는 국내외 작가들의 사도신경 해설을 어렵지 않게 찾아볼 수 있습니다(실제 이 책을 쓸 때 이들의 작품에 큰 도움을 받았습니다).

반면 사도신경을 신앙의 기준으로 인정하거나 예배에서 함께 고백하는 것에 회의적인 반응을 보이는 사람도 꽤 있습니다. 예를 들자면 십계명이나 주기도문과 달리 사도신경은 신적 권위가 없으며 성경에 나오지도 않습니다. 게다가 사도신경에는 1세기 팔레스타인에서 예수 운동을 촉발한 결정적 계기인 나사렛 예수의 공적 활동이나 가르침에 관한 언급도 전혀 없습니다. 또한 사도신경은 고대사회의 권위주의적이고 신화적인 세계관을 배경으로 형성되었기 때문에, 현대인의 경험과 언어를 충분히 반영하는 데도 한계가 있습니다. 무엇보다 고대교회가 공인한 본문으로는 신앙의 본질이라고도 할 수 있는 각 개인이 하나님과 맺는 고유한 관계를 제대로 표현할 수 없습니다. 이 외에도 사도신경에 대한 여러 비판이 세대를 거듭하며 일어났고, 또 이러한 주장들 모두가 설득력이 있기도 합니다. 하지만 여기서는 이러한 비판에 하나하나 답변하기보다 사도신경으로 대표되는 교회의 신앙고백의 의미를 중심으로 간략히 살펴보도록 하겠습니다.

그리스도인이 된다는 것의 의미는 다층적이지만, 여기서 빼놓을 수 없는 것은 '하나님의 은혜로 믿음을 통해' 역사적인 신앙 공동체에 속하게 된다는 것입니다(엡 2:8). 달리 표현하면, 우리는 그리스도와 연합하여 그분의 몸인 '거룩한 공교회'의 일부가 됨으로써 그리스도인이 됩니다. 우리는 교회가 됨으로써 삼위 하나님과 새로운 관계의 지평으로 들어가게 되고, 하나님이 창조하신 세계에서 새로운 지향성을 가지고 살게 됩니다. 초기교회 때부터 교회의 구성원이 되기 위해 수많은 수세자가 사도신경으로 신앙을 고백하고 세례를 받았습니다. 신약성경의 여러 구절이 보여주듯, 1세기 사람들에게 세례란 그리스도의 죽음과 부활에 참여하는 '종말론적' 구원 사건(롬 6:3, 갈 3:27, 벧전 3:21 등)인 동시에 부활하신 그리스도의 영이 현존하는 '종말론적' 공동체에 들어가는 예식이었습니다(행 2:41). 그렇기에 공동체 속에서 '나는 믿습니다'*Credo*라고 사도신경을 고백한다는 것은, 나보다 더

우리가 믿는 것들에 대하여

크고 더 위대하며 더 오래된 무언가에 접붙여짐을 의미합니다.[3] 삼라만상의 주님이신 하나님의 은혜의 포괄성에 상응하듯, 우리는 시공간의 한계를 초월하여 전 세계 곳곳의 성도와 함께 그리스도의 몸을 이룹니다. 이는 사적 세계로 후퇴하며 자신의 세계를 각종 논리로 옹호하려는 인간의 자기중심성에 과감하게 도전하는 행위입니다. 나와 너를 갈라놓는 언어와 문화, 인종, 성별, 역사적 기억, 이데올로기, 계급의 차이를 뒤로하고, 세상과 화해하신 하나님의 은혜에 모든 것을 거는 신앙의 모험을 떠나는 원정대에 합류하겠다는 선언입니다.

이처럼 사도신경은 인간의 힘으로는 만들지도 성취하지도 못할 포괄적인 삶의 지평을 열어 보이며 그 속으로 우리를 초청합니다. 그런데 간혹 사도신경을 해설하는 책이나 강의를 접하다 보면 고대교회에서 형성된 사도신경을 가지고 개인의 신념을 제시하거나 특정 교단 신학을 변증하듯 풀어내는 경우를 볼 수 있습니다. 물론 예부터 사도신경은 여러 신학자의 개성 있는 생각을 풀어내는 요긴한 틀이었습니다. 그리고 사도신경은 여러 교단의 신학을 아우를 정도로 품이 넉넉한 신앙고백이기도 합니다. 하지만 사도신경으로 신앙을 고백하거나 공부할 때, 이 고대신경의 지향점이 그리스도의 몸에 속함으로써 나의 협소한 세계를 벗어나 모든 그리스도인과 함께 온 우주의 주인이신 분과의 교제에 들어가게 하는 데 있다는 것을 잊어서는 안 됩니다.

이러한 이유로 이 책을 기획하며 차별성을 어디에 둘지 고민하다가 교회의 역사적 분열이 일어나기 이전인 초기 그리스도교의 신학을 최대한 따라 보자는 목표를 세웠습니다. 신학적 소양과 문장력이 부족함에도, 원고를 쓰는 내내 5세기 중후반까지 활동한 초기교회의 주요 신학자들의 논리와 언어를 가능한 한 따르고자 했습니다. 구체적으로 말하자면, 고대 그리스도교를 대표하는 각 지역의 교회 지도자와 신학자들이 함께 모였던 니케아 공의회[325]와 콘스탄티노폴리스 공의회[381] 등의 주요 교회회의의 핵심 의제였던 '삼위일체론'과 '그리스도의 성육신'을 사도신경의 모든 조항을 풀이하는 데 해석의 전제로 삼았습니다. 물론 21세기를 살아가는 독자를 위해 논의를 펼치는 것이다 보니 종교개혁자와 근현대 신학자 및 작가의 글을 인용하기도 했습니다. 고대교회와는 다소 차이가 있는 개신교의 교리적 입장을 설명할 때도 있었습니다. 사도신경에 나오는 내용만으로는 설명이 힘든 경우, 신경에 나오지 않는 신학적 주제를 더하기도 했습니다. 하지만 이런 경우에도 초기 그리스도교부터 내려오는 신학적 고민을 놓치지 않으려 했고, 사도신경의 언어와 논리 역시 가능한 한 모든 논의에 적용하려 노력했습니다.

책이 일단 출판되면 자신만의 고유한 생명력을 가지고 미지의 독자를 찾아가게 마련입니다. 그럼에도 본서를 쓰면서 상상했던 일차 독자는 사도신경을 자신의 신앙고백으로 삼는 신학을 전공하지 않은 일반인입니다. 물론 제가 미처 짐작도 못했던 이유로 책을 펼친 분도 계시겠지만, 이 책은 자신의 믿음을 신학적 언어로 성찰해 보거나, 공동체의 다른 구성원들과 함께 교리를 공부하거나, 교회와 친하지 않지만 그리스도교는 잘 알고 싶은 분들의 필요와 수준에 맞추어 집필했습니다. 이를 위해 사도신경의 친숙한 단어와 문장 속에 절제미 있게 배어든 신학적 의미를 풀어 가는 방식을 택했습니다. 전문적 신학 용어나 자세한 교회사적 정보가 사도신경의 논리와 언어를 가리지 않게 하려고 노력했습니다. 신학의 멋스러움을 맛볼 수 있도록 위대한 신학자의 글을 선별하여 길게 인용하기도 했습니다. 이 책을 발판 삼아 더 깊이 공부하기 원하는 분들을 위해 가능한 한 우리말로 읽을 수 있는 자료를 모아 참고문헌으로 활용했습니다. 여러분이 어떤 동기와 계기로 지금 이 글을 읽고 계시든 그리스도교 신앙의 아름다움을 사도신경을 통해 맛보실 수 있기를 바랍니다.

『우리가 믿는 것들에 대하여』는 그리스도교의 핵심 가르침 전반을 목회와 선교 및 교회교육 현장에서 사용하기 적합한 수준에서 소개하되, 그 분량은 적당한 두께의 한 권의 책이어야 한다는 매우 실용적인 (그리고 담대한) 목적으로 집필되었습니다. 하지만 저의 신학 공부가 충분치 못하고 글도 서툴기에 보완되어야 할 점들이 곳곳에 있을 것입니다. 또한 불과 삼 년 전에 『질문하는 신학』이라는 꽤 두꺼운 신학 교양서를 출간했기에, 가능한 한 『우리가 믿는 것들에 대하여』에서는 같은 말을 되풀이하지 않으려 했습니다. 이 책에서 설명이 아쉬운 부분이 있다면 『질문하는 신학』에서는 조금 더 자세히 풀어내지 않았을까 조심스레 변명해 봅니다. 하지만 새롭게 말해야 한다는 강박 때문에 꼭 필요한 것마저 제대로 말하지 못하는 실수를 범할 수는 없기에, 이전 책에 나온 내용 중 일부는 각색해서 다시 사용했습니다. 두 책 사이에 비슷한 부분이 있더라도 양해해 주시길 바랍니다. 말 나온 김에 고백하자면 '해 아래에는 새것이 없나니'(전 1:9)라는 위로의 말씀이 없었다면 이 책을 쓸 엄두도 내지 못했을 것입니다.

『우리가 믿는 것들에 대하여』는 이슬람 선교를 위한 연구 공동체인 우드베리 연구소에서 2021년 10월 7일부터 5주간 "선교 현장을 위한 기독교 교리 해설"이란 제목으로 진행된 강의를 보완하여 엮은 책입니다. 세계 각지에서 무슬림 선교를 위해 수고하시는 선교사님들을 대상으로 강의를 한 것 자체가 큰 영광이고 도전이었습니다. 선교 현장에 계신 분들의 필요를 상상하며 자료를 준비했던 만큼, 신학적 각론을 과감히 생략하고 신앙의 핵심에 더욱 집중할 수 있었습니다. 무엇보다 5주간의 강의는 중동지역에서 오랫동안 신앙의 전통을 이어온 아랍계 그리스도인과 공통되는 초기교회의 삼위일체론적 관심을 따라 교리를 하나하나 재해석해 보는 소중한 기회가 되었습니다.

이 자리를 빌려 선교와 이슬람에 무지한 사람을 강사로 초청해 주시고 여러 방면으로 지원을 아끼지 않은 것은 물론 중간중간 값진 통찰을 불어넣어 주신 우드베리 연구소 김아영 소장님께 깊은 감사를 드립니다. 시차가 있음에도 아랑곳 않고 바쁜 사역 중에 열심히 강의에 참여하신 선교사님들과, 강의 진행을 위해 수고해 주신 우드베리 연구소의 최명진 간사님과 이준희 간사님께도 고마움을 표합니다. 미완의 초고가 조금이라도 읽는 맛을 더하게 되었다면, 글을 다듬는 과정 중에 우드베리 도서관의 멋진 공간과 정정일 간사님과 홍유진 간사님의 환대가 제 마음을 넓히고 밝혀 준 덕분입니다. 어려운 출판 시장 상황에서 강의안을 출간하여 선교사님과 일반 독자들에게 더 큰 유익을 남기자고 제안해 주신 복 있는 사람 박종현 대표님의 열정과 과감한 결단이 없었다면 이 책은 결코 탄생할 수 없었을 것입니다. 투박한 원고가 현재 독자분들이 보고 계신 책의 형태를 갖출 수 있도록 매만져 준 정현애 편집자와 박은실 디자이너, 그리고 책의 홍보와 유통을 위해 애써 준 모든 분에게 감사의 말을 전합니다. 글을 쓰고 있노

라면 의자 옆으로 바짝 다가와 산책하러 가자고 낑낑거리며, 집필하는
동안 규칙적으로 운동할 수 있게 해준 루까에게도 고마운 마음을 표
합니다.

2022년 7월 양재동에서

김진혁

서론. 믿음에 대하여

로마 제국의 식민지였던 1세기 팔레스타인에서 시작된 자그마한 예수 운동은 지금은 전 세계에서 가장 많은 신도를 보유한 종교가 되었습니다. 유럽 중심적 시각에서 보면 20세기에 그리스도교 문명이 와해되면서 여러 종교가 공존하는 다원화된 사회로 진입한 것 같지만, 사실 인류 역사라는 더 큰 관점에서 보면 전 세계 거의 모든 곳에서 삼위하나님을 예배하게 된 것은 불과 얼마 되지 않았습니다. 예부터 그리스도인들은 예수의 제자로서의 삶을 충실히 살면서도, 다른 한편으로는 신념이 다른 사람들과도 평화롭게 공존하며 우정을 쌓을 수 있는 지혜를 가져야 했습니다. 달리 말하면, 교회는 언제나 그리스도교 신앙의 고유성을 유지하면서도, 다른 한편으로는 다양한 문화와 생활 방식과 언어 속에서 자신의 정체성과 사명을 새롭게 이해하고자 노력해왔습니다.

이런 맥락에서 21세기 그리스도인들이 왜 초기 그리스도교인의 신앙고백에 관심을 가져야 하는지 생각해 볼 필요가 있습니다. 사람들의 이주가 많아지고 교통과 통신이 발달한 현대 사회에서도 다문화주의는 큰 도전입니다. 나사렛 예수의 제자들이 활동했던 1세기 로마 제국 역시 서로 다른 문화와 종교가 섞여 있는 매우 복잡한 사회였습니다. 말하자면 그리스도교는 어느 한 종교가 모든 사람에게 유일한 진리가 된다는 명제를 순순히 받아들일 정도로 단일하고 순진한 문화 속에서 탄생한 것이 아닙니다. 지중해 전역에 퍼져 있는 여러 공동체에 속해 있던 사람들은 복음서와 서신서 등을 돌려 보고 필사하고 예배 중에 읽으며 그리스도인으로서의 정체성을 만들어 갔습니다. 그러다 4세기 중반 이후에 어떤 문서를 그리스도교 경전으로 삼을지 결정하는 정경화 작업이 이루어집니다. 그제야 로마 제국이 그리스도교를 국교로 공인했기 때문이지만, 실질적으로는 여러 문서를 한 권의 큰 책으로 묶어내는 코덱스 기술이 그때 발전했기 때문입니다. 그럼에도 작은 예배 공동체가 정경 전체를 보유하기에는 그 가격이 너무 비쌌고, 사본을 묶어낸다 하더라도 그 무게가 수십 킬로그램에 달해 활용도가 몹시 제한적이었습니다.[1]

사실 각 지역 교회들은 정경이 확립되기 훨씬 전부터 조금씩 차이는 있었겠지만 삼위 하나님에 대한 공통된 신앙고백을 공유하고 있었습니다. 그 덕분에 그리스도교는 지중해를 넘어 세계 곳곳으로 전파되는 중에도 다원성 속에서 정체성과 통일성을 지켜낼 수 있었습니다. 여러 사상과 신념과 문화와 생활 방식이 혼재하는 사회 속에서, 교회는 수백 년에 걸친 공부와 대화와 보완과 수정의 과정을 거쳐 신앙의 알짬을 정리했습니다. 그렇게 신약성경이 정경화 과정을 거치는 동안 신경信經, creed 또한 정착되어 갔습니다. 4세기 신학자 예루살렘의 키릴로스 Kýrillos A Ierosolýmon, 약 375-444가 말했듯, 글자를 읽을 줄 모른다거나, 필사본이 없다거나, 시간이 부족하다거나 등의 이유로 성경을 읽지 못하는 사람들을 위해 "몇 개의 조항으로 신앙의 모든 가르침을 포괄하여 영혼이 무지로 멸망하지 않도록"[2] 할 필요가 있었습니다. 사도 신경, 니케아 신경, 칼케돈 신경 등 교회가 공인하고 사용하던 신앙고백은 고대 이래 지금까지 그리스도인이 무엇을 믿어야 하는지에 관한 믿을 만한 안내가 되어 주었습니다. 특히 개신교회의 역사적 모태가 되는 서방교회 전통에서는 사도신경을 공인된 신앙고백으로 오랫동안 사용해 왔습니다.[3] 19세기의 저명한 교회사가 필립 샤프[Philip Schaff, 1819-1893]는 사도신경이 어떤 성격의 신앙고백인지 다음과 같이 설명합니다.

> 사도신경은 **교육**이나 **예배 의식**에 사용할 목적으로, 특히 **세례**를 받고자 하는 사람에게나 **입교**入敎를 원하는 사람에게 신앙을 고백게 하려는 의도에서 만들어[졌다].……사도신경은 요약된 교리를 논리적으로 진술한 것이 아니라 **살아 움직이는 사실과 구원을 가져다 주는 진리**에 대한 신앙의 고백이다. 사도신경은 예배 의식에 사용될 수 있는 **시**詩**의 형태**로 되어 있다.……사도신경은 초기교회의 향기였다. 또 널리 인정을 받아서 헤아릴 수 없는 권위를 인정받고 있었다. 사도신경은 기독교의 모든 시대와 분파들을 **하나로 묶어주는 띠**와 같다.[4]

고대교회에서 만들어져 사용되던 사도신경은 시간과 공간을 뛰어넘어 현대인의 신앙과 실천에도 매우 중요한 역할을 합니다. 이 간결한 신앙고백문이 그리스도인이 믿어야 할 핵심 내용을 잘 담고 있을 뿐 아니라, 다신교적 문명에서 삼위 하나님을 믿어야 했던 초기교회 상황

우리가 믿는 것들에 대하여

과 다원화된 사회에서 그리스도인의 정체성을 고민하는 오늘날 상황이 매우 유사하기 때문입니다. 고대의 신앙고백인 사도신경이 무엇이기에, 오늘날 그리스도인에게 무엇을 믿어야 할지 또 어떻게 살아야 할지 안내해 줄 수 있다는 것일까요?

현대인을 위한 고대교회의 유산

아무리 고대와 현대 사이에 상황적인 유사성이 있더라도 두 세계는 사실 너무나 다릅니다. 그렇기에 21세기 사람들이 굳이 고대인의 언어와 논리에 익숙해질 필요가 있는가 하는 의문이 들 수 있습니다. 오히려 현대인에게는 최근 작품이 훨씬 더 친근하게 느껴지고, 이해하기도 쉽고, 삶에 적용할 거리도 많을 수 있습니다. 물론 우리와 시대적 경험을 공유하는 현대 작가들의 글이 더 중요하고 매력적이기도 합니다. 하지만 그렇다고 해도 사도신경과 같은 고대의 신경을 완전히 대체할 정도의 가치가 있는지는 의문입니다. 이런 점을 염두에 두고 이 자리에서는 교회의 권위를 빌려 신경의 필요성을 항변하기보다는, 왜 신경이 여전히 중요한지 일반적 사례를 들어 이야기해 보고자 합니다.

문학평론가 이현우는 고전을 "끊임없이 해석하고 의미의 핵심을 파악하고자 하지만 목표에 이르지 못하게" 되는 텍스트-무한, 곧 "무수히 많은 독자들에게 읽히고, 새로운 해석이 가해지는 가운데 그것을 버텨 내는 텍스트, 그러니까 읽고 나도 계속 뭔가 읽을거리가 남는 텍스트"로 정의합니다.[5] 사도신경 역시 수많은 언어로 번역되었고, 우리로서는 상상하기 힘들 정도로 다양한 해석과 비평이 수백 년 동안 가해졌음에도 여전히 그 의미가 고갈되지 않은 본문입니다. 따라서 고대인이 만든 신경이 단지 교회의 권위가 받쳐주기 때문에 지금까지 사용된다고 보는 것은 지나치게 환원주의적입니다. 신경은 고대부터 현대까지 이어져 온 여러 형태의 도전을 이겨냈고, 각 시대의 필요에 맞게 그리스도인의 상상력과 언어를 형성할 수 있도록 도와주었습니다. 신경은 오랜 기간에 걸쳐 다양한 형태의 사상과 문헌이 등장했다 사라지기를 반복하는 동안 자신의 생명력과 중요성을 스스로 증명해 내었다고도 할 수 있습니다.

또한 현대인이 고대교회의 신경을 이런저런 이유로 거부한다 하더라도 현실적으로 더 좋은 대안이 있는 것도 아닙니다. 예를 들자면 사도신경은 예배나 세례식에서 사용되는 교회의 신앙고백입니다. 즉 교리에 대한 단순한 정보를 제공하려는 목적에서가 아니라, 삼위 하나님과 신자 사이에 인격적 관계가 맺어지고 깊어지는 예전적 맥락에서 형성되었다는 것입니다. 교리 교육만을 위한다면 신학적으로 더 많은 내용을 세세하게 설명하며 장황하게 쓴 본문이어도 됩니다. 하지만 예배와 세례식 같은 구체적 상황에서 사용하려면 길이와 구조와 내용의 균형을 갖춘 신앙고백이 필요합니다. 사도신경은 이런 필요에 따라 고대교회의 수많은 신학자가 '성도의 교제' 속에서 수백 년에 걸쳐 공동으로 작업한 결과물입니다. 그런 만큼 사도신경에는 우리가 갈망하고 신뢰하고 예배하는 하나님이 누구신지, 그리고 우리를 위해 그분이 무엇을 하시는지에 관한 정수가 담겨 있습니다. 더 나아가 사도신경은 진리를 찾던 고대인의 신학적 고민이 응축된 본문으로서, 현대사상과 문화에 너무나 익숙해진 나머지 우리가 간과하거나 잊어버리기 쉬운 중요한 무언가를 상기해 주기도 합니다.

사도신경의 권위와 중요성을 변화하는 시대와 사회 속에서 새롭게 설명하려는 노력은 교회 역사 속에서 계속되었습니다. 일례로, 인간의 진보에 대한 낙관론이 어느 때보다 강했던 20세기 초 현대인이 일으킨 사회적 병폐를 고대인이 만든 사도신경이 치유해 줄 수 있다는 상당히 흥미로운 주장이 나왔습니다. 영국의 문필가였던 G. K. 체스터턴 G. K. Chesterton, 1874-1936은 각종 현대사상을 '이단'이라는 명목 아래 신랄한 어투로 비판하는 글을 연속해서 발표했습니다. 그의 글에 여러 지성인들이 불편함을 느끼던 중에 비평가 G. S. 스트리트 G. S. Street, 1867-1936가 그의 주장이 설득력이 있으려면 다른 사람의 꼬투리만 잡을 것이 아니라 체스터턴도 자신의 철학을 제시해야 한다고 주장했습니다. 그러자 체스터턴은 놀랍게도 현대사상의 '대안'으로 사도신경을 내놓습니다. 그러고는 의미심장한 말을 덧붙입니다. "나는 그것을 내 철학이라고 부르지 않겠다. 내가 만들어 낸 것이 아니기 때문이다. **하나님과 인류가 그것을 만들었고 그것이 또한 나를** 만들었다."[6] 우리 믿음의 내용은 나의 개인적인 의견과 주관적인 감정으로 만들어진 것이 아닙니다. 신앙은 수많은 사람이 함께 고백했던 언어와 그들의 교제로 만들어진 교회 속에서 태어납니다.

체스터턴은 한 발짝 더 나아가 사도신경이 자신을 괴롭혔던 수수께끼 같은 문제, 곧 우리가 속한 세계를 어떻게 보아야 하는가의 문제도 해결해 주었다고 주장합니다. 그에 따르면, 우리가 충실한 삶을 살아가려면 "이 세계를 볼 때 **경이**로운 느낌과 **환영**받는 느낌을 동시에 경험"할 수 있어야 합니다.[7] 반복되는 일상 속에서도 권태에 빠지지 않고 세계를 늘 새롭게 마주할 수 있어야 하며, 비록 잠깐 있다 떠날 세상이라 해도 그 속에서 이방인이 아닌 환대받는 손님처럼 기쁨과 감사를 느낄 수 있어야 합니다. 이를 위해 필요한 '경이로운 느낌'과 '환영받는 느낌' 모두를 체스터턴은 사도신경에서 발견합니다. 비록 세속 사회에서 종교의 옛 권위가 무너졌다 하더라도 사람들은 여전히 이를 대신할 권위를 끊임없이 찾습니다. 현대인에게 사도신경이 필요한 이유가 바로 여기에 있습니다.

사도신경은 '세상으로부터' 구분되는 하나님 백성으로서 교회의 일원이 되기 위한 신앙고백입니다. 천지만물을 창조하고 구원하고 완성하시는 하나님을 믿을 때, 세상에 대한 환상에서 벗어나 세상을 진실하게 대하는 방식을 배우게 됩니다. 그리스도인은 이로써 '교회로부터' 세상을 향해 발걸음을 내디딜 담대함을 가지게 됩니다. 체스터턴은 그 어떤 현대 사상가도 알려 주지 않던 이러한 지혜를 고대부터 지금까지 교회를 통해 전해져 온 사도신경 덕분에 발견했습니다. 옛 그리스도인들이 '이미' 발견한 것을 그는 '이제' 발견한 셈입니다. 우리도 사도신경이 전하려는 바를 곰곰이 되새김질할 때, 앞선 그리스도인들이 '이미' 발견한 것을 '지금' 발견하게 됩니다. 그렇다면 사도신경으로 신앙고백을 함으로써 실재에 대한 이해에 이르는 방식은 우리가 일반적으로 지식을 얻는 방식과 어떤 차이가 있을까요?

믿는다는 것

세상을 바라보는 사도신경의 관점은 경이와 환대의 느낌을 일으킵니다. 그런 점에서, 이 단출한 신앙고백은 일상적 삶에 고유하고 특별한 정취를 불어넣습니다. 달리 말하면, 사도신경은 교회만의 폐쇄적인 신

우리가 믿는 것들에 대하여

앙주의적 문법이 아니라, 교리적 내용과 언어로 세속에서의 삶까지 긍정하는 '은혜의 문법'을 제시합니다. 현실 세계의 작동방식에 길들여진 우리 마음의 습관으로는 이런 은혜의 문법을 저절로 익힐 수 없습니다. 세상을 창조하고 구원하고 완성하시는 삼위 하나님의 존재와 활동이라는 맥락에서 창조 세계를 볼 때, 비로소 은혜의 의미와 작동방식이 제대로 드러납니다. 이를 위해 사도신경으로 대표되는 교회의 응축된 지혜를 통해 우리의 생각과 행동의 중심축을 나로부터 은혜의 하나님께로 옮겨 두는 법을 익혀야 합니다.

사도신경이 우리 삶을 특정한 방향으로 빚어내는 것은, 삼위 하나님에 대한 '인격적 신뢰'와 그분이 만드신 세계의 본성과 운명에 관한 '교리적 서술'이 그 안에서 조화롭게 만나기 때문입니다. 물론 사도신경에는 전문적인 신학적 논증이나 서술이 나오지는 않습니다. 하지만 사도신경의 언어와 논리는 하나님과의 관계를 바탕으로 한 '신앙'과 인간의 이성적 활동인 '신학'이 조화를 이룰 수 있도록 해석의 공간을 마련해 줍니다. 그 구체적 사례는 사도신경의 조항 하나하나를 해설하며 살펴보기로 하고, 여기서는 신앙고백과 교리적 성찰이 어떻게 만날 수 있는지 간략히 설명하도록 하겠습니다. 먼저 신학에서 자주 인용되는 고전적인 라틴어 문구 세 가지를 소개하고자 합니다.

Credo(나는 믿습니다). 사도신경 라틴어 원문의 첫 단어인 *Credo*는 '나는 믿는다'라는 뜻의 일인칭 단수 동사입니다. 이후 교회에서 *Credo*는 사도신경을 뜻하는 명사로 널리 사용되고 있습니다. 하지만 사도신경이 예배에서 공동으로 드리는 신앙고백이기도 한만큼 '나'라는 단수형 주어보다 '우리'라는 복수형을 사용해야 하지 않을까요?[8]

언어적 용례만 놓고 보면, '우리'가 공동체성을 더 드러내는 것 같고, '나'는 개인주의적인 것 같습니다. 하지만 놀랍게도 서방교회를 대표하는 신학자 히포의 아우구스티누스^Aurelius Augustinus Hipponensis, 354~430는 '우리'가 아닌 '나'가 주어로 사용될 때 참된 의미의 공동체성이 나타난다고 봅니다. 그는 시편 123:1("하늘에 계시는 주여, 내가 눈을 들어 주께 향하나이다")을 해설하며 시편 기자의 지극히 '개인적인 고백'이 어떻게 '공동체의 노래'가 될 수 있는지 질문합니다. 그는 공동체적인 '나'의 중요성을 다음과 같이 설명합니다. "각각의 사람이 이 시편을 개인적으로 기도하며 읊조릴 때, 여러분 모두는 그리스도 안에서 하나입니다. 그래서 단 한 사람이 '하늘에 계시는 주여, **우리**가 눈을 들어'가 아니라 '하늘에 계시는 주여, **내가** 눈을 들어'라고 말합니다."[9]

'나'와 '너' 모두가 그리스도에 참여하기에, 각각의 찬양과 기도와 신앙고백이 그리스도 안에서 하나가 됩니다. 따라서 *Credo*라는 일인칭 단수동사로 시작한다고 사도신경을 개인주의적 신앙고백으로 치부하는 것은 지나치게 피상적인 접근입니다. 공동체성을 강조한다고 '우리'라는 복수형을 대신 사용하자는 제안도 공동체가 무엇인지에 대한 신학적 성찰이 빈약한 것으로 보입니다. 사도신경은 그리스도 안에서 하나의 공동체를 이룬 나와 너의 신앙고백입니다. 우리 각 개인이 사도신경으로 신앙을 함께 고백할 때, 그리스도인은 철저히 외따로 떨어진 '나'도 아니고, 집단 속에 나의 고유한 목소리를 숨겨 버린 '우리'도 아닙니다. 신앙이 하나님과 개인의 고유한 관계에 관한 것이지만, 동시에 철저하게 공동체적인 지평이 있다는 것이 *Credo*와 함께 드러납니다.

Lex orandi, lex credendi (기도의 규칙이 곧 신앙의 규칙). 초기교회 문헌에서부터 발견되는 이 문구는 오늘날에는 실천신학의 한 분야인 예배학에서 주로 사용됩니다. 근대 이후 신학의 세부 전공으로 조직신학(혹은 교의학)과 실천신학이 나뉘었지만, 사실 신학과 실천은 다른 두 영역이 아닙니다. 정교하게 다듬어진 정통 교리^{orthodox}가 있어야 올바른 실천^{orthopraxis}이 뒤따를 수 있는 것도 아닙니다. 그리스도교가 지중해 세계로 퍼져 나가던 1-2세기에는 공교회가 구체적 형태를 갖추지 못했습니다. 신약성경의 정경화도 이루어지지 않았고, 신경도 여전히 형성되는 과정에 있었습니다. 당시 그리스도교 공동체는 예식문과 찬양과 기도문을 사용하여 삼위 하나님을 예배했습니다. 역사적 관점에서 보자면, 정통 교리가 만들어진 후에 예배의 내용과 방식이 결정된 것이 아니라 예배에서 사용하던 원시 형태의 신앙고백이 교리의 발전에 필요한 기본 자료가 되었습니다. 따라서 삼위 하나님에 대한 송영, 그분의 조건 없는 은혜에 대한 감사로서의 예배, 그분의 뜻이 이 땅에서 이루어지게 해달라는 기도라는 실천적 맥락에서 떼어 내어, 사도신경의 조항 하나하나에 담긴 신학을 추상화하여 다루는 것을 경계해야 합니다. 약 2천 년 동안 전 세계 그리스도인의 입을 통해 이어져온 사도신경의 본문을 읽고 암송하고 해설할 때, 단어와 문장 사이에 배어 있는 예배 공동체의 숨결을 느낄 수 있어야 합니다.

Fides quarens intellectum (이해를 추구하는 신앙). 이 유명한 명제는 11세기에 활동했던 신학자이자 캔터베리의 대주교였던 안셀무스^{Anselmus Cantuariensis, 1033-1109}가 사용한 표현입니다. 사실 고대부터 신학자들은 신앙에는 이해를 추구하는 속성이 있음을 알았습니다. 이로 인

해 신학적 성찰이 1세기부터 활발히 이루어지고 장려되었습니다. 하지만 우리는 안셀무스의 라틴어 명제에서는 신앙*fides*이 이해*intellectus*보다 선행되어 있다는 사실에 주목할 필요가 있습니다. 이 명제에는 신학적 지식은 신앙에서 출발하기에, 신학의 본성은 신앙에 의해 규정된다는 뜻을 내포하고 있습니다. 물론 그리스도교 신앙은 인간의 논리적인 설명을 요구하기도 하고, 실제로 상당 부분 합리적인 설명이 가능하기도 합니다. 하지만 신앙은 하나님의 선물로 주어진 것인 만큼, 인간의 통제력을 넘어서고 일반적 인식 능력으로 온전히 파악할 수 없는 측면도 있습니다. 그렇기에 안셀무스는, 하나님에 대한 인식은 그분을 향한 기도와 결코 떨어질 수 없다고 봅니다.

> 청하오니, 하느님, 제가 당신을 인식할 수 있게 하소서,
> 당신을 사랑하게 하소서,
> 당신에 대해 기뻐하도록
> 그리고 만일 내가 이 지상 생활 동안 완성에 도달할 수 없다면,
> 완성에 도달할 때까지 매일같이 앞으로 나아가게 하소서.
> 이곳에서는 내 안에서 당신에 대한 지식이 발전해 가고,
> 저곳에서는 충만하게 하소서.[10]

만약 신학의 본질이 (안셀무스의 표현을 뒤집어) '신앙을 추구하는 **이해**'understanding seeking faith에 있다면, 우리는 교리적 명제를 과학적 지식처럼 보편타당한 방식으로 증명해야만 믿음을 갖게 될 것입니다. 하지만 신학은 '이해를 추구하는 **신앙**'faith seeking understanding으로서, 본래 우

리의 것이 아닌, 선물로 받은 신앙에서 출발합니다. 따라서 교리적 지식은 모호성과 합리성이 공존하는 특별한 형태로만 표현될 수 있습니다. 신앙은 논리적이고 설득력 있는 지식에 대한 추구이기도 하지만, 지금 우리에게 명확한 답이 없더라도 진리가 드러나기를 희망 속에서 인내할 줄 아는 기술이기도 합니다.

이런 관점에서 보면, 그리스도교 신앙은 이성의 호소에 등을 돌리는 반지성주의적 신앙주의나 합리적 논증으로만 정당성을 인정받는 환원주의적 합리주의와는 결을 달리합니다. '이해'를 추구하는 신앙은 추론과 연구와 토론을 요구하지만, 이해를 추구하는 '신앙'은 예배와 기도와 찬양을 통해 생명력을 얻습니다. 이로써 '기도의 법이 곧 신앙의 법'이라는 명제와 '이해를 추구하는 신앙'이 표현은 다르더라도, 그 심층 문법에서는 서로 연결된다는 것이 드러납니다. 바울이 말한 "영적 예배"*logikēn latreian*, 롬 12:1가 왜 '참되고 적절한' 예배true and proper worship, *NIV*만이 아니라 '지성적' 혹은 '합리적' 예배reasonable worship, *KJV*이기도 한지 보다 명확해집니다.[11]

믿음과 아름다움

개신교 최초의 교리문답서로 불리는 마르틴 루터Martin Luther, 1483-1546의 『대교리문답』*Der Große Katechismus*은 그리스도교인이 알아야 할 기본 교리를 십계명, 신경, 주기도, 세례, 성만찬이라는 다섯 가지 주제로 나누어 설명합니다. 이 책에서 루터는 십계명 설명을 마치고 사도신경 해설을 시작하며 다음과 같이 말합니다. "하나님이 우리에게 권하는 일과 금지하는 일이 무엇인지 볼 수 [있는]······십계명은 수준이 너무

높아서 인간의 나약한 능력으로 지킬 수 없습니다.……[사도신경을 배움으로써] 계명 준수의 힘이 어디서 나오는지, 무엇을 통해 그런 힘을 받을 수 있는지 알게 될 것입니다."[12] 이 인용문에서 율법 다음에 복음을 위치시키는 루터의 방식에 의문을 표하는 사람은 있겠지만, '율법을 지키는 것'과 '복음의 교리를 믿는 것' 사이를 통합하려는 루터의 의도에는 모두 동의하리라 생각됩니다.

'진리'로서의 말씀과 '선'으로서의 실천은 함께 강조되어야 합니다. 하지만 그리스도교 신학은 진리와 선에 너무 몰두한 나머지, 신앙에 '미'적 지평이 있음을 간과하는 오류에 빠지곤 했습니다. 우리가 살아가는 데 없어서는 안 될 것 중 하나가 아름다움에 대한 체험입니다. 흥미롭게도 사람들에게는 기쁨을 일으킨 감각적 쾌락에 만족하지 않고, 계속해서 아름다움을 갈망하는 속성이 있습니다. 미에 대한 이러한 본성적 추구는 인간의 끝 모르는 욕망과 결부되면 파괴적 결과를 가져오기도 합니다. 여기서 성경은 우리에게 아름다움에 대해 매우 특별한 가르침을 제시해 줍니다. 이에 따르면 아름다움은 하나님이 창조하신 세계의 중요한 속성입니다. 심지어 하나님 자체가 아름다운 분이시며(시 27:4, 사 4:2), 그분의 말씀은 우리에게 즐거움을 불러일으킵니다(시 119:103). 하나님은 아름다움의 고갈되지 않는 근원이시며 우리에게 미적 즐거움을 불러일으키시기에, 그리스도인은 아름다움에 대한 모호한 동경을 믿음을 통해 하나님께로 향하게 할 수 있는 특별한 위치에 있습니다. 아우구스티누스 역시 사도신경을 해설하는 도입부에서 다음과 같이 말합니다.

우리가 믿는 것들에 대하여

사랑으로서 역사하는 **믿음**이 영혼을 꿰뚫기 시작하면서, 이 믿음은 **선의 생명력**을 통하여 뭔가를 **볼 수 있게** 된다. 그래서 마음이 거룩하고 완전한 자들은 형언할 수 없는 **아름다움**을 어렴풋이 볼 수 있다. 이 아름다움을 온전히 보는 것이 **최고의 행복**이다.……우리는 믿음에서 시작하고, 완전해지면 보는 것에서 끝난다. 이것이 아마도 모든 설명 중에서 가장 종합적인 설명이다.[13]

아름다우신 하나님에 대한 신앙고백인 사도신경 역시 그분의 존재와 사역에서 자연스럽게 드러나는 영광을 반영하기에 미적 요소를 가지고 있습니다. 사도신경의 라틴어 원문이 시의 형태를 띠고 있다는 점에서 사도신경은 그 자체로 문학적으로 아름답다고 할 수 있습니다. 하지만 무엇보다도 가장 아름다운 분의 존재와 사역을 묘사하는 언어와 논리가, 미적 체험과 유사한 탈아적^{ecstatic} 경험을 하게 한다는 의미에서 사도신경은 아름답습니다.

비유를 들어 설명하자면, 우리가 다양한 장르의 음악을 들으며 아름다움을 느끼더라도 그 양상이 모두 같은 것은 아닙니다. 단조로 된 느리고 서정적인 곡을 들을 때면 슬픈 감정이 일어나며 그 선율의 아름다움에 몰입하게 됩니다. 반면 정교한 대위법적 선율로 진행되는 바흐^{Johann Sebastian Bach, 1685-1750}의 음악 같은 경우 처음에는 듣기 어렵지만 익숙해질수록 혼란스러웠던 마음이 질서 정연하게 차분해지는 느낌을 받습니다. 사도신경의 미적 체험은 감정보다는 질서에 호소하는 후자의 방식에 더 가깝다 할 수 있습니다. 감각 기관을 통해 들어오는 수많은 정보와 펄럭이는 감정으로 마음이 어지럽혀진 우리에게, 사도신경은 모든 것의 근원이신 하나님과 그분이 실재를 다루시는 조화로운 방식을 소개해 줍니다. 하나님은 혼돈으로부터 세계를 질서 있게 창조하시고, 자신의 신적 정신에 따라 세계의 질서를 유지하시며, 인간의 불순종과 저항으로 어지럽혀진 질서를 다시 세우십니다. 사도신경은 '이러한' 하나님을 알며 그분과 관계를 맺는 데 필요한 언어와 이미지와 논리를 제공해 줍니다. 이로써 보이는 것들의 현상에 탐닉하고 자기중심적 감정에 중독되었던 우리 마음이 질서를 되찾을 수 있도록 도와줍니다.

질서의 본질은 우리 눈으로 볼 수 없지만, 질서의 현상은 우리에게 미적 감각을 일깨워 줍니다.[14] 마치 기하학적 황금률1:1.618 자체를 눈으로 정확히 인지하지 못하더라도, 황금률에 따라 만들어진 조형물이나 건축물 앞에 설 때 아름답고 안정적이라고 느끼는 것과 비슷합니다. 그것은 감정을 자극하고 휘발하며 발생하는 쾌감이 아니라, 정신이 조화를 지각하며 일어나는 쾌감입니다. 이러한 미적 체험은 깊은 마음에서부터 기쁨과 평안을 불러냅니다. 인간의 죄로 왜곡되고 무력해진 하나님의 형상이, 삼위 하나님의 은총의 문법에 따라 회복되고 일깨워지는 체험이 이와 유사하다고 할 수 있습니다. 루터가 여러 가지 일로 감정이 처지고 마음이 번잡할 때 사도신경의 단어들을 마음에 새기며 기도하라고 권했던 이유도 여기에 있지 않았을까 추측해 봅니다.[15]

사도신경은 교리적 진리를 전달하고, 그리스도인의 삶을 도와주며, 신앙을 고백하는 이들에게 특별한 미적 감각을 일깨워 줍니다. 물론 삼위 하나님에 대한 신앙고백을 한다고 해서 아름다움을 그 즉시

느낄 수 있는 것은 아닙니다. 바흐의 느리고 단조로운 선율에 빠져들기까지 음악을 듣는 귀를 훈련하는 시간이 필요하고, 건물을 실용적 용도만이 아닌 미적 차원에서 보기까지 여러 건축물을 찾아다니며 지긋이 응시해 보는 과정이 필요하듯, 사도신경이 품은 아름다움도 공동의 고백과 기도와 성찰의 과정에서 차츰차츰 드러납니다. 하지만 이미 신앙의 길을 걸어오고 있는 사람이라면 '나는 믿습니다' 하고 사도신경을 입에 올릴 때, 이전에는 없던 갈망이 마음에 차오르는 것을 느끼실 수 있을 것입니다. 이러한 두근거림과 환희에 대한 기대를 안고 사도신경의 세계로 들어가 보도록 하겠습니다.

적용과 토론을 위한 질문

1. 현대사회에서 믿음을 가진다는 것은 왜 어렵게 느껴질까요? 그러한 어려움은 우리 시대에 새롭게 등장한 도전일까요?

2. 여러분이 암기하거나 반복하며 읽는 문서 중 가장 오래된 것은 무엇인가요? 그 문서가 내 삶에 그만큼 중요한 위치를 차지하고 있는 이유는 무엇인가요?

3. 여러분이 속한 교회의 예배 혹은 개인의 경건에서 사도신경은 어떤 위치를 차지하고 있나요? 이 책의 서문과 서론이 사도신경의 중요성을 설명하는 방식에 대해 어떻게 생각하시나요?

4. 그리스도교 신앙이 아름답다고 느낀 적이 있나요? 그렇다면 구체적 사례를 들어 볼까요? 그렇지 않다면 그리스도교 신앙이 어떻게 느껴지나요?

5. 종교개혁자 마르틴 루터는 사도신경의 조항 하나하나를 묵상하며 기도하라고 가르칩니다. '하늘에 계신 우리 아버지'를 가지고 짧은 기도문을 만들어 봅시다.

6. 유튜브에서 Apostles' Creed Gregorian Chant를 검색해서 들어봅시다. 찬양으로 듣는 사도신경은 어떤 느낌인가요?

우리가 믿는 것들에 대하여

1장

하나님

나는 전능하신 아버지 하나님, 천지의 창조주를 믿습니다.
나는 그의 유일하신 아들, 우리 주 예수 그리스도를 믿습니다.
그는 성령으로 잉태되어 동정녀 마리아에게서 나시고,
본디오 빌라도에게 고난을 받아 십자가에 못 박혀 죽으시고,
장사된 지 사흘 만에 죽은 자 가운데서 다시 살아나셨으며,
하늘에 오르시어 전능하신 아버지 하나님 우편에 앉아 계시다가,
거기로부터 살아있는 자와 죽은 자를 심판하러 오십니다.
나는 성령을 믿으며, 거룩한 공교회와 성도의 교제와
죄를 용서받는 것과 몸의 부활과 영생을 믿습니다. 아멘.

고대부터 사람들은 인간이 보편적으로 종교성을 타고난다고 생각했습니다. 16세기 종교개혁자들도 이를 표현하고자 '신에 대한 감각'^{sensus} ^{divinitatis}이나 '종교의 씨'$^{semen\ religionis}$와 같은 개념을 사용했습니다. 인간이라면 누구나 의식을 하든 못하든 세계의 유한성과 허무함을 초월하는 신적 존재를 찾는 성향이 있고, 더 나아가 무언가에 삶의 궁극적 가치를 둠으로써 예배하려는 욕망이 있습니다. 장 칼뱅$^{Jean\ Calvin,\ 1509-1564}$은 '신에 대한 감각'을 창조 세계를 통해 하나님을 알 수 있다는 '일반계시'와 연결 지어 설명하면서, 타락한 인간에게는 이러한 자연적 능력이 실질적으로 무력해졌음을 강조합니다.[1] 인간에게 있는 "영원을 사모하는 마음"(전 3:11)은 이미 고장 난 상태이기에, 안타깝게도 우리 마음은 우상을 만드는 공장$^{idolorum\ fabricam}$으로 작동한다는 것입니다. 그렇다면 뒤틀린 욕망을 가진 우리는 어떻게 수많은 거짓 신들 사이에서 참 하나님을 만나며 예배할 수 있을까요?

인류의 문화나 생활 방식이 복잡한 만큼 신에 대한 믿음도 역사 속에서 다양하게 발전해 왔습니다. 이러한 이유로 신이 존재한다고 믿는 신념 및 실천 체계인 '유신론'theism도 여러 하위 범주로 나누어집니다. 대표적으로 신은 오직 하나라는 '유일신론'monotheism, 세상에 여러 신이 있다는 '다신론'polytheism, 삼라만상 모두가 신이라는 '범신론'pantheism 등이 있습니다. 그렇기에 사람들이 신을 믿는다고 해도 그 신이 어떤 신이냐는 천차만별일 수 있습니다. 또한 자신이 유일신론자라고 굳게 믿는 사람이라도, 실제로는 다신론이나 범신론과 유사한 신념 체계를 가지고 있을 수 있습니다. 예를 들어, 20세기 일본 작가 엔도 슈샤쿠遠藤周作, 1923-1996는 가톨릭 신자가 된 일본인들의 마음속에서 그리스도교의 신이 다신교적 형태로 토착화된 현상을 다룹니다. 그의 대표작인 『침묵』沈默은 17세기 초엽 일본 선교사로 보내진 신부들이 겪는 신앙의 갈등과 변화에 관한 이야기입니다. 일본 선교 초기에는 선교사들의 헌신적인 노력으로 수많은 가난한 일본인들이 세례를 받습니다. 하지만 포르투갈 출신 예수회 신학자이자 선교사 페헤이라는 그들의 소박한 마음에 자리 잡은 신이 성경의 하나님이 아님을 나중에야 발견하게 됩니다.

이 나라 사람들이 그 무렵 믿었던 것은 우리들의 하나님이 아니야. 그들만의 신들이지. 그것을 우리들은 너무 오랫동안 모르고 일본인이 그리스도교 신도가 되었다고 생각하고 있었지.……나는 이십 년이라는 긴 세월을 걸쳐 포교한 후에야 일본인을 알았어. 우리들이 심었던 묘목이 모르는 사이에 조금씩 뿌리가 썩고 있었던 것을 알았어.[2]

우리가 믿는 것들에 대하여

신이라는 존재는 눈으로 보이지도 손으로 잡히지도 않는 만큼, 사람들은 저마다 다양한 방식으로 신을 믿습니다. 심지어 자신이 믿는다고 생각하는 것과 전혀 다른 대상을 무의식적으로 예배하기도 합니다. 이런 곤란한 처지에 놓인 우리에게 사도신경은 누구를 믿어야 하는지(신앙의 참 대상)와 그 대상을 어떻게 믿어야 하는지(신앙의 근본 언어와 문법)에 대하여 알려 줍니다. 이 장에서는 사도신경의 순서에 따라 그리스도교의 신론을 **하나님, 아버지, 전능하신, 하늘과 땅의 창조주**로 나누어 차례대로 살펴보겠습니다.

"하나님"

한국 교회에서 주로 사용하는 사도신경 번역본의 첫 문장을 보면, '나는' 다음에 하나님의 속성인 '전능하신'이라는 형용사가 따라옵니다. "나는 전능하신……" 하지만 라틴어 원문을 보면 '나는 믿는다' 다음에 믿음의 대상으로 '하나님'이라는 명사가 나옵니다.*Credo in Deum* 그렇다면 믿음의 대상인 '신'은 어떤 존재일까요? 세계 곳곳의 유명 관광지 상당수가 종교와 관련된 유적인 것을 보면, 고대 이래 인류가 발을 들여놓는 곳마다 신을 숭배한 종교의 흔적이 남아 있음을 알 수 있습니다. 종교적 인간*homo religiosus*이라는 말이 있듯,[3] 인간에게는 자신의 유한성을 넘어서는 절대적 존재나 힘에 대한 감각(혹은 욕망)이 자연적으로 있는 것 같습니다. 하지만 사도신경은 '하나님을 믿는다'고 할 때, 라틴어로 '단수' 목적격 명사*Deum*를 사용하여 하나님이 한분이심을 분명하게 보여줍니다.

오직 한분 하나님

흔히들 그리스도교는 유대교, 이슬람교와 함께 아브라함을 공통 조상으로 하는 아주 긴 역사를 가진 유일신 종교라고 말합니다. 하지만 '하나'라는 숫자에 집중하다 보면 성경적 신 이해가 가진 다양성과 역동성을 제대로 보지 못할 수 있습니다. 우리는 성경을 읽을 때 '유일신론'이라는 현대적 개념을 다신교적 고대 문화에 투사하지 않도록 주의할 필요가 있습니다. 고대 근동의 여러 문헌은 차치하고서 구약성경만 꼼꼼히 읽어 보더라도 이스라엘의 초기 신앙이 우리가 생각하는 유일신론과 차이가 있음을 금세 발견할 수 있습니다. 대표적으로 출애굽기를 보면 야웨 하나님 외에도 여러 신이 있다는 듯한 인상을 주는 구절들이 있습니다.

> "여호와여 **신 중에** 주와 같은 자 누구니이까"(출 15:11).
> "너는 **나 외에는** 다른 신들을 네게 두지 말라"(출 20:3).

이 구절들이 이스라엘의 유일신 사상을 보여주는 대표적인 본문이라는 주장은, 엄밀히 말하자면 절반만 참이라고 할 수 있습니다. '신 중에' 혹은 '나 외에' 같은 표현은 하나님이 아닌 다른 신을 상정하고 있기 때문입니다.

인간이 '하나의 신'을 믿는 방식은 크게 두 가지로 나눌 수 있습니다. 첫째, 모든 존재의 근원이 되는 '오직 하나의 신만이 존재한다'고 믿고, 필요에 따라 이를 지지할 신학적·철학적 논증을 제시하는 방식입니다. 둘째, 다신교적 배경 속에서 '특정한 신을 선택하여 주님으로 고백'하고, 그 신에게 배타적으로 헌신하는 것입니다. 여기서 후자는 일반적 의미의 유일신론과는 의미가 조금 다르기 때문에, 19세기 종교학자들은 그리스어로 '하나의 신'을 뜻하는 *heis theos*로부터 henotheism이란 단어를 만들었습니다. 이를 우리말로는 '택일신론'^擇^{一神論}(또는 단일신론^{單一神論})이라 부르기도 하고, 한분 하나님에 대한 믿음이 예배에서 확정되고 드러난다는 의미에서 '실천적 유일신론'이라 칭하기도 합니다.

서양의 고대 및 중세 철학에서 신은 만물이 존재하는 근거이자 우주의 모든 질서와 운동의 궁극적 원인이라는 의미에서 '형이상학의 제1원리'로 불립니다.[4] 하지만 고대 이스라엘이 한분 하나님을 믿었을 때 이러한 철학적 원리를 전제하지는 않았습니다. 모세가 이스라엘에게 야웨 하나님만 예배하라고 명한 것은, 야웨가 모든 존재의 근거이자 운동의 원인이라는 철학적 사유 때문이 아닙니다. 오히려 위에서 인용한 구절들은 여러 신들 가운데 야웨 하나님이 가장 뛰어나다는 것, 그리고 이스라엘은 다른 신들에 현혹되지 말고 그분만을 예배해야 한다는 것을 강조합니다. 즉 출애굽기에 반영된 고대 이스라엘의 신앙은 실천적 유일신론 혹은 택일신론의 언어에 더 가깝다고 할 수 있습니다.

그렇다면 고대 다신론적 문명에 살았던 이스라엘은 무슨 이유로 '오직' 야웨 하나님만 섬겨야 했을까요? 그것은 야웨 하나님께서 먼 옛날 아브라함을 불러내 언약을 맺으셨고(창 17:7), 언약에 신실하신 하나님께서 이집트에서 노예 생활하던 이스라엘을 해방하셨고(출 3:8), 그들을 자기 백성이라 부르며 그들의 운명에 자신을 붙잡아 매셨기 때문입니다(출 19:6, 레 26:12, 렘 7:23). 이처럼 이스라엘의 신앙의 뿌리는 존재의 근원에 대한 추상적인 철학자의 사변이 아니라, 이집트의 노예를 하나님의 백성으로 변화시킨 '은혜의 선택'에 있었습니다.

"나는 너를 애굽 땅, 종 되었던 집에서 인도하여 낸 네 하나님 여호와니라"(출 20:2).

이 구절은 그리스도교에서는 하나님께서 주신 십계명 앞에 있는 서문으로 취급되지만, 유대교에서는 십계명의 첫 계명으로 여길 만큼 중요하게 다루어집니다. 달리 말하면, 고대 이스라엘에게 '오직 하나님만' 믿는다는 것은 은혜로 그들을 자기 백성으로 삼으신 야웨 하나님(출 20:2) 외에 다른 신을 섬기지 말라(출 20:3)는 가르침으로 요약된다고 할 수 있습니다. 이러한 언약의 상호 규정, 곧 '나는 너의 하나님'이 되고 '너는 나의 백성'이 되리라는 말씀은 이스라엘의 굴곡진 역사를 관통하며 흐르는 생명의 약속이 됩니다. 물론 아직은 구원자 하나님의 언약에 대한 신실하심이나 그러한 하나님에 대한 이스라엘의 올곧은 헌신이 '유일신론'의 명료한 논리와 언어로까지 표현되지는 않습니다. 하지만 이는 시간이 흐르면서 유대인과 그리스도인 및 무슬림에게 '유일신론'이 자리 잡고 뿌리내릴 수 있도록 자양분을 공급하는 신앙의 토양이 되었습니다.

이러한 설명을 따라가다 보면, 고대 이스라엘은 유일신론과 '유사한' 신앙을 가졌을 뿐, 엄밀한 의미에서 유일신론 자체는 성경적 근거가 약하지 않을까 하는 의심이 들 수도 있습니다. 하지만 구약성경을 연대기순으로 쭉 읽다 보면, 이스라엘이 출애굽 당시 사용하던 택일신론적 언어와는 다른 유일신론적 언어가 두드러지게 등장하는 단계가 있습니다. 그 역사적 계기는 기원전 6세기 말 남유다 왕국이 바빌로니아 제국에 멸망당하고, 시드기야 왕을 비롯한 많은 유대인이 바빌로니아에 포로로 잡혀간 사건입니다. 이를 고대 근동의 역학 관계에 따른 정치적 사건으로만 치부해서는 안 될 것이, 포로기의 경험은 이후 인류 역사의 방향을 결정짓는 데 사상사적으로 매우 큰 영향을 끼친 '유일신론이라는 혁명'[5]으로 이어졌기 때문입니다.

유일신론이라는 혁명

고대 다신론적 문화에서는 부족마다 나라마다 각각 섬기는 신들이 있었습니다.[6] 이러한 종교적 세계에서 주변국과 전쟁에서의 승리는 내가 섬기는 신이 더 강하다는 것이요 패배는 적국의 신이 더 강하다는 것을 의미했습니다. 그러나 팔레스타인 지역에서 다윗의 후손이 다스리던 유다 왕국은, 야웨 하나님께서 다윗에게 주신 "네 집과 네 나라가 내 앞에서 보전되고 네 왕위가 영원히 견고하리라"(삼하 7:16)는 약속과 달리, 바빌로니아 제국의 막강한 군사력을 버티지 못하고 허무하게 멸망하고 맙니다. 이는 다신교적 문법에 따르면 야웨가 그 제국의 신보다 약하다는 방증일 수 있습니다. 그렇다면 이스라엘은 이제 자기 백성을 망하게 내버려 둔 무능한 신을 어떤 명목으로 예배할 수 있을까요?

고대 근동의 다신론적 사고에 젖어 있던 사람들은 나라가 망하면 자연스럽게 적들이 섬기는 강력한 신을 새로운 예배 대상으로 삼게 마련입니다. 이러한 논리로는 세계를 통일한 대제국의 신이야말로 '신 중에 그와 같은 이가 누구이리까'라는 찬양을 받을 자격이 있습니다. 하지만 유대인들은 남유다가 멸망했음에도 바빌로니아 제국의 신이 아닌, 조상들을 이집트에서 건져낸 '야웨 하나님'을 계속해서 섬기고 자 했습니다. 하지만 그것이 가능하려면 '야웨만이 참 하나님이시다' 만 무의미하게 무한 반복하는 맹목적 헌신을 넘어서야 했습니다. 즉 신을 이해하는 방식에 질적 도약이 필요했습니다. 그런 때에 포로기의 고통스러운 시간은 이스라엘의 택일신론적 신앙에 남아 있던 다신론 적 요소들을 떼어 내는 결정적 계기가 되었습니다.

이스라엘은 제국의 군사력에 나라를 잃었을 뿐 아니라 제국의 선 진 문화에도 압도되었습니다. 자신들의 굴욕이 곧 야웨의 열등함으로 받아들여질 법한 상황 속에서, 이스라엘은 하나님의 선택된 백성으로 계속해서 남아 있기 위해 신학적 논리가 필요했습니다. 참 신을 섬기 는 유다 왕국이 어떻게 거짓 신을 섬기는 바빌로니아 제국에 멸망당 할 수 있는가 하는 문제 앞에서, 고대근동의 다신론적 세계와는 차별 화된 설명이 나와야 했습니다. 이에 예언자들은 바빌로니아의 신이 야 웨보다 더 강한 것이 아니라, 야웨께서 순종하지 않는 백성에 대한 심 판의 도구로 제국을 사용하신 것이라고 외쳤습니다(렘 25:3-7, 합 2:1-17). 여기서 또 다른 질문을 던지지 않을 수 없습니다. 이스라엘의 신 인 야웨가 누구시기에 지상 최고의 권력을 가진 바빌로니아 왕마저 '나의 종'이라 부르며, 그의 제국을 자신의 섭리를 이루는 데 사용하실 수 있을까요?

이에 대한 응답으로 예언자들은 '구원자 하나님'의 활동을 '이스라

엘과 맺은 언약'에 대한 하나님의 신실함뿐 아니라, '창조 세계 전체'
에 대한 하나님의 통치라는 확장된 관점에서 재해석합니다. 보통 사람
의 눈에는 강대국의 부귀영화를 지켜주는 신이 위대해 보이겠지만, 야
웨 하나님만이 하늘과 땅과 그 모든 것의 실제 주인이십니다. 다른 신
들은 인간의 왜곡된 마음이 만들어 낸 허상이거나 인간이 손으로 제
조한 우상에 불과합니다(사 44:6-20). 야웨 하나님은 이스라엘의 주이
자 동시에 만물의 창조주(렘 10:1-16)로서 온 우주를 다스리십니다.
따라서 눈앞의 현실에 대한 인간적 이해와 달리 세상 모든 것은 하나
님의 섭리에 따라 운행되고 있습니다. 사람들은 강함 속에 구원이 있
다고 말하지만, 이스라엘의 하나님은 약함이나 고통이라는 전복적인
방식으로도 구원을 이루실 수 있는 전능자이십니다. 이처럼 창조자 하
나님과 구원자 하나님에 대한 신앙이 결합되면서, 이스라엘은 오직 한
분 하나님만 계시기에 그분만을 섬긴다는 유일신론의 문법과 언어를
갖게 되었습니다.

> 나는 빛도 짓고 어둠도 창조하며 나는 평안도 짓고 환난도 창조하
> 나니 나는 여호와라. 이 모든 일들을 행하는 자니라 하였노라. 하늘
> 이여 위로부터 공의를 뿌리며 구름이여 의를 부을지어다. 땅이여 열
> 려서 구원을 싹트게 하고 공의도 함께 움돋게 할지어다. 나 여호와
> 가 이 일을 창조하였느니라(사 45:7-8).

이스라엘의 긴 고통의 역사를 뚫고 나온 신론의 혁명은 곧 하나님을
예배하는 방식에도 놀라운 변화를 이끌었습니다. 바빌로니아 군사들

의 예루살렘 성전 파괴와 타지로의 강제 이주는 어디서 하나님께 제사를 드릴 것인가 하는 문제를 일으켰습니다. 하지만 유일신론이라는 혁명은 이 난제에 대한 답을 찾을 때도 중요한 역할을 했습니다. 하나님이 특정 부족이나 특정 나라의 신이라면 그 영토에 묶여 있겠지만, 시간과 공간을 만든 유일신은 그러한 제약을 초월합니다. 따라서 포로기 이후 유대교는 성전에서 회당으로, 제사에서 율법 연구와 실천으로 강조점이 옮겨가게 됩니다. 이러한 변화는 초기 그리스도교 신앙의 모습을 빚어내는 데도 영향을 끼칩니다. 다신론적 세계에서는 신을 예배하려면 각각의 신이 거하는 신전이라는 물리적 장소로 가야 했습니다. 반면, 유일신론에 따르면 영이신 하나님께는 '자기 영과 진리로' 예배해야 합니다(요 4:24). 왜냐하면 온 세상의 창조주이신 하나님은 인간이 손으로 만든 특정 장소에 제한될 수 있는 분이 아니기 때문입니다(행 7:48; 17:24). 그 결과 그리스도교에는 세계는 하나님의 피조물이기에 종교적 숭배의 대상이 될 수 없다는 세계의 '비신화화'demythologization와, 하나님은 특별한 장소가 아니라 온 우주 어디에나 영으로 현존하신다는 세계의 '성례화'sacramentalization라는 두 급진적 세계 이해가 공존하게 됩니다.

고통 속에 맺힌 구원의 신비

유일신 신앙이 포로 생활과 맞물리면서 이스라엘은 이전과는 전혀 다른 방식으로 자신들의 역사적 정체성을 이해하게 됩니다. 내부적으로, 하나님은 온 세상의 창조자이자 자비로운 구원자이시기에, 하나님의 호의는 이스라엘만이 아니라 온 인류에게 펼쳐진다는 '보편주의'의 압박이 강해졌습니다. 다른 한편으로는, 일개의 제국이 하나님의 뜻에 따라 그분의 백성을 핍박하는 것이라면, 그 '고통'은 하나님께서 세상을 다루시는 신비한 방식일 수 있다는 사고가 형성되었습니다. 이러한 맥락에서 하나님의 구원은 사람들의 기대를 거슬러 강함이 아니라 약함, 아름다움이 아니라 추함, 영광이 아니라 굴욕 속에서 드러난다는 신학적 통찰이 등장했습니다. 이에 따르면, 하나님의 선택된 백성이 멸시와 고통을 당하는 이유는 단지 죄에 대한 심판 때문만은 아닙니다. 다른 나라와 민족도 그들을 통해 하나님의 구원을 보게 하기 위함입니다. 이러한 '대리적 고난'의 주제를 이사야는 '고난의 종'의 노래를 통해 담담하지만 웅장하게 드러냅니다.[7]

우리가 전한 것을 누가 믿었느냐. 여호와의 팔이 누구에게 나타났느냐. 그는 주 앞에서 자라나기를 연한 순 같고 마른 땅에서 나온 뿌리 같아서 고운 모양도 없고 풍채도 없은즉 우리가 보기에 흠모할 만한 아름다운 것이 없도다. 그는 멸시를 받아 사람들에게 버림 받았으며 간고를 많이 겪었으며 질고를 아는 자라. 마치 사람들이 그에게서 얼굴을 가리는 것 같이 멸시를 당하였고 우리도 그를 귀히 여기지 아니하였도다. 그는 실로 우리의 질고를 지고 우리의 슬픔을 당하였거늘 우리는 생각하기를 그는 징벌을 받아 하나님께 맞으며 고난을 당한다 하였노라. 그가 찔림은 **우리의 허물 때문**이요 그가 상함은 **우리의 죄악 때문**이라. 그가 징계를 받으므로 **우리는 평화**를 누리고 그가 채찍에 맞으므로 **우리는 나음**을 받았도다(사 53:1-5).

오랜 고통의 역사 속에서 맺힌 눈물의 렌즈는, 이스라엘이 전혀 예기치 못한 고난의 자리에서 구원의 신비를 볼 수 있도록 초점을 교정해 주었습니다. 이스라엘은 형이상학적 사변의 결과물로서가 아니라, 하나님의 백성에 관한 모세의 가르침을 포로기라는 극한 상황 속에서 재해석함으로써 독특한 유일신 신앙의 언어와 논리를 잉태했습니다. 이스라엘의 급진적 유일신론과 고통의 역사가 함께 형성한 전복적 구원 이미지는 이후 예수 그리스도의 고난과 죽음을 제자들이 이해하는 방식에도 결정적 영향을 끼쳤습니다. 그리스도를 고난받는 종으로 고백하는 그리스도인들 역시, 교회를 세상을 위해 대리적 고난을 받는 주님의 몸으로 이해하게 되었습니다.

　'오직 하나의 신이 존재한다'는 표현을 현대인들은 쉽게 사용하곤 합니다. 하지만 유일신론은 이론적으로나 실천적으로나 매우 어려운 개념입니다. 인간이라는 존재에 뿌리 깊이 박혀 있는 종교성 때문입니다. 인간이 종교적이라는 사실이 단순히 긍정적일 수만은 없는 것이, 인간에게는 자신의 결핍을 종교적 환상을 통해 충족하려는 묘한 본능이 있기 때문입니다. 욕망이 요동치며 여러 갈래로 뻗쳐 있는 한, 우리는 삶을 안정시켜 줄 유한한 대상을 끊임없이 의지하면서 그것에 알게 모르게 신적 지위와 권위를 부여하게 됩니다. 인간의 종교성에 대한 이러한 통찰을 최근에 와서야 정신분석학자들이 발견한 것 같지만, 사실 고대의 현자들도 사람의 믿음 저변에는 자아를 신 이미지에 투사하려는 심리적 기제가 있음을 꿰뚫어 보았습니다.[8] 심지어 현대 철학자들이 경제와 정치라는 세속화된 영역에서도 은폐된 종교성을 찾아내는 것을 보면, 믿음을 필요로 하는 종교적 인간Homo Religiosus은 탈

　　　　　　　우리가 믿는 것들에 대하여

종교화된 사회가 도래한다 해도 쉽게 사라지지 않을 것 같습니다. 이처럼 그리스도인은 현대 사회의 종교적 다원성뿐 아니라 삶의 다양한 영역에 깊이 삼투된 종교성에 맞서, 유일신 하나님을 고백하고 예배해야 하는 도전을 마주하고 있습니다.

이스라엘 왕국은 계속되는 제국의 침략으로 역사에서 사라졌습니다. 하지만 하나님의 백성으로서 이스라엘이 인류에게 남긴 유일신론이라는 선물은 여전히 우리의 생각과 행동에 영향을 끼칩니다. 유일신 신앙은 단지 오직 하나의 신이 존재한다는 명제를 믿는 것에만 그치지 않고, 한분 하나님을 기준으로 우리 삶의 모든 질서와 가치를 철저하게 재정의하는 데까지 나아갑니다. 우리는 유일신 신앙을 하나의 신념으로 고백할 수도 있고 유일신 종교를 믿는 공동체의 일원이 될 수도 있습니다. 하지만 흩어진 욕망을 가지고 살아가는 불안한 존재라는 한계를 누구도 극복할 수 없기에, 인간은 하나의 신만을 철저히 예배할 정도로 강하거나 일관성을 가지지는 못합니다. 어쩌면 우리는 유일신 종교를 믿으면서도 유일신 신앙에는 결코 이르지 못할 운명을 지녔는지도 모르겠습니다. 하지만 이곳이 그리스도교 신앙의 막다른 지점은 아닙니다. 왜냐하면 그리스도인은 유일신 하나님을 예수 그리스도의 아버지라고 믿기 때문입니다.

"아버지"

사도신경의 라틴어 원문은 유일하신 하나님을 곧바로 '아버지'라고 소개합니다. 그렇다면 하나님은 누구의 아버지일까요? 사실 고대 종교에서 신은 종종 아버지로 불리곤 했습니다. 예를 들어, 호메로스^{Hómēros}의 『일리아스』^{Iliás}에는 다음과 같은 구절이 있습니다.

> **아버지 제우스여**, 그대는 인간들에게 엄청난 미망을 주시나이다.
> 그렇지 않았던들 아트레우스의 아들은 내 가슴속 마음을
> 격분시키지 않았을 것이오. 내 뜻을 거슬러
> 고집스레 소녀를 데려가지도 않았을 것이오. 이는 결국 제우스께서
> 많은 아르고스인들에게 죽음이 닥치기를 **원하셨던 탓**이오.[9]

이 인용문에서 볼 수 있듯, 고대 그리스 종교에서 제우스는 다른 신들과 생명체의 아버지로 불립니다. 또한 우월한 힘으로 인간으로서는 할 수 없는 방식으로 역사에 영향을 끼칩니다. 다신론적 배경을 가진 그리스인이야 그럴 수 있다지만, 오직 하나의 신만 인정하던 이스라엘도 야웨 하나님을 아버지라고 부를 수 있었을까요? 구약성경을 보면 하나님께서 이스라엘을 아들이라고 부르십니다(출 4:22-23, 호 11:1). 이스라엘 왕들도 대관식에서 하나님의 아들이라 불렸습니다(삼하 7:14, 시 2:7). 즉 이스라엘의 종교적 문맥에서도 야웨 하나님과의 관계를 부자 관계로 보는 것이 낯선 일은 아니었습니다. 그런데 1세기 팔레스타인 유대인들 사이에서 뭔가 기이한 일이 벌어지기 시작했습니다.

예수 그리스도의 아버지

나사렛 목수 집안 출신의 예수라는 이름의 한 남성이 있었습니다. 사람들은 요셉의 아들인 그에게 하나님의 아들이라는 호칭을 붙였습니

다(마 16:16, 요 3:18, 롬 1:3-4 등). 그는 생전에 스스로 하나님을 아버지라고 불렀을 뿐 아니라, 자신이 죄를 사하는 능력이 있다고 주장했습니다(마 9:6). 정치범으로 예루살렘에서 처참하게 사형당한 후에는 그를 따르던 사람들 사이에서 그는 야웨 하나님과 마찬가지로 '주님'이라 불렸고 예배의 대상이 되었습니다. 구약성경을 보면 왕이나 이스라엘 백성이 하나님의 아들이라 불리는 경우가 있었지만, 누구도 자신이 사람의 죄를 용서하는 권한이 있다고 감히 주장하지 못했습니다. 게다가 황제 숭배가 만연하던 로마 제국에서 목숨을 걸면서까지 유일신론을 고수하던 유대인들이, 다른 인간을 하나님과 동급으로 찬양하거나 예배하는 신성모독을 범한다는 것도 쉽게 이해하기 어렵습니다. 그렇기에 우리는 1세기 팔레스타인 유대교인 사이에서 나사렛 출신의 한 사나이를 하나님의 아들이라 불렀다는 사실에 특별한 주의를 기울여야 합니다.

사도신경을 비롯한 고대교회 신경들은 신약성경에서 예수 그리스도께서 야웨 하나님을 부르시던 방식에 따라 하나님을 '아버지'로 소개합니다. 그리고 예수께는 그분의 '유일하신 아들'이라는 호칭을 부여합니다. 그렇다면 그리스도인이 예배하는 대상이 일반적인 의미에서의 유일신이 아닌, 예수 그리스도의 아버지라는 것은 어떤 의미일까요? 이를 살펴보기 위해 우주의 역사에서 가장 중요한 사건이라고 불릴 만한 장면부터 먼저 소개해 보려 합니다.

예수께서 세례를 받으시고 곧 물에서 올라오실새 하늘이 열리고 하나님의 **성령**이 비둘기 같이 내려 자기 위에 임하심을 보시더니 **하늘**

로부터 소리가 있어 말씀하시되 이는 내 **사랑하는** 아들이요 내 **기뻐**
하는 자라 하시니라(마 3:16-17).

이 장면은 예수께서 공적 활동을 시작하며 세례를 받으시는 모습을
묘사합니다. 그리스도의 세례가 중요한 이유는 그분의 하나님 아들 되
심이 하늘로부터 직접 확언되었기 때문입니다.[10] 그래서 가톨릭, 개신
교, 정교회 할 것 없이 날짜의 차이는 있더라도 주님이 세례 받으신 날
을 교회력에 넣고 주현절이나 공현절로 매년 기념합니다. 정교회에서
는 이날을 일컬어 '성삼위일체 대축일'이라는 표현을 쓰기도 합니다.
그리스도의 세례를 계기로 태초의 창조 이래 처음으로 성부, 성자, 성
령 삼위 하나님이 역사 속에 함께 나타나셨기 때문입니다(말씀하시는
성부, 요단강 속의 성자, 하늘에서 내려오시는 성령). 이러한 이유로 그리
스도의 세례는 예수 그리스도의 하나님 아들 되심과, 하나님의 삼위일
체 되심을 떼어 놓지 못하게 합니다.

　복음서에 기록된 예수 그리스도의 세례는 우리가 삼위 하나님을
이해하는 데 필요한 언어와 논리를 제공합니다. 사실 삼위일체론이 난
해한 교리로 여겨지는 이유는 하나님의 신비를 신학적 개념과 논리로
설명하려 하기 때문입니다. 하지만 그러한 추상적인 용어 이면에 있
는 더 근원적인 것은 성부, 성자, 성령의 '사랑'의 교제와 그로부터 흘
러나오는 '기쁨'입니다. "이는 내 **사랑**하는 아들이요 내 **기뻐**하는 자
라"(마 3:17). 아무리 이론적으로 훌륭한 삼위일체'론'이라 하더라도,
우리를 성부, 성자, 성령 사이의 '사랑과 기쁨'으로 인도하지 못한다면,
그것은 엄밀한 의미에서 그리스도교적 가르침이라고 할 수 없습니다.

　　　　　　　　　　　　우리가 믿는 것들에 대하여

삼위일체의 신비에 대해 알기 위해서는 사랑의 문법부터 이해해야 합니다. 요한서신에 따르면 하나님은 사랑이십니다(요일 4:8). 우리가 누군가를 사랑하려면 다음의 세 요소가 반드시 있어야 하는데, 그것은 '사랑하는 자'와 '사랑받는 자'와 '사랑'입니다. 이 세 요소는 서로 구분되지만 긴밀히 결합되어 있습니다. 또한 세 요소 중 어느 하나라도 없으면 사랑 자체가 불가능합니다. 그렇기에 아우구스티누스는 사랑의 관계가 삼위일체의 신비를 탁월하게 설명해 준다고 보았습니다.[11] 아우구스티누스가 사용한 사랑의 유비와 '이는 내 사랑하는 아들이요'라는 말씀을 겹쳐 보면 삼위일체 하나님의 신비를 표현하는 아주 흥미로운 문법을 얻게 됩니다. 그것은 바로 아들을 '사랑하는 분'으로서의 성부 하나님, 아버지에게 '사랑받는 분'으로서의 성자 하나님, 아버지와 아들 사이에서 흘러나온 기쁨을 나눠 받으며 두 분의 관계를 더욱 풍성히 하는 '사랑의 끈 혹은 열매'로서의 성령 하나님입니다. 이렇게 사랑이라는 관점에서 볼 때, 그리스도교의 하나님은 영원부터 사랑을 주고받는 친교 속에 계신 관계적 존재입니다. 삼위일체의 신비를 쉽게 설명하려는 모든 시도에는 오해와 단순화의 여지가 있을 수밖에 없지만, 지금까지의 설명을 시각화하면 다음과 같습니다.

사랑하는 분   사랑받는 분

사랑(혹은 사랑의 끈)

아우구스티누스의 삼위일체론

성부 하나님의 자기 수여적 사랑

사랑의 문법에 따라 삼위일체론을 해석할 때 성부와 성자의 역할을 각각 사랑하고 사랑받는 것에 고정하지 않도록 주의해야 합니다. 사랑은 본질상 서로 다른 두 인격이 주고받는 것입니다. 즉 성부는 사랑하는 분이기에 성자의 사랑을 받고, 성자는 사랑받는 분이기에 성부를 사랑하십니다. 고대교회의 신앙고백인 니케아 신경은 이러한 사랑의 상호 관계를 흥미로운 방식으로 보여줍니다. 여기에서 성부가 성자를 사랑하는 방식은 성자가 성부로부터 '태어나셨다'begotten, gennithénta라는 표현에 압축되어 있습니다. 성자는 성부로부터 태어나심으로써 성부의 영원한 아들로서 존재하십니다. 그러나 성자는 성부보다 열등한 신이 되신 것이 아니라, 성부와 똑같은 신적 본성을 가지십니다. 인간 아버지로부터 인간 아들이 나왔을 때, 아버지와 아들이 인간으로서 똑같은 본성을 갖게 되는 것과 비슷합니다. 그렇기에 예수께서도 이렇게 말씀하셨습니다. **"나와 아버지는 하나**이니라"(요 10:30). 니케아 신경은 이를 성자는 "하나님에게서 나신 참 하나님이시요, 빛에서 나신 빛"이라는 시적 언어로 고백합니다.

초기 그리스도교 신학자들은 성부와 성자 사이의 관계에는 우리가 일상에서 경험하는 부자 관계와 비교할 수 없이 심오한 상호성이 있음을 표현해야 했습니다. 그런 이유로 삼위 하나님의 관계를 자유롭게 '선물'을 주고받는 이미지를 사용하여 설명하곤 했습니다. **성부**는 성자를 낳으시면서 완전한 하나님으로서 온전히 '자신을 선물'로 주심으로써, 성자가 자신과 마찬가지로 영원한 참 하나님이자 참 빛이 되게 하십니다. 그리고 **영원한 성자**는 자신을 선물로 주신 성부께 완전한 감사와 순종과 찬미로 사랑을 온전히 되돌려드립니다. **성육신하신 성자**는 자신의 근원인 성부께 친밀히 기도하고 겸허히 헌신할 뿐 아니라, 궁극적으로 '자신의 뜻이 아니라 아버지의 뜻'(마 26:39)을 따름으로써 이 땅에서 자신의 삶을 성부께 선물로 온전히 드리셨습니다. 영원한 삼위 안에서 성부와 성자가 서로를 선물로 주고받는 것도, 그리고 성육신하신 성자가 성부와 그토록 친밀한 사랑의 상호 관계를 맺는 것도, **사랑이신 성령**께서 두 분을 하나로 묶으시기 때문입니다.

물론 무조건적 선물 개념은 소위 계산 문화에 익숙한 우리의 경험에 즉각 대응하는 것은 아니라서 다소 낯선 감이 없지 않습니다. 하지만 하나님의 자기 수여^{self-giving}의 문법은 삼위일체의 신비뿐 아니라 그리스도교 신앙 전체를 이해하는 데 반드시 필요합니다. 이토록 놀랍고 아름다운 관계의 비밀을 스위스 신학자 한스 우르스 폰 발타사르 Hans Urs von Balthasar, 1905-1988는 다음과 같이 묘사합니다.

> 예수 그리스도께서는 하느님을 늘 사랑하시고 하느님께 감사와 찬미의 기도를 드리시고, 끊임없이 하느님께 철저한 태도로 응답하시며, 당신의 근원이신 아버지와 관계를 맺으셨다.……예수님의 말씀은 시작과 끝을 지니지 않으신 **최초의 근원이신 분의 넉넉한 자기 선사**라는 사실에 관심을 집중한다.……여기에서 하느님의 신비의 가장 심오한 내용은 완전무결한 절대적 시원^{始原}이신 분이, 자신의 깊은 내면에만 머무르시기에 이해할 수 없고 감지할 수 없는 파악 불가능한 분이 아니라는 사실이다. 오히려 그분은 스스로 **자기 자신을 내어주는 분으로 존재**하신다.[12]

그리스도교가 예배하는 유일신 하나님의 비밀은 바로 여기에 있습니다. 모든 존재하는 것의 근거가 되는 신은 예수 그리스도의 아버지로서, 자신을 타자에게 아낌없이 내어주시는 분입니다. 그리고 성부의 자기 수여로 존재하시는 성자도 조건 없이 자신을 선물로 주시고자 참 인간이 되셨고 철저히 타자를 위한 삶을 사셨습니다. "그는 근본 하나님의 본체시나 하나님과 동등됨을 취할 것으로 여기지 아니하시고 오히려 자기를 비워 종의 형체를 가지사 사람들과 같이 되셨고 사람의 모양으로 나타나사 자기를 낮추시고 죽기까지 복종하셨으니 곧 십자가에 죽으심이라"(빌 2:6-8). 삼위 하나님을 예배하고 성경을 읽고 사도신경을 암송하고 하나님께 기도하는 것도, 자신을 선물로 주시는 신적 사랑에 깊이 잠김으로써 우리도 자기중심적 중력에서 조금이라도 자유로워져 자신을 누군가에게 선물로 줄 수 있는 자비로운 존재로 변화하기 위함입니다.

그리스도교는 유일신을 성부, 성자, 성령의 세 인격으로 믿고 예배하는 종교입니다. 앞서 정의했듯 유일신론이 한분 하나님을 기준으로 모든 것을 급진적으로 질서 지우는 것이라면, 삼위 하나님을 믿는다는 것은 자신을 자유롭게 선물로 주시는 신적 자비로 모든 피조물의 관계와 의미를 재정의하는 부단한 노력입니다. 경이로운 사랑이 삼위 하나님 사이의 관계를 관통하듯 하나님과 우리 사이의 관계를 관통하여 흐릅니다. 그렇기에 예수께서도 제자들에게 '내가 아버지 안에, 아버지가 내 안에 계시듯, 너희도 내 안에 있어야 한다'라고 거듭 가르치셨습니다(요 14:10; 15:4; 17:21). 그리스도교 신앙은 자신을 선물로 주신 하나님에 대한 감사와 기쁨의 응답으로, 자기 자신을 누군가에게 선사하는 일입니다. 하지만 폭력과 경쟁이 가득한 세상에서 자신을 타자에게 내어주는 행위는 매우 위험하고 꺼림칙한 일입니다. 자기중심적 성향을 지닌 유한한 존재인 인간이 이 어렵고 고통스러운 일을 할 수 있을까요? 이러한 곤란을 마주한 우리를 성경과 고대교회의 신앙고백은 어떤 식으로 안내해 줄 수 있을까요?

"전능하신"

다른 누군가를 위해 자기를 내어준다는 것은 자신의 삶에 대한 주도권을 포기하겠다는 말이기도 합니다. 즉 자기 수여 행위는 이렇듯 '권력' 또는 '힘'의 문제와 밀접한 관련이 있습니다. 철학자 프리드리히 니체Friedrich Nietzsche, 1844-1900는 멋들어지게 '힘에의 의지'der Wille zur Macht 라고 표현합니다만, 이런 개념을 굳이 언급하지 않아도 인간이라면 누구나 생존, 욕망의 충족, 집단의 발전 등을 위해 다양한 힘을 추구하고 행사하게 마련입니다. 이렇게 각자가 가진 힘은 적절히 통제되어 균형을 이루면 삶에 안정을 줍니다. 하지만 그럴 수 있는 제도적 권력이나 도덕성, 문화적 상징체계 등이 뒷받침되지 못하면 우리 일상은 언제 '만인에 대한 만인의 투쟁'bellum omnium contra omnes의 장으로 변할지 모릅니다. 그렇기에 힘으로만 행복을 획득한다거나, 힘에 대한 적절한 성찰 없이 행복을 꿈꾸기만 해서는 결코 행복에 도달할 수 없습니다.

인간의 힘과 하나님의 힘

인간은 누구나 자신이 삶을 지키고 통제할 힘이 부족해질 때 겪게 될 개인적·집단적 위기에 대한 공포를 안고 살아갑니다. 그렇기에 인간은 언제 닥칠지 모르는 위기의 대비책으로 정치, 금융, 종교, 교육, 문화, 사교 등 여러 활동을 통해 힘을 축적하려 합니다. 이러한 맥락에서 아우구스티누스는 힘을 축적하여 타자를 '지배하려는 욕망'을 죄로 물든 인류 역사를 읽어내는 하나의 축으로 삼습니다.[13] 하지만 우리에게는 타자의 무지막지한 힘에 '지배당하는 두려움'도 함께 있다고 할 수 있을 것 같습니다. 그런 의미에서 현대 정신분석학이 유아기 아이들에게서 발견한 '전능한 보호자를 바라는 소망'에 주목할 필요가 있습니다. 물론 대부분의 사람들이 성인이 되어서까지 이러한 소망을 어린아이처럼 노골적으로 드러내지는 않습니다. 그럼에도 인간은 연약한 존재로서 남녀노소를 불문하고 자기를 보호해 줄 크고 힘센 무언가를 상상하게 마련입니다. 따라서 '나를 지켜줄 강력한 힘'을 향한 인간 본연의 욕구를 종교와 무관한 것으로 여긴다거나 그 욕구를 종교의 본질로 대치하려는 태도 모두가 그리스도교 신앙을 알아가는 데 큰 장애가 될 수 있습니다.

강한 힘에 대한 인간의 막연한 신뢰와 집요한 추구는 우리가 하나님을 상상하는 방식에도 자연스럽게 영향을 미칩니다. 인간의 언어는 대상을 묘사하고, 정보를 전달하고, 지식과 의미를 형성합니다. 하지만 말이 오고 가고 글이 쓰이고 읽히는 과정에서 욕망이나 선입견이 언어에 얽혀 들어가며 타인을 기만하거나 오해를 불러일으키게 됩니다. '전능'omnipotence이란 단어 역시 하나님이 어떤 분이신지 알려 주는 동시에 하나님에 대한 왜곡된 인상을 만들어 냅니다. 흔히 전능을 어원에 따라 '모든'omni- 것을 할 수 있는 '힘'-potens으로 정의합니다. 하지만 이렇게 단순한 방식으로 하나님의 속성을 파악하려다 보면 무궁하신 분을 유한한 인간의 인식의 틀, 그것도 매우 협소하고 조악한 틀에 가두게 됩니다. 또한 전능의 문자적 의미에만 골몰하다 잘못된 이해에 이르기도 합니다. 하나님을 무한한 힘이 있음에도 인류를 고통으로 내몰거나 고통받게 내버려 두는 악마적 존재로 오인할 수 있습니다. 그렇기에 하나님은 전능하신 분이라고 고백할 때, 우리는 '아무 제약도 없는 절대적 힘'이 아니라, 매우 특별한 그리스도교적 의미로서의 전능으로 이해해야 합니다. 체코슬로바키아 출신의 신학자 J. M. 로호만J. M. Lochmann, 1922-2004은 사도신경에 나온 형용사 '전능하신'은 단순히 하나님의 속성을 지시하는 것이 아닌 그분 자신을 가리키는 것이기에, "일반적인 전능이 아니라 이 **하나님의** 전능이 문제"[4]라고 예리하게 지적합니다.

그렇다면 '하나님의' 전능은 무엇을 의미할까요? 성경은 하나님이 어떤 분이신지 설명하기 위해 지혜, 영원, 전지, 자비, 거룩, 정의와 같은 여러 속성을 소개합니다. 하지만 전 세계에서 가장 많이 사용하는 권위 있는 신앙고백인 사도신경과 니케아 신경은 그중에서 '전능'만 언급하고 있습니다. 물론 성경에서도 창세기부터 요한계시록에 이르기까지 하나님을 전능하신 분으로 힘주어 소개합니다. 예를 들어, 새 예루살렘에 대한 요한의 종말론적 환상에 따르면, 그곳에는 성전이 없고 "주 하나님 곧 **전능하신 이**와 및 어린 양"이 성전이 되십니다(계 21:22). 여기서도 성부는 곧 '전능하신 이'라고 불립니다. 그만큼 전능은 하나님의 본성을 알아가는 데 매우 중요한 역할을 합니다. 따라서 우리가 고질적인 선입견이나 잘못된 언어 습관에 사로잡혀 있다 하더라도, 전능의 의미를 이해하려고 노력하는 과정에서 하나님에 대해 진실하게 말하는 법을 배울 수 있습니다.

삼위일체 하나님의 전능

사실 거의 모든 종교가 신을 인간보다 더 큰 힘을 지닌 존재로 묘사합니다. 하지만 전능은 유일신론 전통에 속한 유대교, 그리스도교, 이슬람교에서 특히 더 중요하게 다루어집니다. 왜냐하면 이들 종교는 신을 온 세상을 창조하고 다스리고 완성하는 유일하고 궁극적인 존재라고 고백하기 때문입니다. 이런 맥락에서 그리스도교의 사도신경이나 니케아 신경에서 하나님의 '전능' 다음에 '하늘과 땅의 창조주'라는 표현이 나오는 것은 매우 자연스럽다고 할 수 있습니다.

무無에서 천지를 만들어 내신 하나님과, 이미 존재하는 대상에 노동을 더하여 무언가를 만들어 내는 인간 사이에는 무한한 차이가 있습니다. 그렇기에 전능이란 단어만큼 유일신의 위대함과 강함을 잘 표현하면서 세계로부터 하나님의 초월을 나타내기에 적절한 단어는 찾기 힘듭니다. 하지만 하나님께서 세상을 무로부터 끌어내셨다고 해서, 전능을 하나님이 창조 세계에 모든 것을 자기 뜻대로 무제약적으로 할 수 있는 능력(또는 권리)으로 보아서는 안 됩니다. 그 이유를 크게 두 가지로 나누어 살펴볼 수 있습니다.

첫째, 삼위 하나님의 활동은 세계의 '창조'뿐 아니라 '구원'과 '완성'까지 포함합니다. 따라서 창조라는 하나의 관점에서만 전능을 이해하면 단순화의 오류에 빠질 위험이 있습니다. 특히 구약성경에서 전능하신shadday 하나님이 처음 언급된 것이 태초를 창조하신 때가 아니라 아브람에게 나타나셔서 '은혜의 언약'을 맺으신 때라는 점이 흥미롭습니다.

> 아브람이 구십구 세 때에 여호와께서 아브람에게 나타나서 그에게
> 이르시되 나는 **전능**한 하나님이라. 너는 내 앞에서 행하여 완전하
> 라. 내가 내 **언약**을 나와 너 사이에 두어 너를 크게 번성하게 하리라
> 하시니(창 17:1-2).

위 구절에서 하나님의 전능은 역사 속에서 하나님의 활동, 특별히 신실한 언약 관계의 근거로 제시되어 있습니다. 성경은 전능 개념을 '무제약적인 힘'과 같이 추상적으로 정의하기보다는, 구체적인 역사적 상황에서 하나님의 존재 및 활동과 관련지어 설명합니다. 그렇기에 성경에서 전능은 하나님의 자유로우심, 세상의 모든 권세보다 우월하심, 칠흑 같은 현실에도 여전한 그분의 현존, 세상의 참된 왕 되심, 그분의 약속을 신뢰해야 하는 이유 등 다양한 맥락에서 사용됩니다.

둘째, 전능 개념이 성경에서 다채로운 의미가 있다 하더라도, 그 심층적 의미는 하나님의 본성과 관련지어 설명되어야 합니다. 여기서도 신적 본성은 추상적으로 이해되어서는 안 되고, 구체적으로 예수 그리스도의 '아버지'라는 관점에서 접근해야 합니다. 성부가 성자에게 '자신을 선물로 내어주신 분'이라면, 그분의 전능도 궁극적으로는 타자에게 '자신을 자유롭게 내어줄 수 있는 신적 능력'으로 이해되어야 합니다. 자기 상실의 두려움에 사로잡혀 있는 인간이 행사하는 힘과 달리, 타자의 존재와 번영과 완성을 위해 자신을 무조건적·무제약

적으로 수여하는 하나님의 능력이 전능입니다. 타자를 사랑하려 하는 그 순간조차 자기애를 벗어 버리지 못하는 인간으로서는 결코 소유할 수 없는 힘이 전능입니다. 이러한 관점에서 보면, 예수 그리스도를 주님으로 믿는 그리스도교에서 하나님의 '전능'은 '사랑'과 갈등을 일으키기는커녕 내적으로 완벽히 일치한다고 할 수 있습니다.

고대교회의 권위 있는 신앙고백 중 하나인 아타나시우스 신경은, 전능을 삼위일체론적 틀 속에서 아름답게 표현합니다. "성부도 전능하시고, 성자도 전능하시고, 성령도 전능하십니다. 그러나 전능한 본질은 셋이 아니라 하나만 존재합니다."[15] 아타나시우스 신경의 언어를 곱씹으면서, 우리는 성부, 성자, 성령 모두가 자기 자신을 선물로 주시는 '사랑으로 충만한' 전능하신 분이라는 이해에 도달합니다. **성부**는 성자를 낳으시며 그에게 신성을 선물로 주시고, 세상을 창조하시며 온 우주에 존재를 선사하십니다. **성자**는 성부께 완전한 순종과 감사로 사랑을 되돌려드리며, 세상에 몸소 들어오셔서 자신의 생명을 선물로 주십니다. **성령**은 성부와 성자의 완벽한 사랑에서 흘러넘치는 충만한 기쁨을 되돌려 나누시고, 새 창조의 영으로 우리와 함께하시며 자신을 선사하십니다. 이렇게 성부와 성자와 성령의 영원한 내적 관계,*ad intra* 그리고 삼위 하나님이 세계와 역사 속에서 맺는 외적 관계*ad extra* 모두 하나님의 자유로운 자기 수여로서, 전능으로 이해할 수 있습니다. 이것이 그리스도교 복음의 핵심이라고 할 수 있습니다. 카파토키아의 교부 니사의 그레고리오스*Gregórios Nýsses, 약 335-395*도 복음서가 추상적 의미에서 유일신의 전능을 말하는 것이 아니라, 성자의 자기 내어주심, 곧 성육신에서 하나님의 전능의 신비를 열어 보여준다고 말합니다.

……신적 본성의 전능이 **인간의 굴욕까지 내려올 힘**을 가졌다는 것은 여러 기적의 위대함과 초자연적 특성보다도 **전능의 더 분명한 증거**를 제공합니다. 신적 힘에서 나온 탁월하게 위대한 것은 신성에 합당하고 신성의 결과로서 존재하게 됩니다. 창조 세계 그리고 가시적 영역 너머로 이해되어야 할 모든 것이……하나님의 권능에 의해 지탱된다는 말을 듣는 것은 놀랄 만한 일이 못 됩니다. 하지만 하나님께서 **인간으로까지 비하**하셨다는 것은……힘을 **무궁무진하게 행사**하신 것이라고 할 수 있습니다.[16]

정리하자면, 이 땅에서 생명체로 살아간다는 것은 타자에게 힘을 행사하고 타자로부터 힘의 영향을 받는 상호 관계 속에 있다는 뜻입니다. 이러한 세계 속에서 힘과 힘이 부딪치다 보면 자연스럽게 긴장과 갈등이 생길 수밖에 없습니다. 하지만 우리가 일상에서 경험하는 '힘의 충돌' 현상이 이 세계를 설명하는 유일한 용어나 궁극적 논리는 아닙니다. 오히려 이러한 현상에 과도하게 집중하다 보면, 평화는 상대의 힘을 더 큰 힘으로 제압하여 지탱된다는 '폭력의 존재론'을 신봉하게 될지도 모릅니다.[17] 자칫하면 하나님의 전능과 인간의 자유의 관계도 '힘겨루기'라는 관점에서 보게 되고, 마침내는 하나님의 전능을 인정하려다 나의 자유를 잃으니 자유를 위해 전능을 부정하려는 지경에 이릅니다. 하지만 이것은 '아버지'이자 '전능하신' 하나님께서 세상을 창조하고 다스리고 완성하시는 방식이 아닙니다. 자기 수여의 힘으로서 신적 전능을 진지하게 고려한다면, 우리는 세상을 존재하게 하고 지탱하는 것이 궁극적으로 '타자를 향한 사랑'이라는 단순한 진리를 새롭게 깨닫게 됩니다. 그렇기에 갈등과 폭력이 가득한 세계에서 하나님의 전능을 고백한다는 것은, 타자를 위해 자신을 선물로 주신 하나님을 본받아, 힘과 사랑의 일치를 지향하며 평화와 화해를 위해 힘을 사용하는 법을 배워나가는 것을 의미합니다.

"하늘과 땅의 창조자"

인간이라면 누구나 한 번쯤 온 세상이 어떻게 존재하게 되었을까 하는 질문을 마음속에 품어보았을 것입니다. 우주의 기원에 관한 종교적 신화는 이러한 고대인들의 궁금증을 어느 정도는 해소해 주었습니다. 하지만 신화는 사람들의 상상력을 더 강하게 자극하며 더 큰 호기심을 불러일으켰습니다. 또한 우주의 신비 앞에 선 인간이 느끼는 끝없는 경이는 자연 현상 이면의 법칙에 관한 과학적 탐구로 이어졌습니다. 반면 하나님이 온 우주를 지으셨다는 그리스도교의 고백은 만물의 기원과 운행에 관한 신화적 묘사나 합리적 설명과는 확연히 차별화되었습니다. 이러한 신앙고백은 수천 년간 그리스도인으로 하여금 창조자 하나님은 누구시고 그분이 만드신 세계의 본성은 무엇인지에 관해 진지한 물음을 던지게 했습니다.

'하나님'의 창조

사도신경은 '전능하신 하나님께서 천지를 만드셨다'라고 간결하고 분명하게 말합니다. 가시적 현상을 묘사하는 언어에 익숙한 현대인들은 하나님께서 만드신 천지를 물리적 하늘과 땅으로 생각하기 쉽습니다. 하지만 고대 지중해 지역의 언어 세계에서 하늘과 땅은 영적 피조물과 물리적 피조물 모두를 포함한 개념이었습니다. 니케아 신경은 여기에 '보이는 것과 보이지 않는 모든 것'이라는 표현을 덧붙여 '하늘과 땅'이 지칭하는 것이 단순한 물리적 시공간이 아닌 '존재하는 모든 것'임을 분명하게 알려 줍니다. 오감으로 인식할 수 있는 하늘과 땅뿐 아니라, 일상적인 경험을 초월하는 신비롭고 강한 영적 힘도 모두 한분 하나님으로부터 나왔습니다. 그렇기에 '천지의 창조주'란 표현은 삼위 하나님과 다른 모든 것 사이의 근원적 차이를 상정하는 유일신 신앙으로서의 그리스도교 근본 문법을 제공해 줍니다.

고대의 신경들이 강조하듯, 창조는 전능하신 하나님 아버지의 활동입니다. 유일신 전통에서 하나님은 홀로 '완전'하신 분이지만, 신약성경은 그분을 '사랑'이신 분으로 소개합니다. **완전**한 존재는 그 자체로 자족하기에 타자를 필요로 하지 않습니다. 그런 점에서 "하나님 곁에 피조물이 존재한다는 것, 그것은 거대한 수수께끼이자 기적"입니다.[18] 반면, **사랑**은 자신을 이타적으로 내어주는 의지와 행동이기에, 본성상 자기 밖 타자가 있어야 합니다. 완전한 사랑이신 성부, 성자, 성령 하나님은 서로 '내적'으로 사랑을 주고받는 데서 만족하지 않으시고, '외적'으로도 사랑의 기쁨을 부어주실 타자를 찾으십니다. 따라서 창조란 우리를 필요로 하지 않는 절대자가 사랑을 나누고자 우리에게 존재를 선물로 주신 은혜의 사건이라고 할 수 있습니다. 우리는 이 기적을 다만 놀라워할 뿐입니다. "내가 존재할 수 있다니! 세계가 존재할 수 있다니! 이것들이……하나님이 아님에도 불구하고 존재할 수 있다니!"[19]

여기서 우리는 하나님의 전능과 사랑의 일치가 우리의 신앙에 왜 중요한지 다시 한번 깨닫게 됩니다. 다른 고대 근동 신화, 예를 들어 고대 바빌론의 창조 서사시 「에누마 엘리쉬」*Enûma Eliš*에 따르면, 신들은 그들을 대신해 과중한 노역을 담당할 존재로 인간을 창조합니다. 하지만 인간의 노동력이 필요할 정도로 피로를 느끼는 신은 그 자체로 불완전한 존재일뿐더러, 그의 권능은 사랑과 일치를 이룰 수도 없습니다. 반면, 그리스도교는 완전한 신이 왜 굳이 불완전한 존재들을 창조했는가에 대한 답변을 '하나님의 전능=삼위일체의 자기 수여적 사랑'이라는 도식에서 찾아 나갑니다. 성부가 '성자에게' 자신을 완전히 선물로 주시듯, 그분은 '성자를 통하여' 자신과 구분되는 피조물에 존재를 선사하십니다. 이러한 창조의 비밀을 바울은 다음과 같이 아름답게 묘사합니다.

> 만물이 **그에게서** 창조되되 하늘과 땅에서 보이는 것들과 보이지 않는 것들과 혹은 왕권들이나 주권들이나 통치자들이나 권세들이나 만물이 다 **그로 말미암고 그를 위하여** 창조되었고 또한 **그가** 만물보다 **먼저** 계시고 **만물이 그 안에** 함께 섰느니라(골 1:16-17).

신약성경은 우주의 탄생은 단순히 '무로부터의 창조'가 아니라, 말씀이신 성자를 통한 창조라고 힘주어 설명합니다(요 1:1-3). 성부가 성자에게 자신을 선물로 주시듯, 하나님께서 말씀을 통해 온 세상에 존재를 주십니다. 타자에게 자신을 자유롭게 수여할 수 있는 전능하신 아버지는 영원한 말씀이신 아들 안에서 만물을 창조하시고, 하늘과 땅과 그 안의 모든 것에 고유한 특성과 목적을 주셨습니다. 그렇기에 이 세계는 우리 눈에 어떻게 보이는지와 관계없이 그 자체로 고귀한 가치를 지닙니다. 이러한 맥락에서 프랑스 출신의 가톨릭 철학자 에티엔느 질송Étienne Gilson, 1884-1978은 다음과 같이 말합니다. "현존의 가장 남루한 형태일지라도 존재하는 모든 것은 존재의 고유한 특권을 가집니다. 그 특권은 바로 **진리**와 **선함**과 **아름다움**입니다."[20] 이것이 그리스도교의 독특한 세계 이해입니다.

하나님의 '창조'

삼위 하나님의 창조를 믿는 그리스도교는 우리가 살아가는 세계와 그 안의 모든 것들의 가치를 매우 높게 평가합니다. 우주는 영원 전부터 계속 있었던 것도, 우연히 발생한 것도 아닙니다. 하늘과 땅이 있고 그 사이에 우리가 '있는' 것은 하나님께서 존재를 선물하셨기 때문이며, 이에 따라 세상 모든 것은 존재의 근원이신 그분으로부터 온 진선미를 각자의 방식으로 반영하고 있습니다. 이는 예수 그리스도의 제자들과 초기교회 신자들이 활동하던 당시 고대 사회에서는 물리적 세계의 가치를 경시하는 철학적 사조와 이단적 가르침이 유행했다는 점에서 놀랄 만한 일입니다.

하지만 여기서 자연을 무차별적으로 긍정하고 찬미하기 전에 짚고 넘어가야 할 신학적 문제가 있습니다. 하나님의 은혜 덕분에 피조물이 진선미를 부여받았다 해도 자연은 그 엄청난 특권을 알아차리지 못합니다. 그렇기에 성경은 '하나님의 형상'으로 만들어진 유일한 피조물로서 인간이 부여받은 특별한 사명을 강조합니다(창 1:26-27). 성부와 성자 사이에 조화로운 선물 교환이 일어나듯, 창조주와 피조 세계 사이에도 (비록 비대칭적이기는 하지만) 상호적인 자기 수여가 일어납니다. 이는 하나님의 형상인 인간이 온 세상을 대표하여 예배와 삶으로 하나님께 감사와 순종과 찬미를 드릴 수 있기에 가능한 것입니다(롬 12:1 참고). 이처럼 하나님이 만드신 세계 속에서 인간은 근원적으로 '예전적' 존재입니다. 정교회에서는 이러한 인간의 특별한 사명을 '창조 세계의 제사장'priest of creation이라는 표현을 사용하여 강조합니다.

> 흔히 인간을 가리켜 '호모 사피엔스',homo sapiens, 생각하는 존재 '호모 파베르'homo faber, 도구를 사용하는 존재 등으로 부른다. 그렇다. 그러나 무엇보다도 인간은 '호모 아도란스',homo adorans 곧 "찬미하는 존재"이다. 인간에 대한 으뜸가는, 가장 기본적인 정의는 인간은 "제사장"이라는 것이다. 인간은 세상의 중심에 서서, 하나님을 찬양하는 자신의 행위—하나님으로부터 세상을 받아서, 다시 그것을 하나님께 바치는 행위—안에서 세상을 하나로 통합시키는 존재이다.[21]

창조주 하나님은 피조물에게 존재를 선물로 주시면서 각자의 개성과 고유성을 주셨습니다. 그리고 인간은 다른 피조물과 달리 하나님 형상으로 만드시며 특별한 역할과 능력을 주셨습니다. 이러한 창조는 하나님께서 피조물과 함께하기로 한 사랑의 선택이라는 점에서, 하나님께서 피조물의 불완전성과 의존성 앞에 자신을 내어놓으신 '자기를 제약'kenosis한 사건이라고 할 수 있습니다. 하나님께서는 이 세계를, 자신의 권능을 일방적으로 행사하는 기계장치가 아닌, 사랑을 주고받을 수 있는 역동적 구조로 만드셨습니다. 이를 위해 인간에게는 피조물을 대표하는 '찬미하는 존재'로서 이성과 자유가 허락되었습니다. 그 결과 하나님과 인간의 관계를 상호적 사랑의 관계로 정의할 수 있게 되었습니다.

하지만 태양이 비치면 반드시 반대편에 그림자가 생기듯, 이러한 은혜의 결정 이면으로 비극적 요소가 역사에 드리워지게 됩니다. 인간이 창조주가 주신 능력을 오용하여 창조주에게 반역할 가능성이 역사에 들어오게 된 것입니다. 그렇기에 창조는 은혜의 하나님께서 피조적 타자에게 자기를 수여하고자 피조물의 오해와 반발과 불순종의 '위험'마저 무릅쓰기로 한 신비로운 결단이자 자기 제약적인self-limiting 행위라고 할 수 있습니다. '전능하신' 하나님의 창조가 어떻게 하나님의 '자기 제한'이 될 수 있는지는 '자기를 비워 인간이 되신' 하나님의 아들로부터 창조를 이해할 때 비로소 그 풍성한 의미가 드러납니다. 그런 의미에서 그리스도교의 창조론은 단지 '무로부터의 창조'가 아니라 하나님의 아들이신 '말씀을 통한 창조'라고 할 수 있습니다(요 1:3, 골 1:16).

예수 그리스도에 대해서는 다음 장에서 더 자세히 살펴보기로 하고, 여기서는 지금까지의 논의를 정리하도록 하겠습니다. '유일신'을 믿는 종교이자 '삼위일체' 하나님을 예배하는 종교인 그리스도교는 창조에 관한 특별한 가르침을 가지고 있습니다. 창조론은 하나님이 누구신지,

우주의 본성과 운명은 무엇인지, 인간의 특수성은 무엇인지, 현실은 왜 이러한지 등에 대해 포괄적으로 이해하도록 도와줍니다. 우리의 선입견, 자기중심적 욕망, 왜곡된 정보 등이 만들어 낸 세계에 대한 잘못된 이해를 교정해 줌으로써, 창조에 관한 그리스도교 신앙은 지금 여기 우리가 속한 세계를 긍정하며 일상을 더욱 충실하게 살게 해줍니다. 라이너 마리아 릴케Rainer Maria Rilke, 1875-1926가 말했듯,

> 당신의 일상이 너무 보잘것없어 보인다고 당신의 일상을 탓하지는 마십시오. 오히려 당신 스스로를 질책하십시오. 당신의 일상의 풍요로움을 말로써 불러낼 만큼 아직 당신이 충분한 시인이 되지 못했다고 스스로에게 말하십시오. 왜냐하면 진정한 창조자에게는 이 세상의 그 무엇도 보잘것없어 보이지 않으며 감흥을 주지 않는 장소란 없기 때문입니다.[22]

하나님께서 만드신 하늘과 땅은 그분의 은혜와 인내 속에서 인간이 사랑받고 사랑하는 존재로 성장할 수 있는 시공간이 되어 줍니다. 하나님의 피조물로서 세계를 망상과 가식 없이 있는 그대로 바라보고, 그 속에서 감사와 기쁨으로 하루하루를 보낸다면, 우리는 세상을 대표하여 하나님께 찬미와 순종을 드리는 하나님 형상으로서의 사명을 이미 수행 중인 셈입니다. 하지만 인간은 유한성의 굴레와 죄로 인해 무질서해진 욕망으로부터 자유롭지 못한 존재이기에, '하나님 사랑과 이웃 사랑'으로 대변되는 창조 세계의 대표로서의 역할을 회피하기도, 남용하기도 합니다. 바로 여기가 우리가 사도신경의 첫 구절을 묵상하

우리가 믿는 것들에 대하여

면서 도달할 수 있는 지점입니다. 여기서 하늘과 땅 사이에 있는 우리의 고귀한 본분과 불가피한 한계를 깨달았다면, 다음 장에서는 하나님께서 '그 외아들 우리 주 예수 그리스도'를 통하여 이 문제를 어떻게 다루시는지 살펴보도록 하겠습니다.

적용과 토론을 위한 질문

1. 모든 인간에게 '신에 대한 감각' 혹은 '종교의 씨앗'이 있다고 생각하나요? 왜 그런 결론을 내리게 되었나요?

2. 우리는 유일신론을 따른다고 하면서도 유일신론의 논리에서 벗어난 생각 혹은 언어를 가지고 있을 수 있습니다. 일상에서 그런 사례를 찾아볼 수 있나요?

3. 일반적으로 생각하는 추상적 유일신론(존재의 근원으로 신은 오직 하나이다)과 고통의 역사 속에서 이스라엘이 고백한 유일신론(창조주 하나님이 구원자 하나님이시다)은 신앙의 형태에서 어떤 차이가 있을까요?

4. 왜 삼위일체 하나님에 대한 신앙이 그리스도교 신앙에서 중요할까요? '삼위일체론'하면 가장 먼저 떠오르는 단어나 이미지는 무엇인가요? 삼위일체 하나님을 이해하는 데 가장 중요한 핵심어는 무엇이라고 생각하나요?

5. 하나님의 전능을 지금까지 어떤 식으로 이해해 왔나요? 본 장에서 전능을 설명한 방식에는 어떤 장점과 단점이 있을까요?

6. 그리스도교의 창조 이해의 독특함은 태초의 창조를 하나님의 말씀인 예수 그리스도와 연결하는 데 있습니다. 이런 방식의 창조 이해는 세계에 대한 우리의 생각을 어떻게 변화시킬 수 있을까요?

2장

예수 그리스도

나는 전능하신 아버지 하나님, 천지의 창조주를 믿습니다.
나는 그의 유일하신 아들, 우리 주 예수 그리스도를 믿습니다.
그는 성령으로 잉태되어 동정녀 마리아에게서 나시고,
본디오 빌라도에게 고난을 받아 십자가에 못 박혀 죽으시고,
장사된 지 사흘 만에 죽은 자 가운데서 다시 살아나셨으며,
하늘에 오르시어 전능하신 아버지 하나님 우편에 앉아 계시다가,
거기로부터 살아있는 자와 죽은 자를 심판하러 오십니다.
나는 성령을 믿으며, 거룩한 공교회와 성도의 교제와
죄를 용서받는 것과 몸의 부활과 영생을 믿습니다. 아멘.

1세기 팔레스타인에서 유일신론을 신봉하던 사람들이 나사렛 사람 예수를 하나님으로 예배하기 시작했습니다. 유대교의 작은 분파였던 예수 운동은 이것이 결정적 계기가 되어 지중해 전역으로 빠르게 퍼져나갔습니다. 입에서 입으로 예수라는 한 인간이 하나님의 아들이라는 이야기가 전해졌고, 원시 그리스도교인들이 회람하던 문서에 기록되기 시작했습니다. 놀라운 것은 서로 다른 지역에서 여러 명의 저자에 의해 작성된 초기 문서들이 세부 사항에서 차이는 있어도, 그리스도가 누구인지에 관한 핵심 내용은 상당 부분 공유하고 있다는 사실입니다. 이에 대해 영국의 역사신학자 프랜시스 영Frances Young, 1939-은 "처음부터 그리스도교 공동체는 자신들의 핵심 가르침을 요약하고 자신들의 고유한 이야기를 하기 위해 정형화된 언어를 발전"시켰다고 설명합니다.[1] 교회는 이러한 공통된 신앙고백을 바탕으로 그리스도인이 믿어야 할 내용들을 요약하고, 당시 유행하던 '거짓 교사'의 위협에도 대응했습니다.

고대 로마에서 예수는 어떻게 하나님이신가를 놓고 많은 이단들이 생겼던 만큼, 성자와 관련된 사도신경의 조항들은 상당히 논쟁적인 맥락에서 형성되었습니다. 실제로 신경의 세부적인 표현 하나하나는 당시의 신학적 논쟁을 염두에 두고 보아야 제대로 이해할 수 있습니다. 하지만 여기서 사도신경은 논쟁의 결과물에 불과하다는 결론은 적절하지 못합니다. 앞서 살펴보았듯, 사도신경의 주요 목적은 사람들에게 교회에 속하는 데 필요한 신앙의 알짬을 전달하여 신앙을 갖고 세례를 받게 하는 데 있었습니다. 고대부터 현대에 이르기까지 많은 그리스도인이 사도신경으로 신앙고백을 하면서, 세월의 침식 작용과 시대마다 제기되는 사상적 도전에도 퇴색되지 않는 신앙의 신비에 가닿을 기회를 얻어 왔습니다.

이번 장에서는 사도신경의 성자와 관련된 조항 중에서 **하나님의 외아들 우리 주 예수 그리스도, 성령으로 잉태되어 동정녀에게 나심, 본디오 빌라도에게 고난받으심, 십자가에서 돌아가심**을 중심으로 예수 그리스도가 누구신지 살펴보고자 합니다. 물론 사도신경은 복음서만큼 나사렛 예수의 가르침과 행적을 생생하게 보여주거나, 서신서만큼 그리스도가 신자의 삶에 끼치는 영향을 감동적인 필치로 풀어내지는 못합니다. 그렇지만 우리의 일상 언어로는 가닿지 못할 신앙의 깊은 논리와 평범한 텍스트 해석 방식으로는 놓치기 쉬운 그리스도의 모습을 압축적인 방식으로 보여줍니다. 여기 생명의 기운을 소진한 채 십자가에 매달려 축 늘어진 한 유대인이 있습니다. 그를 보고 로마 군인이 내뱉은 한마디에서부터 이야기를 시작해 보겠습니다.

우리가 믿는 것들에 대하여

"이 사람은 진실로 **하나님의 아들**이었도다"(막 15:39).

"하나님의 외아들 우리 주 예수 그리스도"

고대 이스라엘이 각종 우상이 넘치는 고대 근동에서 유일신론 신앙의
언어와 문법을 배워갔다면, 1세기 그리스도인들은 '신의 아들'이 여럿
인 로마 사회에서 예수 그리스도를 하나님의 아들이라 고백하는 법을
찾아야 했습니다. 로마 신화의 신들은 대가족을 이루고 있었고, 그중
에는 부자 관계를 맺고 있는 신들도 있었습니다. 또한 로마 제국의 제
의에서는 이미 최고 권력자인 황제가 제국 신의 아들로 숭배되고 있
었습니다. 이처럼 '하나님의 아들'이 여러 의미로 사용되는 다신교적
문화에서 그리스도가 하나님의 아들이라는 말을 듣게 되면 사람들은
자연스레 제각기 다른 이미지를 머릿속에 떠올리곤 했습니다. 이러한
고대 로마 문명권에서 원시 그리스도교 신자들은 사도신경을 따라 '예
수 그리스도, **하나님의 외아들**'*Jesum Christum, Filium eius unicum*이라고 고백
하며 신앙의 초점을 다잡았습니다.

예수 그리스도, 영원한 하나님의 아들

앞서 살펴보았듯, 그리스도교의 신론은 '유일신론'이면서 동시에 '삼
위일체론'입니다. 유일한 예배 대상인 하나님은 성부와 성자와 성령
이라는 세 인격으로 존재하십니다. 사도신경은 삼위일체라는 단어를
사용하지도 않고 교리로 삼위일체론을 제시하지도 않지만, 사도신경
의 라틴어 원문은 하나님*Deum*에 대해 말하고는 곧바로 그분을 아버

지^{Patrem}라고 소개합니다. 하나님은 창조 이전 '영원부터' 아버지이시기에 그분의 아들도 '영원부터' 존재합니다. 예수께서도 이렇게 말씀하셨습니다. "아버지여 **창세 전에 내가 아버지와 함께** 가졌던 영화로써 지금도 아버지와 함께 나를 영화롭게 하옵소서(요 17:5)." 영원부터 성부는 성자의 아버지로서, 성자는 성부의 아들로서 계십니다. 나사렛 사람 예수가 역사의 어느 한 시점에 하나님의 아들이 '되었다'면 성부 하나님은 영원부터 아버지로 계신다고 할 수 없습니다.

여러 신의 아들들을 믿던 고대 로마에서 그리스도가 하나님의 유일한 아들임을 고백해야 했던 교회는 교리 언어를 형성하는 데 적합한 재료를 성경에서 찾았습니다. 그 대표적인 예가 히브리인에게 보내는 편지입니다. 1세기 중반을 넘어서면서 초기 그리스도교 공동체는 이전에 없던 긴박한 도전에 응답해야 했습니다. 외부적으로는 제국으로부터 견제와 탄압이 있었고, 내부적으로는 첫 세대 교인들이 사망하면서 구성원에 변화가 생겼습니다. 이 혼란한 상황 속에서 신자들의 흔들리던 신앙을 다잡으려는 저자의 노력이 편지 곳곳에 묻어납니다. 저자는 여기서 예수 그리스도가 누구시고 그분의 구원이 어떤 성격인지 보여주고자 구약성경의 한 구절을 그리스도론적으로 해석합니다.

> 내가 여호와의 명령을 전하노라. 여호와께서 내게 이르시되 너는 **내 아들**이라. 오늘 내가 **너를 낳았도다**(시 2:7).

> 또한 이와 같이 그리스도께서 대제사장 되심도 스스로 영광을 취하심이 아니요 오직 말씀하신 이가 그에게 이르시되 너는 **내 아들**이

니 내가 오늘 **너를 낳았다** 하셨고(히 5:5).

위에서 인용된 구절은 전혀 다른 맥락이지만 이후에 삼위일체론을 놓고 일어날 교리 논쟁에서 그리스도의 신성을 옹호하는 데 큰 역할을 하게 됩니다.

4세기 초 그리스도교가 로마의 국교로 공인되었을 때, 나사렛 예수는 완전한 하나님이신가를 놓고 제국이 분열될 정도로 논쟁이 과열되었습니다. 유일신 신앙의 문법을 강조한 알렉산드리아 출신의 아리우스Arius, 약 260-336는 하나님은 한분이시기에, 예수 그리스도가 아무리 위대하다 해도 성부 하나님과 같은 신이 될 수는 없으며 유사한 본성homoiousios만 가질 뿐이라고 주장했습니다. 일면 논리적이고 설득력 있는 말 같아도, 그 이면에는 예수 그리스도는 참 하나님이 될 수 없으며 하나님과 가까운 '최상급' 피조물일 뿐이라는 함의가 있습니다. 결국 니케아 공의회는 아리우스주의가 성자를 피조물로 이해하며 성자의 신성을 충분히 인정하지 않았다는 점을 지적하며 이단으로 정죄했습니다.

> "그리스도가 **존재하지 않은 때**가 있었다"거나 "그리스도는 **출생하시기 전**에는 존재하지 않으셨다"거나 "그리스도는 **무로부터 존재하셨다**"라고 말하는 사람들, 그리고 하나님의 아들은 **다른 실체나 본질**을 지닌다거나 **변하거나 바뀔 수 있다**고 주장하는 사람들이 있는데, 보편적이며 사도적인 교회는 그들을 정죄한다.[2]

이러한 주장을 펼치는 아리우스의 추종자들을 반박하고자, 알렉산드리아의 아타나시우스[Athanasius, 약 293-373]는 시편과 히브리서에 등장하는 '낳다'[beget]라는 동사 하나를 결정적 방식으로 사용합니다. 아리우스의 주장대로 하나님이 아들을 '만드셨다면' 그분은 피조물 중 하나로서 하나님보다 열등한 피조적 본성을 가지시게 됩니다. 하지만 성경의 표현대로 하나님이 아들을 '낳으셨다면' 그분은 아버지와 같은 신으로서 동일한 본성[homoousios]을 공유하시게 됩니다. 이러한 이유로 325년에 니케아 공의회는 그리스도의 신성을 확정하고자 다음과 같은 문구를 공식화했습니다. "그분은 하나님의 **외아들**이시고, 아버지에게서 **나셨으며**."

고대교회 신경의 언어는 단지 그리스도가 완전한 신성을 가졌다는 것을 보여줄 뿐 아니라, 하나님께서 만드신 피조물의 본성을 이해하는 데도 큰 역할을 합니다. 성부 하나님에게서 '나신'[begotten] 외아들 예수 그리스도와 달리, 우리를 포함한 온 세계는 하나님께서 '만드신'[made] 피조물입니다. 이처럼 하나님과 창조 세계 사이에는 넘을 수 없는 '무한한 질적 차이'가 있습니다. 하지만 창조는 말씀이신 그리스도로 '말미암아' 그분을 '위하여' 일어났습니다(요 1:3, 10, 골 1:16). 또한 하나님께서 창조하신 온 세계는 그분 '안에' 있습니다(골 1:17, 엡 1:23). 이러한 이유로 창조 세계의 본성과 운명은 세계를 엄밀히 관찰하거나 연구한다고 해서 알 수 있는 것이 아니라, 창조자 하나님의 영원한 사랑의 대상이요 기쁨의 근원이신 하나님의 외아들 예수 그리스도 안에서만 온전히 밝혀집니다. 이를 단순하게 시각화하면 다음과 같습니다.

우리가 믿는 것들에 대하여

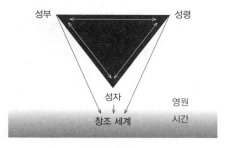

말씀을 통한 창조

창조자와 피조물 사이에는 존재론적으로 무한한 골이 있습니다. 하지만 세상은 말씀으로 창조되었기에, 삼위 하나님과 창조 세계 사이에 벌어진 틈을 자의적으로 이해해서는 안 됩니다. 하나님과 창조 세계의 관계는 그리스도 안에 계시된 삼위 하나님의 본성과 활동이라는 매우 구체적인 관점에서 접근해야 합니다. 1장에서 보았듯 **성부** 하나님이 유일한 성자를 '낳으신다'는 것은 자신의 신적 본성을 아들에게 온전히 '선물하신다'는 뜻입니다. 이에 대한 반응으로 **성자**는 감사와 순종과 찬미로 성부께 자신을 선물로 되돌려드립니다. 그리고 완전한 사랑의 충만한 교제이자 열매로서 **성령**이 계십니다. 성부, 성자, 성령의 친밀한 관계와 그로부터 흘러넘치는 기쁨은 삼위 하나님 안에서만 무한히 맴돌지 않고, 그리스도를 통해 창조되고 그리스도 안에 있는 **세계**로 확대됩니다. 바로 여기에 그리스도교 신앙의 정수가 있습니다.

　　성부 하나님이 말씀으로 세상을 창조하셨다는 것은, **성자**를 통해 무無에 '존재'를 선물하셨음을 의미합니다. 성부는 자신을 선물하심으로써 '낳으신' 성자를 통해 우리를 '만드셨을' 뿐 아니라, 하나님 자신인 **성령**도 우리에게 선물로 주십니다. 그렇기에 우리가 하나님께 받는 것은 장인이 자신의 걸작품에 보일 법한 애정 어린 관심과는 차원을 달리합니다. 우리는 성부가 성자에게 자신을 선물하며 주셨던 그 '신적 사랑'을 선물로 받게 됩니다. 바울은 이를 피조물이자 죄인인 우리가 "종의 영을 받지 아니하고 양자의 영"을 받아 하나님의 아들과 함께 상속을 받는 하나님의 자녀가 된다고 설명합니다(롬 8:15-17).

성자는 성부께 자신을 선물로 드리는 것만이 아니라, 자기로 말미암아 존재하고 지금도 자기 안에 있는 '창조를 통해서도' 아버지께 영광을 돌리십니다. 하나님 형상인 아담이 실패했던 창조의 대표로서 인간의 역할을, 인간이 되신 하나님의 아들이 회복하고 성취하십니다. 다음의 표에서 볼 수 있듯, 이를 위하여 성자께서는 인간이 되시어 창조 속으로 직접 들어오셔서 우리 가운데 거하셨습니다.*eskēnōsen* 요한복음 1:14의 원문을 살려서 표현하면, 하나님의 말씀이 육신이 되어 우리 가운데 '천막'*skéné*을 치셨습니다.[3]

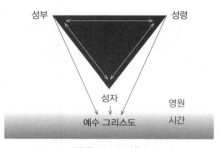

영원한 성자의 성육신

성육신하셔서 우리와 함께 거하시는 성자는, 하나님과 세상을 '화해'하게 하시며, 하나님 앞에서 온 인류를 '대표'하십니다. 성부와 성자 사이의 사랑이신 성령은 창조 세계에도 현존하시며 하나님과 우리 사

　　　　　　　　　　　우리가 믿는 것들에 대하여

이에서 사랑의 끈이 되십니다. 그렇기에 성부와 성자가 완전한 사랑 안에서 서로를 선물로 주고받듯, 우리도 그리스도 안에서 성령에 의하여 하나님의 선물을 받고 하나님께 선물을 되돌려드릴 수 있습니다.[4]

종교개혁자 마르틴 루터Martin Luther, 1483-1546가 사도신경을 해설하며 이 놀라운 기적을 놓칠 리 없었습니다. 그는 하늘과 땅을 만드신 성부에 관한 조항에서 "하나님은 **시간에 매여 있는** 모든 만물을 우리에게 [주신다]"라는 것에 주목합니다. 반면, 성자에 관한 조항에서는 하나님께서 우리에게 "이런 **일시적인 것을 넘어서는 것**"인 '자기 자신'을 온전히 주신다는 것을 강조합니다.[5] 성자 안에서 우리가 성부 하나님으로부터 받는 은혜는 단지 죄 사함의 약속만이 아닙니다. 하나님은 자신을 선물로 주시면서 우리도 성자처럼 자신을 선물로 줄 수 있는 존재로 변화되게 하십니다. 이것이 하나님께서 우리를 삼위 하나님과의 교제로 초청하시는 방식입니다. 이는 삼위 하나님에 대한 신앙 안에서만 맛볼 수 있는 참으로 놀라운 신비입니다.

예수 그리스도, 우리의 주님

사도신경은 하나님의 외아들에 대하여 설명한 후, 그분이 누구신지 호칭과 이름을 거론하며 소개합니다. 그분은 '우리 주 예수 그리스도'이십니다. 예부터 유대인은 "너의 하나님 여호와의 이름을 망령되이 일컫지 말라"(출 20:7)는 십계명 말씀을 따라, 성경 본문에 하나님 이름인 야웨YHWH가 나오면 '주님'을 뜻하는 히브리어 단어 '아도나이'Adonai로 바꿔서 읽곤 했습니다. 히브리어 구약성경을 그리스어로 번역한 칠십인역도 하나님 이름 YHWH를 '주님'을 뜻하는 그리스어

단어 '퀴리오스'^{Kyrios}로 옮겼습니다(욜 3:5 등). 이후 이 단어는 신약성
경에서 예수 그리스도의 호칭으로 종종 사용되었습니다(행 2:21 등).
그런데 하나님을 주님이라 부르는 사례는 유대 전통에서만 발견되는
것은 아닙니다. 그레코-로만 문명권에서도 이 호칭은 신적 존재를 가리
키는 종교적 용례를 갖고 있습니다. 특별히 로마 제국 종교에서는 신의
아들이라는 의미에서 황제를 주님이라고 부르기도 했습니다.

　이러한 맥락을 고려할 때, 나사렛 예수가 '우리 주님'이라고 불렸다
는 사실은 매우 중요한 의미를 지닙니다. 고대 로마 사회에서 유일신
론적 배경을 가진 유대인들이 하나님 한분께 사용한 호칭을 시골 출신
의 한 사내에게 부여한 것이기 때문입니다. 초기 그리스도인들이 주님
이라는 호칭을 예수 그리스도에게 자유롭게 사용했다는 것은, 그들이
그분을 하나님으로 예배하면서도 그것을 유일신론에서 벗어나 제2의
신을 섬기는 것으로 생각하지 않았음을 방증합니다.[6] 물론 고대인들이
존재론적으로 어떤 사람이 신이라는 것을 논증하고자 주님이라는 호
칭을 사용하지는 않았습니다. 주님이라는 호칭은 주로 예배의 맥락에
서 등장했고, 이 송영의 언어는 예배의 대상과 예배자의 관계를 규정
하는 데 큰 역할을 했습니다. 신약성경에서도 그리스도인은 주의 이름
을 부르는 자들로 소개되곤 했습니다(고전 1:2, 롬 10:13).[7]

　이것은 일반 논리학으로는 증명이 힘든 삼위 하나님의 신비를 진
술하는 예배의 문법입니다. 초기교회가 그리스도의 신성이 교리적으
로 증명된 후에 그리스도를 주님으로 예배한 것은 아닙니다. 오히려
하나님의 아들 주 예수 그리스도를 향한 예배와 기도를 바탕으로 그
분의 본성과 구원 사역에 관한 가르침이 형성되었습니다. 여기서 우리

는 '기도의 규칙이 곧 신앙의 규칙'*lex orandi, lex credendi*이라는 명제가 그리스도교의 핵심 진리를 이해하는 데 얼마나 중요한지 다시 한번 확인하게 됩니다. 사도신경의 첫 단어인 '**나**는 믿습니다'*credo*라는 인격적 고백은 공동체가 함께 예배하는 '**우리 주님**'*Dominum nostrum*을 대상으로 했습니다. 이로써 삶의 관심사가 '나의 안전'에서 '우리의 평화'로, 삶의 지향성이 '이기적 자아'에서 '만물의 주님이자 우리의 주님'에게로 옮겨졌습니다. 이러한 예전적 맥락에 깊이 잠겨있던 고대의 신학자들은 공동으로 교회의 신앙고백을 정립함으로써, 공적 예배와 개인적 경건에 꼭 필요한 정갈한 언어와 문법을 제공했습니다. 실제로 초기교회의 신앙고백인 아타나시우스 신경을 보면, 지금까지의 논의가 교리적 밀도와 시적 정취를 지닌 문장들로 표현되어 있습니다. 그 일부만 소개하면,

> 성부의 본성이 바로 성자와 성령의 본성입니다. 성부도 **피조되지 않았고**, 성자도 **피조되지 않았고**, 성령도 **피조되지 않았습니다**. 성부도 무한하고, 성자도 무한하고, 성령도 무한합니다.……따라서 성부도 **신**이고, 성자도 **신**이고, 성령도 **신**입니다. 그러나 신은 **셋이 아니라 한분**만 있습니다. 따라서 성부도 **주님**이고, 성자도 **주님**이고, 성령도 **주님**이십니다. 그러나 주님은 **셋이 아니라 하나**만 존재합니다.[8]

'영원한 하나님의 외아들 우리 주'의 역사적 이름은 예수 그리스도입니다. '예수'라는 이름은 히브리어로 "자기 백성을 그들의 죄에서 구원할 자"라는 뜻입니다(마 1:21). 당시에는 이 이름이 너무 흔했기 때문에 사람들은 그분을 다른 예수들과 구분하고자 관습에 따라 '요셉

의 아들 예수'(눅 2:21) 혹은 '나사렛의 예수'(요 1:45), '마리아의 아들 예수'(마 13:55)라고 불렀습니다. 그런데 신약성경에는 구약성경에서부터 내려오는 특별한 호칭도 등장합니다. 바로 '기름 부음 받은 자'를 뜻하는 히브리어 단어 메시아*mashiah, 마쉬아흐*, 혹은 그리스어 그리스도 *Christos, 크리스토스*입니다. 이처럼 성육신한 영원한 성자는 '예수'와 '그리스도'라는 구원론적 의미가 매우 강한 '유대적' 이름과 '헬라적' 호칭을 함께 가지시게 되었습니다. 이는 예수 그리스도를 주라 부르는 사람은 '유대인이든 헬라인이든' 상관없이 누구나 하나님의 자녀가 되는 길이 열렸음을 보여줍니다.

신약성경은 여기서 또 다른 놀라운 선언을 합니다. 요한복음은 성자가 인간이 되시면서 이름이 필요하여 그제야 예수라는 이름이 생긴 것이 아니라, 예수 그리스도가 곧 '영원한' 하나님의 외아들이라고 말합니다(요 1:15-18). 인류의 구원과 영원한 하나님의 이름이 영원부터 결부되었다는 것은, 하나님께서 세상을 만드시기 전에 이미 창조 세계의 반역과 비극에 자신을 단단히 결합하기로 하셨음을 알려 줍니다. 영원한 성자가 예수라는 이름의 한 아이로 태어나신 것은, 우리와 함께하시겠다는 '임마누엘'(사 7:14, 마 1:23)의 약속을 성취하고자 하나님께서 창조 세계에 직접 들어오셨음을 보여줍니다. 그렇기에 '예수 그리스도'라는 이름은 인간의 배신과 폭력에도 불구하고 세상을 위해 자신을 내어놓는 '위험'마저 감수하는 하나님의 자기희생적 사랑을 계시합니다. 실제로 하나님은 인간이 되어 세상에 직접 들어오셔서 인간에게 배신당하고 매를 맞고 비참하게 죽임당하셨습니다.

요약하면, **성부 하나님**은 사랑의 대상으로 세상을 창조하셨으며

"세상을 심판하려 하심이 아니요 그로 말미암아 세상이 구원을 받게" 하시려고 유일한 아들을 세상에 보내셨습니다(요 3:17). **예수 그리스도**는 성부의 뜻에 순종하여 인류의 비극과 고통의 역사 속으로 발을 내딛으셨습니다. **성령**은 삼위 하나님의 내적 관계에서 성부와 성자 사이의 사랑의 끈이 되시듯, 영원과 시간 사이의 골을 넘어 영원한 성부와 성육신하신 예수 그리스도 사이를 붙잡으셨습니다. 실제로 복음서는 예수 그리스도의 지상에서의 모습을 한편으로는 하나님 아버지께 순종하는 삶으로, 다른 한편으로는 성령에 충만한 존재로 요약합니다. 그렇다면 이제 성령께서 영원한 성자가 세상에 들어오는 데 어떤 역할을 하셨는지 사도신경의 인도를 따라 살펴보겠습니다.

"성령으로 잉태되고, 동정녀 마리아에게 나심"

사도신경은 인류 역사에서 찾기 힘든 스캔들을 신앙고백에 등장시킵니다. 결혼을 한 적도 남자와 동침한 적도 없는 한 갈릴리 소녀가 임신하게 된 사건입니다. "보라 처녀가 잉태하여 아들을 낳을 것이요 그의 이름은 임마누엘이라 하리라 하셨으니 이를 번역한즉 하나님이 우리와 함께 계시다 함이라"(마 1:23). 마리아가 성령으로 예수 그리스도를 잉태했다는 성경의 가르침을 두고, 어떤 이는 고대 문명에서는 신들과 성적 관계를 맺고 신의 아이를 잉태한 여성에 관한 신화가 적지 않았다고 말할지 모르겠습니다. 고전어에 익숙한 사람이라면 이사야 7:14을 인용한 마태복음 1:23에서 처녀로 번역된 그리스어 parthenos에 해당하는 히브리어 단어 almah가 결혼 여부와 관계없이 젊은 여자를 뜻한다고 지적할 수 있습니다. 하지만 동정녀 개념을 둘러싼 이런저런 반론과 재반론에 눈길을 뺏기다 보면 정작 중요한 것을 놓칠 수 있습니다. 그것은 바로 이제 막 약혼하고 부푼 마음으로 결혼을 기다리던 한 젊은 여성이 예기치 않게 아이를 갖게 되면서 겪었을 당황스러움과 두려움, 그리고 이런 상황 속에서도 그가 보인 놀라운 반응입니다.

예수 그리스도의 신성을 이야기할 때 '성령으로 잉태되심'과 '동정녀로부터 탄생하심'은 한 쌍처럼 붙어 다니는 경우가 많습니다. 신학자마다 설명하는 방식은 차이가 있지만 그 논리를 단순화하면 다음과 같습니다. 나사렛 예수는 생물학적 인간 아버지는 없고, 영원한 성부로부터 나셨기에 '참 하나님'이십니다. 동시에 그분은 인간 어머니의 태에서 자라고 태어난 '참 인간'이시기도 합니다. 인간 아버지가 없다는 것은 첫 인간 아담 이후 내려오는 원죄의 유전이 없다는 것을 뜻할 수 있기에, 이는 예수 그리스도는 어떻게 인간이시면서 유일하게 '죄 없으신 분'(히 4:15)이신가를 설명하는 논리적 근거처럼 사용되기도 했습니다.

그러나 이런 방식으로 동정녀 탄생에 접근하면서 예수 그리스도의 신성과 죄 없으심을 한번에 논증하려 하면 곤란한 문제가 발생합니다. 예를 들면, 예수께서 인간 아버지로부터 원죄를 물려받지 않더라도 어머니에게서 유전된 원죄는 남아 있지 않으냐는 질문이 제기될 수 있습니다. 이 곤란함을 해결하고자 로마 가톨릭은 마리아가 그리스도를 잉태할 때 이미 원죄가 없었다는 무염시태無染始胎, Immaculata conceptio를 인정합니다. 하지만 이 교리도 어떻게 유독 마리아만, 언제부터 어떻게 원죄가 없었느냐는 또 다른 난제를 일으킵니다. 둘째, 그리스도의 신성과 죄 없으심을 설명하려는 목적으로 동정녀 탄생 교리를 이해하게 되면, 어머니 마리아는 하나님이 세상에 들어오는 데 사용하신 도구로서의 가치 외에는 별다른 의미를 갖지 못합니다. 그럼으로써 마리아가 하나님께 반응하는 방식이나, 임신, 출산, 양육과 같은 과정을 통해 여성으로서 겪은 것들에 대한 인간적인 감정과 경험, 결단 등이 신적 섭리에서는 전혀 중요성을 갖지 못하게 됩니다. 하지만 신약성경과 교회 전통을 보면 마리아는 초기 그리스도교 형성기에 비중 있는 역할을 담당했습니다. 신앙의 모범이자 지도력 있는 여성으로 활동했던 마리아의 사람됨은 떠올리기 힘들 정도로, 그저 출산의 도구로만 '동정녀'의 의미를 축소하거나 추상화하는 것은 여러모로 부적절합니다.

그렇다면 성령에 의한 동정녀 탄생은 어떤 중요성이 있을까요? 누가복음은 천사 가브리엘이 갑작스레 나사렛의 마리아를 방문하여 아기를 낳으리라 예고하는 장면, 곧 수태고지受胎告知, annunciation를 자세하게 기술합니다. 천사의 말에 마리아는 아직 남자와 동침하지 않은 자신이 어떻게 임신을 하느냐고 답합니다. 이에 천사는 다음과 같이 말합니다.

> 성령이 네게 임하시고 지극히 높으신 이의 능력이 너를 덮으시리니 이러므로 나실 바 거룩한 이는 하나님의 아들이라 일컬어지리라.……대저 하나님의 모든 말씀은 능하지 못하심이 없느니라 (눅 1:35, 37).

그러자 마리아가 답합니다. "주의 여종이오니 말씀대로 내게 이루어지이다"(눅 1:38). 이슬람교의 경전 꾸란에서도 천사가 마리아를 찾아와 (하나님의 아들이라는 표현은 등장하지 않지만) 예수를 낳으리라 예고하는 장면이 거의 그대로 등장합니다(꾸란 3:45). 그렇다면 수태고지가 예수 그리스도의 탄생에서 이처럼 중요하게 다루어지는 이유는 무엇일까요? 성경이 구원 역사 초반에 다른 신앙의 위인도 아니고 한 나사렛 소녀의 이야기에 이처럼 상당 부분을 할애하는 이유는 무엇일까요?

창세기 3장에 따르면, 아담과 하와는 하나님께 죄를 범하고 에덴동산에서 추방됩니다. 뱀의 유혹에 하나님이 먹지 말라고 하신 선악을 알게 하는 나무의 과실을 처음 먹은 사람은 **하와**입니다(창 3:6). 죄의 역사가 하나님 말씀에 대한 하와의 불순종 때문에 시작되었다면, 그 반전은 하나님 말씀에 '말씀대로 내게 이루어지이다'라고 고백하며 자신의 태에 말씀이신 성자를 받아들인 **마리아**의 순종에서 시작되었습니다. 이러한 이유로 수태고지를 묘사하는 중세나 르네상스 시대의 상당수 작품이 천사와 마리아의 배경에 아담과 하와를 작게 그려 놓았습니다. 또한 그리스도를 첫 창조에 속한 아담과 대비되는 새 창조를 가져오신 새로운 아담으로 부르듯이(고전 15:47, 49, 롬 5:12-21), 고대 이래 여러 저술가가 마리아를 새로운 하와로 칭하기도 했습니다. 2세기 리옹의 주교 이레나이우스Irenaeus, 약 130-202는 하와와 대비되는 인물로서 마리아가 갖는 중요성에 대해 다음과 같이 설명합니다.

하와는 **불순종**했습니다.……불순종함으로써 자신뿐 아니라 인류 전체의 **죽음**의 원인이 되었습니다.……[마리아는] **순종**함으로써, 자신뿐만 아니라 인류 전체의 **구원**의 원인이 되었습니다.……하와의 불순종의 매듭은 마리아의 순종으로 느슨하게 됩니다. 불순종으로 처녀였던 하와가 단단히 묶어 놓은 것을 믿음으로 처녀인 마리아가 자유롭게 합니다.[9]

그런 의미에서 동정녀 탄생 이야기의 핵심은, 하나님의 아들의 생물학적 탄생의 비밀을 파헤치는 데 있는 것이 아니라, 구원에 있어서 '하나님의 말씀에 대한 인간의 순종'이 갖는 결정적 중요성을 발견하는 데 있습니다. 이 지점에서 마리아와 관련된 두 가지 오해의 소지에 대하여 해명할 필요가 있습니다.

첫째, 마리아는 예기치 않게 다가온 말씀에 순종으로 응답하는 인간의 상징입니다. 하지만 이 순종을 이해하기 힘든 말씀을 억지로 신뢰한다거나, 실현 불가능한 명령을 어떻게든 수행하려 애쓰는 인간의 노력으로 보아서는 안 됩니다. 둘째, 마리아의 순종으로 성육신이 일어나 인류의 구원이 가능해졌다고 해서, 마리아를 구원을 직접 일으키는 원인이나 구원자로 이해하려 해서는 안 됩니다. 이 두 문제는 모두 영원한 성자인 예수 그리스도의 순종에 비추어 살펴보지 않는다면 마리아의 순종에 대한 그릇된 이해로 흘러갈 수 있습니다.

마리아가 아무리 역사의 새로운 장의 도입부에 서 있는 인간이라 해도, 그의 순종 '이전에' 하나님의 말씀이 이루어지도록 자신의 뜻을 아버지의 뜻에 순종하신 영원한 성자의 겸손이 있었습니다. 여기서 우리는 일반 상식을 뒤엎는 하나님의 결정을 볼 수 있습니다. 어떤 인간도 자신의 잉태됨을 본인 의지로 선택하지 못합니다. 그러나 성자는 창조 세계를 향한 성부의 뜻을 이루시기 위해 인간으로의 탄생을 선택하시며 성부께 순종하셨습니다. 이로써 역사를 변화시키는 하나님의 방법은 타인을 지배하는 힘이 아닌 자기를 타자에게 선물하는 사랑임을 결정적으로 보여주셨습니다. 마리아의 순종은 성자의 순종에 대한 '아멘'이었습니다.[10] 하나님의 말씀이 육신이 되어 역사에 등장할 때, 마리아는 그 말씀을 듣고 순종했던 최초의 인간이었습니다. 그 최초의 인간은 "말씀대로 내게 이루어지이다"라고 고백하며 에덴동산에서 첫 인류의 실패를 뒤로하고 새로운 역사의 시작점에 서게 되었습니다. 이로써 하나님처럼 되려는 인간의 교만과 대비되는, 인간의 자리로 자기를 낮추시는 하나님의 겸손이 사람들 가운데 계시되었습니다.

성부의 뜻을 실현하기 위한 성자의 순종이 먼저 있었고, 이에 상응하는 마리아의 순종으로 말씀은 육신이 되셨습니다. 말씀이신 성자는 성령을 통하여 마리아의 몸속에 들어오셨습니다. 우리와 함께하시는 하나님, 곧 임마누엘이 개념으로 머물지 않고 살아있는 인격으로 이 땅에 나타나셨습니다. 이로써 마리아는 성령으로 말씀을 받아 몸으로 말씀을 살아내는 그리스도인의 사명을 처음으로 담당했습니다. 이처럼 마리아의 이야기는 인간이 하나님의 구원에 참여하는 신비로운 방식을 들려줍니다. 그것은 세상을 개혁하고 나를 변화시키려는 열정과 열심 이전에, 하나님의 말씀이 나를 통해 역사 속에서 현존하도록 그분을 향해 자신을 개방하는 일입니다. 사회에 통용되는 상식이나 자신의 지식으로 하나님의 말씀을 예단하는 것이 아니라, 그 말씀이 열어 보일 새로운 미래에 희망을 거는 것입니다. 우리의 예상을 뛰어넘는 예기치 않은 방식으로 약속의 말씀을 성취하실 하나님의 지혜를 지금

　　　　　　　　　　　우리가 믿는 것들에 대하여

여기서 신뢰하는 것입니다.

마리아의 순종과 겸손은 현실에 대한 순응주의나 정적주의와는 매우 다릅니다.[11] 성령을 통하여 말씀을 태에 받아들인 마리아는 하나님께서 이루실 미래에 대한 급진적인 꿈으로 부풀었습니다. 그는 '선한 것도 날 것 같지 않은 동네'(요 1:45-46)로 무시당하는 나사렛 시골 마을 출신의 여성이었지만, 하나님의 말씀을 품었기에 어떤 혁명가의 연설에도 뒤지지 않을 현실 전복적인 노래를 부릅니다.

> 내 영혼이 주를 찬양하며
> 내 마음이 하나님 내 구주를 기뻐하였음은
> 그의 여종의 비천함을 돌보셨음이라.
> 보라. 이제 후로는 만세에 나를 복이 있다 일컬으리로다.
> 능하신 이가 큰 일을 내게 행하셨으니 그 이름이 거룩하시며
> 긍휼하심이 두려워하는 자에게 대대로 이르는도다.
> 그의 팔로 힘을 보이사 마음의 생각이 교만한 자들을 흩으셨고
> 권세 있는 자를 그 위에서 내리치셨으며 비천한 자를 높이셨고
> 주리는 자를 좋은 것으로 배불리셨으며 부자는 빈 손으로 보내셨도다.
> 그 종 이스라엘을 도우사 긍휼히 여기시고 기억하시되
> 우리 조상에게 말씀하신 것과 같이
> 아브라함과 그 자손에게 영원히 하시리로다(눅 1:46-55).

마리아는 인류 역사에서 그 누구보다 먼저 성육신한 말씀인 하나님 아들의 오심에 아멘으로 응답함으로써 '순종이라는 혁명'을 시도한 사

람입니다. 그에게는 하나님께서 자신의 힘으로 할 수 있는 것보다 더 크고 위대한 일을 그분의 때에 하시리라는 믿음이 있었습니다. 이렇게 나사렛의 한 젊은 여인을 통하여 역사의 물줄기가 바뀌게 됩니다. 그가 진통하며 낳은 아들을 통하여 하나님의 뜻대로 땅의 질서와 가치가 철저히 전복되는 놀라운 나라가 역사에 도래했습니다. 이러한 방식으로 성령을 통한 동정녀 탄생은 우리 눈이 구원의 역사를 볼 때 어디를 응시해야 할지, 은혜 앞에 선 인간은 어떠한 존재여야 할지에 대해 새롭게 도전합니다.

"본디오 빌라도에게 고난을 받으심"

영화로 치자면 갑작스러운 장면전환과 함께 반전 같은 일이 사도신경에서 벌어집니다. 동정녀 마리아에게서 태어나신 아기 예수가 돌연 성인이 되어 로마 제국의 법정에서 재판을 받으십니다. 마리아의 순종으로 "육신이 되어 우리 가운데 거하"신(요 1:14) 하나님의 말씀이 인간으로서 최악의 상황을 마주하게 되었습니다. 바야흐로 그분의 사역으로 "맹인이 보며 못 걷는 사람이 걸으며 나병환자가 깨끗함을 받으며 못듣는 자가 들으며 죽은 자가 살아나며 가난한 자에게 복음이 전파"(마 11:5)되기 시작한 지 삼 년 정도밖에 지나지 않은 시점이었습니다.

사도신경은 이 지점에서 굳이 기이한 인물의 이름을 등장시킵니다. **본디오 빌라도**. 셀 수 없이 많은 사람이 매주 사도신경으로 신앙을 고백하며 구주에게 사형을 선고한 그의 이름을 기억합니다. 그리스도인의 집단 기억에 박혀 있는 빌라도라는 인물은 문학적 상상력을 통해 다

우리가 믿는 것들에 대하여

양하게 형상화되어 왔습니다. 모노드라마 「빌라도의 고백」은 어둠 속에서 "본디오 빌라도에게 고난을 받으사 십자가에……"를 반복하는 여러 남녀의 뒤섞인 목소리와 함께 시작합니다. 목소리가 커지며 혼돈이 극에 달할 때 어둠을 찢는 절박한 절규가 들려옵니다. "그만! 그만! 그만!"

긴장이 만들어 낸 고요가 극도로 불편해질 때, 빌라도로 분한 배우는 조명 아래서 처절한 눈빛으로 관객을 노려봅니다. 그리고 애원하듯 힘겹게 입을 엽니다.

> 그렇습니다. 제가 바로 유대의 총독이며 예수를 십자가에 못 박혀
> 죽게 한 빌라도, 바로 그 장본인입니다. 그러나 전 어쩔 수 없었습
> 니다! 정말 전 어쩔 수 없었습니다! 제발 제발 사도신경에서 제 이
> 름만은 좀 빼주십시오! 제발 부탁입니다. 그건 절대로 안 된다고요?
> 그것만은 절대로 안 되겠다고요?[12]

하나님 나라를 선포하던 하나님 아들의 운명이 한 로마 제국 관료의 손에 달리게 되었습니다. 그 이후 수많은 신학자가 사도신경을 해설하며 '본디오 빌라도에게 고난을 받으심'을 놓고, 그리스도가 겪으신 고난의 의미와 효력을 분석했습니다. 하지만 사도신경이 왜 굳이 빌라도의 이름을 언급하는지에 대하여 신학적으로 질문을 던진 이는 그렇게 많지 않습니다. 그러던 중에 '극단의 시대'라고까지 불리는 20세기 역사 한복판에서 빌라도의 이름을 흥미롭게 해석한 신학자가 있었습니다.

제2차 세계대전이 끝나자 스위스의 신학자 칼 바르트^{Karl Barth, 1886-}

¹⁹⁶⁸는 연합군과의 전투로 폐허가 된 독일로 갔습니다. 그는 거기서 신

학생들에게 강의하는 것을 자신이 전후에 수행해야 할 중요한 사명으로 여겼습니다. 전쟁 직후라 제대로 된 교재가 있을 리 만무했기에, 그는 사도신경을 가지고 그리스도교 신학의 전체 개요를 설명하는 방법을 택했습니다. 전체주의와 세계대전을 경험하고 나서 어두운 얼굴을 한 젊은 학생들이 강의실을 가득 메웠기 때문인지, 그는 '본디오 빌라도에게'라는 문구를 유독 자세히 분석합니다. 바르트에 따르면, 로마 역사 기록에 등장하는 한 인물이 신경에 들어오게 된 것은 계시의 '역사적 성격'과 관련이 있습니다. 우리가 속한 역사는 비극과 갈등이 끊이지 않으며, 때와 장소에 따라 그 의미가 변하기도 합니다. 그렇기에 사람들은 역사의 우연성을 초월할 보편적이고 영원한 진리를 찾으려 합니다. 하지만 사도신경은 로마 통치를 받던 1세기 팔레스타인에서 "말씀이 육신이 되셨다는 것은 말씀이 시간적으로, 역사적으로 되셨음을" 보여줍니다.[13] '본디오 빌라도에게 고난을 받으시고'를 고백하며, 우리는 그리스도교의 진리가 철저하게 '역사적'이며 그런 의미에서 '세속적'임을 상기하게 됩니다. 신앙을 탈역사화하고픈 우리의 마음은 로마 제국의 한 총독의 이름을 통해 구체적 역사와 상황에 단단히 뿌리박게 됩니다. 역사적 현실에 등을 돌리거나 일상적 삶의 경험에 눈을 감는 신앙은, 그리스도에게 사형을 선고한 빌라도가 세숫대야에 손을 씻으며 "이 사람의 피에 대하여 나는 무죄"(마 27:24)하다고 말한 것처럼, 불가능한 것을 가능한 척하는 기만일 뿐입니다.

바르트의 예리한 눈은 빌라도와 관련된 또 다른 중요한 주제를 찾아냅니다. 우리는 빌라도의 재판정에서 "하나님 나라와 세상 국가*polis*와의 만남"이 불가피하다는 것을 보게 됩니다. 또한 불의한 방식으로

우리가 믿는 것들에 대하여

권력을 사용한 "빌라도의 인격 안에서 국가는 그것의 본래적 존재 근거를 벗어나며, 강도의 소굴이 되며, 폭력배 국가가 되며, 책임을 지지 않는 무리의 질서"로 타락할 위험이 있다는 것도 관찰하게 됩니다.[14] 예수께서 제국의 통치 아래 활동하셨듯, 교회는 언제나 국가 질서를 가진 세계 속에 위치하게 됩니다. 국가는 하나님으로부터 권세를 받았지만(롬 13장), 현실에서의 국가는 언제든 요한계시록의 바다짐승처럼 하나님께 대항하고 사람들에게 폭력을 가하는 악한 권세가 될 수 있습니다(계 13장). 달리 말하면, 그리스도교만큼 국가 권력을 높게 평가하는 종교나 철학도 없지만, 그리스도인이기에 그 어떤 역사 속 특정한 국가나 정치 지도자도 이상화하거나 절대화할 수 없기도 합니다. 교회는 국가가 하나님으로부터 받은 권세를 빌라도처럼 부당하게 사용하지 않고, 현실에서 "정의와 평화를 보호"하기 위해 사용해야 한다는 것을 선포할 의무가 있습니다.[15] 현실에서의 국가가 '괴물'이 아닌 '국가'가 되기 위해서는 권력의 신적 기원과 현실적 역할에 관한 하나님 말씀을 대담하게 증언해 줄 '교회'가 필요합니다.

바르트는 이와 같이 '본디오 빌라도에게 고난을 받으심'으로부터 그리스도교의 역사성 및 국가와 교회의 관계를 해설하고자 했습니다. 물론 바르트가 통찰력 넘치는 설명을 했지만, 복음서가 생생하게 묘사하는 빌라도의 모습은 다소 불충분하게 다루어져서 아쉬움이 남습니다. 어쩌면 언어와 문화를 넘어서는 공교회의 신앙고백에 로마 제국 총독의 이름이 들어온 것은, 빌라도를 통해 한 개인을 넘어서 인류 전체가 겪는 보편적인 곤란을 잊지 않게 하려는 의도가 있는 것은 아닌지 모르겠습니다.

사복음서 가운데 요한복음은 특별히 빌라도의 재판을 부조리극 같은 아이러니로 채워 놓고 있습니다. 진리이신 예수 그리스도를 앞에 두고 빌라도는 "진리가 무엇이냐"(요 18:38)고 질문합니다. 하늘과 땅의 모든 권세를 가진 분께 빌라도는 "내가 너를 놓을 권한도 있고 십자가에 못 박을 권한"(요 19:10)도 있다고 으름장을 놓습니다. 세상을 심판하고 진리를 계시하러 오신 하나님을 도리어 심판하고 모욕하고 누명 씌워 매질합니다. 빌라도의 재판에서 '인간에게 고통당하는 하나님'과 '하나님을 매질하는 인간'이라는 역사의 아이러니가 정점에 이릅니다. 영국의 작가 도로시 세이어즈Dorothy Sayers, 1893-1957는 하나님의 아들이 인간에게 재판받고 고통받으며 죽는다는 그리스도교 교리에 담긴 극적 요소를 다음과 같이 풀어냅니다.

> 신이 인간을 압제한다는 이야기는 무자비한 억압이 담긴 불길한 이야기이고, 인간이 인간을 압제한다는 이야기는 인간의 하찮은 모습이 담긴 따분한 기록이지만, 인간이 신을 압제한 결과 그분이 자기보다 더 나은 인간임을 발견한다는 이야기는 그야말로 경악할 만한 드라마이다.[16]

어제도 오늘도 내일도 매일같이 삶의 현장에서 일어나는 신과 인간 사이의 막장극을 빌라도의 재판에서 읽어내지 못하면, 우리는 진리의 가르침을 앞에 두고도 개인의 삶과 국가 권력과 인류 역사를 피상적으로 이해하게 될 뿐입니다. 하나님이 이스라엘을 '해방'하신 것을 기념하는 유월절이 다가올 때, 공교롭게도 빌라도의 재판정에서는 하나

우리가 믿는 것들에 대하여

님이 인간의 권력에 '구속'되셨습니다. 하나님의 '진리'와 인간의 '무지'가, 하나님의 아들의 '겸손'과 인간의 '교만'이 충돌하고 있습니다. 예수께서 '제자들의 발'을 씻기시던 세숫대야가 겸손과 순종을 보여주었다면, 빌라도가 자신의 무고를 증명하려 '자기 손'을 씻은 세숫대야는 부정의와 기만의 상징이 되었습니다. 자신을 조건 없이 선물로 타자에게 내어주는 전능하신 분의 '사랑'마저 정치적으로 해석할 수밖에 없는 '두려움'에 사로잡힌 인간의 실체가 드러났습니다.

사도신경에 등장하는 두 사람, 마리아와 빌라도는 각기 다른 방식으로 사람됨의 전형을 보여줍니다. 1세기 나사렛의 한 가난하고 힘없는 여인은 자신의 지식과 통제를 넘어 움직이는 하나님의 신비로운 계획에 순종했습니다. 이로써 마리아는 역사의 참 변화를 일으킨 한 인간이자 하나님의 아들을 잉태하게 됩니다. 반면, 우리는 권력자였던 유대 지역의 로마 총독 빌라도를 통해 평화와 안정을 지킨다는 명목으로 하나님마저 희생시키는 자기기만적이고 힘에 중독된 자아를 만납니다. 결국, 많은 사람의 대중적 호기심과 일상의 안정을 지키고자 하는 욕망의 압박을 받던 빌라도의 재판정에서, 죽을 수 없는 존재인 하나님이 사형 선고를 받고 죽음으로 넘겨지시게 됩니다.

"십자가에 달리고 돌아가심"

동정녀 마리아에게서 나신 예수 그리스도는 본디오 빌라도에게 고난을 당하셨습니다. 하지만 사도신경은 베들레헴에서의 탄생과 예루살렘에서의 재판 사이에 있었던 그분의 30여 년 동안의 삶은 언급하지 않습니다. 복음서에 기록된 예수의 모습에 매혹된 사람이라면, 이러한 이유로 사도신경을 비롯한 고대교회의 신경들에 불만을 가질 수도 있을 것입니다.

신학의 역사에서 19세기는 예수의 삶을 엄밀한 역사학적 관점에서 다루는 '역사적 예수 연구'가 활발해지며, 실제 나사렛 예수의 가르침과 행적에 관한 학문적·대중적 관심이 고조되는 시기였습니다. 그 결과로 이후에 작성된 신앙고백 중에는 그리스도의 삶과 가르침의 핵심을 짧게나마 언급한 사례도 있습니다. 1983년에 작성된 미국장로교의 「간추린 신앙고백」*A Brief Statement of Faith*은 사도신경에는 기록되지 않은 예수의 생애를 다음과 같이 압축해서 소개합니다.

> 예수는 하나님의 통치를 선포하셨으며,
>
> 가난한 자에게 복음을 전하시고,
>
> 포로 된 자에게 해방을 선포하시고,
>
> 말씀과 행위로써 가르치시고,
>
> 어린이를 축복하시고,
>
> 병든 자를 고치시고,
>
> 마음 상한 자를 싸매어 주시고,
>
> 버림받은 자와 함께 잡수시고,
>
> 죄인을 용서하시고,
>
> 모든 사람을 불러 회개하고 복음을 믿게 하셨다.[17]

「간추린 신앙고백」이 보여주듯 예수 그리스도의 생애는 하나님 나라와 관련된 여러 사건으로 채워져 있었습니다. 이를 관통하는 주제가 있다면 그것은 성부와 성자와 성령께서 서로에게 자신을 내어주신 것에 상응하는 '타자를 위한 삶'이라고 할 수 있을 것입니다. 그분은 자신을 선물로 수여하는 신적 본성에 맞게 이 땅에서 전적으로 하나님을 사랑하고 이웃을 사랑하셨습니다. 하지만 모든 사람이 자기중심성의 중력에 따라 움직이는 세계에서 타자에게 자신을 내어주는 삶을 산다는 것은 위험과 고통을 수반할 수밖에 없었습니다. 더 나아가 그분의 고통은 아직 어둠 속에 있어 생명의 빛을 보지 못해 헤매고 있는 사람들을 살리기 위해 자신을 희생하는 '대리적' 고통이기도 했습니다. 사도신경에 나온 '고난을 받으시고'라는 단어가 이 땅에서 그리스도의 삶을 요약해 준다는 점에서, 우리는 그리스도의 다양한 사역을 고난의 빛 아래서 해석할 필요가 있습니다.[18]

예수 그리스도가 겪으신 고난의 정점은 십자가에서의 죽음이었습니다. 십자가에서의 죽음은 당시 사람들이 그분을 구원자로 받아들이는 데 여러모로 걸림돌이 되었습니다. '나무에 달린 자는 하나님께 저주를 받았다'라는 모세의 가르침에 익숙했던 유대인들은, 십자 모양의 나무틀에서 죽은 시골 출신의 사내가 구원자는커녕 하나님께 버림받은 자라고 생각했습니다(신 21:23, 갈 3:13). 반면 당시 그레코-로만 사회 질서에 익숙한 사람들에게는 정치범을 사형할 때 주로 사용하던 십자가형을 받은 위험한 폭도를 주님으로 예배한다는 것 자체가 몹시 곤란하고 꺼려지는 일이었습니다. 달리 말하면, 1세기 사람들은 십자가의 도를 받아들이든 받아들이지 않든 각자의 이유가 충분했던 것 같습니다.

유대인은 표적을 구하고 헬라인은 지혜를 찾으나 우리는 십자가에 못 박힌 그리스도를 전하니 유대인에게는 거리끼는 것이요 이방인에게는 미련한 것이로되 오직 부르심을 받은 자들에게는 유대인이나 헬라인이나 그리스도는 하나님의 능력이요 하나님의 지혜니라. 하나님의 어리석음이 사람보다 지혜롭고 하나님의 약하심이 사람보다 강하니라(고전 1:22-25).

인간이란 존재는 타인을 필요 이상으로 잔인하게 괴롭히는 데에도 특유의 상상력을 발휘하여 인류 역사에 여러 끔찍한 사형 도구를 등장시켰습니다. 어떤 의미에서 십자가는 그중 하나의 사례일 뿐입니다. 그리스도교 신앙에서 중요한 것은 나무로 만들어진 십자가라는 사형 도구 자체가 아니라, 사람들이 십자가형이라는 로마 제국 최악의 사형 방식을 사용하여 '하나님의 아들'을 죽였다는 사실이 갖는 함의입니다.

십자가는 하나님께서 우리에게 자신을 어디까지 내어주셨는지, 하나님의 외아들은 성부의 뜻을 따르기 위해 어떤 극한에까지 순종하셨는지를 보여줍니다. 신약성경은 예수의 사형 이유로 신성모독이나 정치범이라는 누명, 기득권 세력의 야합 등도 거론하지만, 무엇보다 성부 하나님에 대한 급진적 순종을 언급하고 있습니다(빌 2:8). 예수께서는 생애 말기에 자신의 고통과 죽음을 제자들에게 종종 예고하셨습니다(막 8:31 등). 가능하다면 다가오는 고통과 죽음을 피하고 싶다는 마음도 격렬히 보이셨지만, 결국 자신의 운명을 성부께 완전히 맡기셨습니다(막 14:36 등). 세상과 화해하기 원하는 성부의 뜻에 대한 신뢰와

우리가 믿는 것들에 대하여

순종의 결과로, 그분은 모욕과 채찍질을 당하고 고통스럽게 죽음을 맞이하셨습니다. 영원한 성자가 성부께 보이셨던 순종은 예수 그리스도의 생애 전체를 관통하지만, 이 땅에서의 그분의 순종은 십자가 고난에서 정점에 이르렀습니다. 타자를 위해 사셨던 그리스도의 삶에 대한 고밀도 요약인 십자가는, 아담의 불순종에서 비롯한 저주를 끊어 버리는 둘째 아담의 완전한 순종이었습니다. 종교개혁자 칼뱅은 그리스도의 순종을 다음과 같이 찬양합니다.

> 그는 우리의 구속을 위하여 죽을 인간으로 탄생하셔서 하나님의 진노를 도발시킨 인간의 불순종을 그의 **순종으로 극복**하시되 죽기까지 아버지 하나님께 순종하셨다. 예수님은 그의 죽음으로 죽음에 이르도록 아버지 하나님께 **자기 자신을 헌신**하셨다. 예수님은 그의 희생(죽음)으로 아버지께 자기 자신을 드리심으로 하나님의 의를 단회적單會的으로 이루셨다. 따라서 모든 믿는 자들은 영원히 거룩해지며 **영원한 만족**이 일어났다.[19]

칼뱅은 십자가의 의미를 그리스도의 순종으로 역사에 계시된 삼위 하나님 사이의 자기 수여라는 더 큰 맥락 속에서 찾습니다. 여기에 인간의 지혜로는 닿을 수 없는 심오한 지혜가 있습니다. 하나님께서는 죽음의 상징인 십자가를 급진적 사랑의 표현으로 완전히 변화시키셨습니다.

바울의 말처럼, 복음은 "예수 그리스도와 그가 십자가에 못 박히신 것 외에는 아무것도 알지 아니하기로 작정"(고전 2:2)할 것을 요구합니다. 그런데 예수께서는 단지 십자가를 아는 선에 그치지 말고 '자기 십자가를 지고 자신을 따를 것'을 요구하십니다(마 16:24 등). 십자가의 참 의미는 구원론의 교리적 문법에 익숙해지는 것이 아니라 자기 십자가를 짐으로써 알려질 수 있습니다. 그리스도처럼 자신을 타자에게 선물로 내어주는 삶을 살 때, 사랑과 인내와 겸손과 순종과 자기 부인으로 그리스도를 따를 때, 십자가를 통해 역사를 바꾸신 하나님의 사랑에 참여할 놀라운 명예와 특권이 피조물인 인간에게 주어집니다.

"묻히심"

예수께서는 유대인의 대명절인 유월절을 앞두고 사람들의 환호를 받으며 예루살렘에 입성하셨습니다. 예루살렘은 유월절을 지키러 몰려온 수많은 인파의 들뜬 기분, 대목에 돈 좀 벌어보겠다는 출렁이던 욕망, 올해도 무슨 수를 써서라도 큰 사고 없이 유월절을 무사히 넘기겠다는 정치 지도자들의 속셈, 무언가 자극적인 이야깃거리가 없나 찾아다니는 대중의 호기심이 충돌하며 도성 여기저기서 정신없이 많은 일이 일어나고 있었습니다. 예수께서는 정치와 종교 권력과 대중심리가 만들어 낸 갈등의 소용돌이에 휘말리며 순식간에 그 성에서 가장 위험한 폭도로 내몰리셨습니다. 결국, 그분은 목요일 밤에 잡히시고, 금요일에 사형을 선고받고 십자가에 매달리셨고, 안식일이 지나고 부활하셨습니다. 이후 전통적으로 교회에서는 그리스도의 수난을 기념하고자 그분이 예루살렘에 오르신 날부터 부활 전날까지를 '성주간'Holy Week 혹은 '고난주간'Passion Week으로 지키고 있습니다.

우리가 믿는 것들에 대하여

한국의 개신교회는 예수께서 십자가에 달리신 날을 '성금요일'로, 다시 살아나신 날을 '부활주일'로 기념합니다. 그렇다면 성금요일과 부활주일 사이에 있는 토요일은 어떻게 부를까요? 교단에 따라 성토요일이라는 용어를 쓰지만, 사실 많은 사람들이 이날을 어떻게 부를지 모르고, 토요일에 거행되는 구별된 교회 예식도 찾아보기 어렵습니다. 부활 전 토요일에 대한 상대적 무관심은 이날의 고유한 의미를 성찰하거나 이를 의식화ritualization할 자원이 부족함을 뜻하기도 합니다. 영어로는 성금요일부터 부활주일까지의 사흘을 각각 Good Friday, Holy Saturday, Easter Sunday라고 부르고,[20] 예전을 중시하는 교회에서는 토요일에도 무덤에 계신 그리스도를 기념하는 예식을 위해 교인들이 모입니다. 공동체에서 성금요일, 부활주일과 함께 기념할 정도라면, 그날은 어떤 의미에서 그렇게 중요한 것일까요? 더 근본적인 질문을 던지자면, 십자가형과 부활 사이에는 어떤 일이 벌어졌을까요? 그 침묵 같은 시간을 살펴보기 위해 그리스도의 십자가의 의미부터 새로운 각도에서 살펴보고자 합니다.

하나님의 버림받음

인류 역사에 등장한 위대한 사람 중에는 자신의 신념을 위해 죽음을 피하지도 않고, 죽음 앞에서 초연한 모습을 보여주는 경우가 종종 있습니다. 그 유명한 소크라테스의 죽음만 보더라도 그는 독배를 마시고 몸의 감각이 없어지는 와중에도 평정을 잃지 않습니다. 독이 온몸에 퍼지며 체온이 떨어져 죽음이 임박한 순간, 소크라테스는 마지막 말을 남깁니다. "오오 크리톤, 아스클레피오스에게 내가 닭 한 마리 빚진 것이 있네. 기억해 두었다가 갚아주게."²¹ 반면, 복음서를 보면 예수께서는 죽음을 앞두고 매우 괴로워하셨음을 알 수 있습니다. 심지어 돌아가시기 전에는 매우 크게 소리치셨습니다. "엘리 엘리 라마 사박다니 하시니 이를 번역하면 나의 하나님, 나의 하나님 어찌하여 나를 버리셨나이까"(막 15:34).

물론 독배를 마시고 지인들 사이에서 고요히 죽음을 맞이한 소크라테스를, 십자가라는 끔찍한 방식으로 군중들 앞에서 마지막 숨을 거두셨던 예수 그리스도와 단순 비교할 수는 없습니다. 하지만 초기교회 순교자들에 관한 기록만 보더라도, 죽음 앞에서 격정을 표출하기보다는 담대함을 잃지 않는 사례가 적지 않습니다. 그렇기에 예부터 사람들은 성자가 성부께 '왜 나를 버리셨습니까'라고 외치신 것을 어떻게 해석할지를 놓고 고민에 빠졌습니다. 어떤 이는 시편 22:1을 인용하신 것이다, 어떤 이는 그리스도가 우리와 똑같은 인간이심을 표현하신 것이다 등의 설명을 내놓았습니다. 그러나 우리가 이 지점에서 놓치지 말아야 할 것은 예수께서 십자가에서 진정으로 '하나님께 버림받음'을 경험하셨다는 사실입니다. 독일의 신학자 위르겐 몰트만^{Jürgen Moltmann,} ¹⁹²⁶⁻은 골고다의 십자가를 이렇게 설명합니다.

["나의 하나님, 어찌하여 나를 버리셨나이까"는] 버림받은 사람의 아주 단순한 외침, 곤경에 처한 그를 내버리신 하나님을 향한 외침입니다.……그리스도께서 더 이상 하나님을 친근하게 '아버지'라고 부르시지 않고, '하나님'이라고 부르시는 것은 오직 여기 십자가 위에서입니다. 마치 자신이 진정 아버지 하나님의 아들인

우리가 믿는 것들에 대하여

지 의심하도록 강요받는 것처럼, 매우 공식적으로 '하나님'이라고 부르십니다.[22]

모든 존재하는 것의 근거가 되시는 하나님의 한결같은 현존에도 불구하고, 인간은 이성적으로 혹은 감정적으로 신이 없다고 느낄 수 있습니다. 인종학살이나 대재앙을 마주하고서 많은 사람들이 신이 어디 있느냐고 질문하기도 했습니다. 심지어 인류는 종교적 신념의 유무와 관계없이, 마치 신이 없는 것처럼 자기 삶의 주인처럼 행동하거나 역사의 통치자인 양 일상을 살아갑니다. 그런데 십자가에 달리신 분은 하나님이시기에, 그분이 그 순간 하나님을 느낄 수 없으셨다는 것은 다른 인간의 무신론적 경험과는 질적으로 다릅니다. 영원부터 성부와 친교의 교제를 나누었던 성자가 성부의 부재를 경험한 것은 문자 그대로 차원이 다른 극단적인 무신론적 경험입니다.

　죽을 수 없는 하나님이 인간으로서 죽음을 맞이한다는 것은 자신의 본래적 신성으로부터 완전히 소외됨을 경험하는 일입니다. 모든 것이 하나님의 사랑으로 현존한다는 의미에서, 하나님의 아들이 십자가에서 경험한 하나님의 부재는 무無의 위협 앞에 철저히 노출된 사건이었습니다. 따라서 하나님의 아들이 겪으신 극단적인 하나님의 부재는 인간이 역사 속에서 갖는 '모든' 무신론적 생각과 경험까지 껴안고 넘어섭니다. 그럼으로써 십자가는 우리 마음이 제조한 각종 유신론적 거짓과 무신론적 기만이 주는 달콤한 종교적 환상에서 우리가 해방되는 지점이 됩니다. 미국의 신학자 스탠리 하우어워스Stanley Hauerwas, 1940-는 십자가에 달리신 그리스도에 대한 묵상에서 이렇게 말합니다.

"나의 하나님, 나의 하나님, 어찌하여 나를 버리셨나이까?"라는 외침은 하나님을 인간적 관점으로 이해하려는 우리의 모든 시도를 산산조각 내버린다. 예를 들어, 우리는 하나님을 초월하시는 분이라고 찬양한다. 하지만 아이러니하게도 우리는 우리가 갖는 초월성의 개념으로 하나님을 우리의 마음속에 가둔다. 예수님의 유기의 울부짖음은 하나님에 대한 우리의 개념, 곧 하나님은 전능한 능력을 갖고 모든 것을 우리의 유익을 위해 변화시키실 것이라는 가정이 사실상 우상 숭배였음을 폭로한다. 우리가 가정하는 신은 단지 우리가 어떤 목적을 위해서 사용하는 이름에 불과하다.[23]

그러나 십자가에서의 죽음이 예수 그리스도 이야기의 결론이 아닙니다. 하나님께서는 죽은 자 가운데서 아들을 일으키십니다(롬 8:11). 부활은 예수께서 '겪으신' 캄캄한 공허 속에서도 성부 하나님의 사랑은 끊어지지 않았음을 보여줍니다. 아무리 우리가 '느끼는' 것이 하나님의 부재일지라도, 하나님의 사랑에서 우리가 끊어질 수 없음이 확증되었습니다. 이로써 우리의 종교성이 만든 거짓 신이 아니라 예수 그리스도의 아버지이신 참 하나님이 계시됩니다. 바로 이것이 십자가와 무덤으로 대표되는 하나님의 침묵과 의미의 부재 속에서도 인간이 여전히 희망을 품을 수 있는 근거입니다. 이런 급진적인 희망을 상기시키고자, 유럽의 오래된 교회 묘지의 십자가에 다음과 같은 라틴어 문구가 적혀있는 것을 종종 발견할 수 있습니다.

Ave crux unica spes(십자가를 찬양하라 우리의 유일한 희망).

우리가 믿는 것들에 대하여

성자는 성부와 영원부터 사랑을 주고받았고, 지상에서도 성령을 통해 계속해서 친교를 나누셨습니다. 그런 분이 십자가에서 하나님께 버림 받았다는 것은, 엄밀한 의미에서 인류 역사에서 십자가가 '유일한 무신론적 사건'이라는 것을 보여줍니다. 이러한 십자가 사건의 연장선상에서 우리는 성토요일의 의미를 생각해 볼 수 있습니다. 예수께서 돌아가신 다음 날은 안식일이었기에, 전날까지의 소란스러움을 뒤로한 고요함이 예루살렘을 감쌌습니다. 그날 생명의 불씨가 완전히 꺼져버린 그리스도의 몸은 매장되어 캄캄한 무덤 속에 있었습니다.

그런데 라틴어로 된 사도신경 최종본이나 아타나시우스 신경에는 그리스도의 죽음과 부활 사이에 '음부로*ad inferos* 내려가셨다'라는 조항이 있습니다. 한국 개신교가 공인한 사도신경 번역본에는 '그리스도의 음부행'(혹은 음부강하)에 관한 내용이 없지만, 전 세계의 많은 교회가 이 조항을 포함한 사도신경의 원본이나 번역본을 예배에서 사용합니다.[24] 문헌 기록을 보아도, 1세기부터 그리스도인들 사이에 예수께서 음부로 내려가셨다는 믿음이 있었습니다. 반면 그리스도의 음부행에 비판적 의견을 표하는 이들도 있습니다. 실제 초기교회 신앙고백이나 문헌에 '그리스도의 음부행'에 대한 언급이 없는 사례도 있습니다. 이러한 가르침의 성경적 근거로 삼는, 죽은 자에게도 복음이 선포되었다는 말씀(벧전 3:18-22; 4:6 등)을 어떻게 해석할지를 놓고도 이견이 있긴 합니다. 하지만 그리스도교의 오랜 역사에서 많은 교회와 신학자가 그리스도의 음부행을 권위 있는 신앙고백의 일부로 받아들였습니다.

그리스도의 음부행을 설명하는 방식은 크게 두 가지로 나눌 수 있습니다. 하나는 예수 그리스도께서 '승리자'로서 음부로 내려가셔서 사탄의 세력을 정복하고 음부에 갇힌 성도를 구하셨다는 전통적 입장입니다. 다른 하나는 우리를 위해 예수 그리스도께서 이 땅에서만 아니라 음부에서까지 '고통을 당하셨다'라는 주장입니다. 개신교 전통에서 후자의 입장을 대표하는 인물로는 칼뱅이 있습니다. 그는 구원론의 풍성한 의미를 잘 보존하려면 사도신경 속에서 이 조항의 적절한 지위를 부여해야 한다고까지 주장합니다.[25]

> [예수 그리스도]가 지옥에 내려가셨다는 표현의 뜻은 그가……우리를 하나님의 진노에서 보호하시고 우리를 위하여 하나님의 의를 만족시키기 위하여 그가 어떻게 하나님의 무시무시한 심판을 경험하셨고 견디셨는가를 말한다. 이처럼 그는 우리의 죄로 인하여 우리가 마땅히 받아야 할 형벌을 받으셨고 감당하셨다. 이것은 결코 죄 없으시고 오염되지 않으신 그분 자신을 위한 것이 아니다.[26]

칼뱅은 사도신경을 해설하며 본디오 빌라도에게서 고난받으심, 십자가에 못 박혀 돌아가심, 장사 지내시고 음부에 내려가심까지 모두를, 우리의 구원을 성취하시고자 예수께서 자기 자신을 성부께 순종하며 드리셨다는 주제로 일관되게 풀어냅니다. 특별히 십자가에서 일어난 예수 그리스도와 인간 사이의 '운명의 교환'이라는 관점에서, 죄 없으신 그리스도께서 '우리를 위해' 죄인의 자리인 음부에서까지 죄인처럼 고난을 겪으셨다는 놀라운 주장이 나올 수가 있습니다. 그런 의미에서, 그리스도의 음부행은 우리를 향한 하나님의 은혜의 급진성을 보여

우리가 믿는 것들에 대하여

주는 교리라고도 할 수 있습니다.

이와 유사한 방식으로, 우리는 성토요일의 의미를 십자가에서 그분이 겪으셨던 '무신론적' 경험의 확장이라는 관점에서 해석해 볼 수 있습니다. 하나님과 영원부터 교제하시던 분은 성금요일의 태양 아래서 십자가에 못 박힌 채 하나님의 부재를 처절히 경험하셨습니다. 그리고 성토요일의 어둠 속에서 하나님의 아들은 심판을 피할 수 없고 음부에 갇힐 수밖에 없는 인류의 운명마저 자기 것으로 삼으셨습니다. 그럼으로써 하나님의 아들은 죄인이자 죽을 수밖에 없는 인류와 급진적으로 연대하고 가장 깊은 친교를 맺으셨습니다. 하지만 무덤 속 성자가 성부의 생명으로부터 완전히 소외되어 죽은 자들과 함께하신다는 사실이 하나님의 하나님 되심과 모순을 일으키는 것은 아닙니다. 오히려 하나님이 삼위일체이시기에, 하나님의 아들은 진정한 의미에서 '버림받음'을 경험하면서도 그 버림받음을 절망의 이유가 아닌 '희망의 근거'로 바꾸실 수 있습니다. 이것이 가능한 것은 성령이 계시기 때문입니다. 성령은 삼위 하나님의 영원한 교제 안에서 성부와 성자 사이를 연결하는 사랑의 끈이 되십니다. 그렇기에 성령은 성육신하신 성자가 이 땅 위를 거닐 때도 성부와 친밀한 관계를 유지하게 하셨을 뿐 아니라, 성토요일에 성자가 칠흑 같은 어둠 속에 고독하게 계실 때도 두 분을 붙잡고 계셨습니다. 인류 구원을 위해 성부와 성자 사이의 거리가 무한히 벌어졌음에도 불구하고, 예수 그리스도가 경험한 극단적 소외에도 불구하고, 성령이 계시기에 성부와 성자의 관계는 파기되지 않았습니다. 그리고 '그' 성령께서 우리가 어디에 있든 무엇을 하든 하나님과 우리 사이를 붙잡고 계십니다.

무덤 속 그리스도를 삼위일체론적 관점에서 바라볼 때 우리는 여기서 다른 어디에서도 보기 힘든 희망의 이유를 발견할 수 있습니다. 인간 중에 오직 참 인간이신 예수 그리스도만이 철저하게 하나님의 부재를, 달리 말하면 인간은 상상하지도 맛보지도 못할 하나님과의 무한한 거리를 경험하셨습니다. 성부와 성자 사이에 벌어졌던 그 무한한 공허는 인류의 모든 의심과 반역을 감싸 안을 정도로 넉넉합니다. 성령 하나님은 성부와 성자만이 아니라, 하나님과 죄인 사이도 붙잡으십니다. 우리가 아무리 하나님에게서 멀리 떨어진다고 해도 그분의 은혜로부터 완전히 단절된 그런 상태란 있을 수 없습니다. 그렇기에 우리의 의심과 괴로움과 불신이 아무리 크다고 해도 "우리를 우리 주 그리스도 예수 안에 있는 하나님의 사랑에서 끊을 수"(롬 8:39) 없습니다. 이것이 그리스도의 십자가를 기억하고 동시에 부활을 기대하면서, 성토요일에 우리가 깊이 묵상해야 할 복음의 메시지일 수 있습니다.

그리스도의 수난과 죽음은 그 자체로도 심오한 구원론적 의미가 있지만, 이것 자체가 그리스도교의 구원 이야기의 끝은 아닙니다. 십자가는 하나님과 인류가 화해하게 함으로써, 인간에게 새로운 가능성을 부여하는 결정적 사건이었습니다. 그분은 십자가에서 돌아가신 후 사흘 만에 장차 있을 '부활의 첫 열매'로 죽음을 이기셨습니다. 부활과 함께 옛 창조의 질서에 속하지 않는 새로운 인류가 역사에 등장했습니다. 참 하나님이신 성자가 인간이 되신 것은 단지 인류의 죄를 사하시기

우리가 믿는 것들에 대하여

위함만이 아니라, 자신과 같이 우리도 '참 인간'이 될 수 있는 기적을 이루시기 위함입니다. 그리스도는 부활 후 승천하셨지만, 참 인간을 만드시는 그분의 사역은 성령을 통해 세계 곳곳에서 진행 중입니다.

> 갈릴리의 목수가 다시금
> 사람이 사는 거리로 오고 있습니다.
> 모든 나라 나라에, 모든 시대 시대에,
> 그는 '인간'이라는 집을 짓고 있습니다.
> — 힐다 스미스, 「갈릴리의 목수」 중에서[27]

예수 그리스도의 탄생부터 죽음에 이르기까지의 전 과정을 살펴보니, 그렇다면 그리스도 안에서 새롭게 태어난 인간이란 어떤 존재인지 질문하지 않을 수 없습니다. 그런데 다음 장으로 넘어가기 전 여기서 드는 한 가지 의문이 있습니다. 사도신경을 아무리 읽고 또 읽어도 '인간'에 관한 이야기는 전혀 발견할 수 없다는 것입니다. 사도신경을 작성하고 수정하고 공인했던 고대 그리스도인들은 온 관심을 삼위 하나님에 쏟다 보니 인간에 대해서는 무관심했던 것일까요?

적용과 토론을 위한 질문

1. 나사렛 예수가 역사 속에 나타났다 사라진 여러 위인이나 종교 지도자들과 차별화되는 지점이 있다면 무엇일까요?

2. 예수 그리스도가 하나님의 아들이심을 표현하기 위해 사용되는 여러 성경적 표현과 교리적 언어 중에 어떤 것이 가장 인상적인가요? 혹은 어떤 것이 가장 설득력이 없나요?

3. 그리스도교 신앙의 핵심에는 하나님 아들의 성육신이 있다고들 합니다. 그렇다면 성육신은 하나님과 세상을 보는 우리의 기존 시각을 어떻게 바꿀 수 있을까요?

4. '동정녀 마리아'는 어떤 의미에서 우리의 신앙에서 중요할까요? 개신교 신앙에서도 마리아에 대한 신학적 관심을 가져야 한다면 그 이유는 무엇일까요?

5. 예수 그리스도를 박해하고 죽음으로 내몰았던 사람들은 누가 있을까요? 그중 '본디오 빌라도'만 사도신경에 언급되는 것이 적절할까요?

6. 사도신경에서 그리스도의 십자가 죽음뿐 아니라 무덤에 묻히심까지 언급하는 이유가 있을까요?

　　　　　　　　　　　　　　우리가 믿는 것들에 대하여

3장

사람

나는 전능하신 아버지 하나님, 천지의 창조주를 믿습니다.

나는 그의 유일하신 아들, 우리 주 예수 그리스도를 믿습니다.

그는 성령으로 잉태되어 동정녀 마리아에게서 나시고,

본디오 빌라도에게 고난을 받아 십자가에 못 박혀 죽으시고,

장사된 지 사흘 만에 죽은 자 가운데서 다시 살아나셨으며,

하늘에 오르시어 전능하신 아버지 하나님 우편에 앉아 계시다가,

거기로부터 살아있는 자와 죽은 자를 심판하러 오십니다.

나는 성령을 믿으며, 거룩한 공교회와 성도의 교제와

죄를 용서받는 것과 몸의 부활과 영생을 믿습니다. 아멘.

고대에 형성된 신경은, 우리가 믿어야 할 내용으로 채워져 있지만, 다른 한편으로는 우리가 삼위일체 하나님을 어떤 방식으로 믿어야 하는지에 대해서도 알려 줍니다. 그렇기에 사도신경을 통해 신앙을 고백할 때 우리는 그리스도인으로서 고유한 방식으로 생각하고 행동하는 데 필요한 교리적 맥락 속에 위치하게 됩니다. 인간에 대해 본격적으로 살펴보기 전에, 앞선 두 장에서 설명했던 교리적 내용의 핵심을 잘 요약한 글이 있어서 먼저 소개하겠습니다.

하느님께서는 **예수의 세계**를 창조하셨습니다. 하느님께서는 빛의 기쁨 가운데 있는 세계, **성자를 향한 당신의 사랑에 부합하는 세계**를 창조하셨습니다. 그러므로 그분은 당신께서 창조하신 모든 피조물이 무한한 선을 지향하게 하십니다. 이것이 그분의 뜻입니다. 달리 말하면, 그분은 이 세계가 사랑 가운데 **당신과 영원한 연합**을 이루기를 바라십니다. 그리고 그분은 **우리가 당신의 거룩한 본성에 참**

여하기를 바라십니다.[1]

사도신경을 통해 그리스도교 신앙을 성찰하면, 영원부터 하나님은 예수 그리스도의 아버지라는 것, 창조는 사랑의 힘인 전능으로 이루어졌다는 것, 예수 그리스도의 성육신과 십자가는 피조물의 감추어졌던 본성을 계시하고 창조주로부터 소외되었던 인간을 회복시킨다는 것을 알게 됩니다. 더 나아가 위 인용문이 잘 보여주듯, 그리스도교 신앙은 궁극적으로 인간과 하나님의 '연합'을 목표로 합니다. 그렇다면 인간은 무엇이기에 피조물임에도 하나님의 거룩한 본성에 참여할 수 있는 것일까요?(벧후 1:4) 이 질문에 대한 답을 사도신경에서 즉각 찾을 수는 없습니다. 인간이 어떤 존재인지 전혀 언급하고 있지 않기 때문입니다. 그렇다고 사도신경에서 인간에 관한 가르침을 전혀 얻을 수 없는 것도 아닙니다. 사도신경에 나타난 성부와 성자와 성령에 관한 조항을 배경 삼아 인간이란 어떤 존재인지 질문함으로써 보다 풍성한 인간론적 통찰을 도출할 수 있습니다.

　사도신경에 명시적인 인간론은 없더라도, 이번 장에서는 성부 하나님과 성자 하나님에 관한 조항을 바탕으로 **피조물 인간**과 **수동태적 인간**이라는 주제를 각각 다루고자 합니다. 그러고는 그리스도의 '부활과 승천'을 통해 **그리스도 안의 새로운 존재**로서 인간을 소개한 후, '심판하러 다시 오심'과 관련하여 **죄인으로서 인간**을 살펴보도록 하겠습니다. 물론 부활과 승천과 재림 등은 사도신경에서 성자에 관한 조항이기에 그리스도론에서 다룰 수도 있습니다. 하지만 부활하고 승천하고 재림하실 예수 그리스도는 역사 속에 등장한 참 인간이기도 하시기에, 이러한 주제들은 일반적인 인간론에서 보여주지 못하는 인간의 궁극적인 운명을 보여줄 수 있습니다. 그러면 먼저 인간이 어떻게 등장하게 되었는지, 즉 하나님의 창조로서의 인간에서부터 이야기를 시작해 보겠습니다.

천지의 창조자와 피조물 인간

'사람이면 다 사람이냐, 사람이 사람다워야 사람이지'라는 말이 있듯, 생물학적 인간은 사람다운 성품과 자질을 갖춤으로써 사람됨을 이룹니다. 이런 관점에서 보면, 인간은 누구나 의식을 하든 못하든 자기만의 방식으로 사람됨을 실현해 가는 과정에 있다고 할 수 있습니다. 인간은 자신을 초월함으로써 자기됨을 성취해야 하는 운명 또는 과제를 가지고 있으며, 이는 인간에게 다른 동식물과 구분되는 특별한 지위를 부여해 줍니다. 반면 그리스도교는 인간이 가진 독특함의 근원을 일차적으로 하나님의 창조에서 찾습니다. 태초에 하나님께서 만물을 지으실 때, 인간을 우주 속에서도 특별한 위치에 두십니다.

주의 손가락으로 만드신 주의 하늘과
주께서 베풀어 두신 달과 별들을 내가 보오니
사람이 무엇이기에 주께서 그를 생각하시며
인자가 무엇이기에 주께서 그를 돌보시나이까.
그를 하나님보다 조금 못하게 하시고
영화와 존귀로 관을 씌우셨나이다.

주의 손으로 만드신 것을 다스리게 하시고

만물을 그의 발 아래 두셨으니

곧 모든 소와 양과 들짐승이며

공중의 새와 바다의 물고기와 바닷길에 다니는 것이니이다

(시 8:3-8).

성경 곳곳에 인간의 본성을 알려 주는 구절이 있지만, 창세기가 들려 주는 인간의 기원만큼 그리스도인의 인간 이해에 큰 영향을 끼친 본 문도 없을 것입니다. 창세기 1장은 인간이 '하나님의 형상'으로 만들 어졌음을, 2장은 인간이 '몸과 영혼'의 통합체로 창조되었음을 알려 줍니다. 그중에서도 하나님의 형상은 신학적 인간론을 언급할 때 빼놓 을 수 없는 주제라 할 수 있습니다.

성경은 하나님의 형상을 언급하지만 그것이 무엇인지 정확히 정의 하지는 않습니다. 그렇기에 신학의 역사 속에서 하나님 형상을 정의하 려는 다양한 (그러나 결코 합의에 이르지 못한) 시도들이 있었습니다. 창 세기에 의하면 오직 인간만 하나님의 형상으로 창조되었기에, 과거에 는 인간과 다른 피조물의 '차이'를 가지고 하나님 형상을 정의하려 했 습니다. 그 결과 인간의 정신적 혹은 영적 기능이 주로 하나님 형상과 결부되는 경우가 많았습니다. 하지만 오늘날에는 삼위일체론에 대한 관심이 고조되면서 많은 신학자들이 성부와 성자와 성령의 친밀한 교 제를 반영하는 인간의 근원적 '관계성'을 하나님 형상이라고 정의합니 다. 미국의 복음주의 신학자 스탠리 그렌츠[Stanley Grenz, 1950-2005]가 하나 님의 형상을 설명하는 방식을 인용해 보겠습니다.

우리가 믿는 것들에 대하여

삼위일체론이 주장하듯이, 하나님은 영원토록 공동체, 곧 삼위일체 하나님을 구성하는 성부와 성자와 성령의 **교제**이다. 따라서 인간을 하나님의 형상으로 창조하신 것은 인간이 그 부르심대로 하나님의 대표가 되어 하나님의 **관계적 역동성**을 표현해야 한다는 것 이외에 다른 것을 의미할 수 없다. 따라서 각 사람은 다른 사람들과의 **공동체 속**에서의 삶이라는 맥락 안에서만 하나님의 형상과 연관될 수 있다.[2]

그렌츠의 시도는 하나님 형상으로서의 인간의 본성을 삼위일체론의 빛 아래서 조명한다는 점에서 매우 특별한 사례라고 할 수 있습니다. 여러 신학자의 이와 같은 노력 덕분에 우리는 하나님의 형상이 무엇인지에 대해 조금 더 개연성 있는 추론을 할 수 있게 되었습니다. 하지만 이번 장에서는 '성경 전체'에서 하나님의 형상이 어떤 방식으로 이해되고 있는지 추적하는 방식으로 그 개념의 의미를 찾아가고자 합니다. 지면이 한정되었기에 효율적인 설명을 위해 네 가지 질문을 중심으로 논의를 펼쳐가도록 하겠습니다. 첫째, 하나님 형상으로서 인간의 독특함은 어떻게 해석해야 하는가? 둘째, 하나님께서 만드신 첫 인간 아담은 완전한 형상을 지녔는가? 셋째, 타락 이후 하나님의 형상은 없어졌는가? 넷째, 하나님 형상으로서 우리는 어떻게 살아야 하는가?

우선 첫 번째 질문부터 살펴보도록 하겠습니다. 하나님께서는 인간을 남자와 여자로 자기 형상대로 창조하시고는 다음과 같이 말씀하십니다. "생육하고 번성하여 땅에 충만하라, 땅을 정복하라, 바다의 물고기와 하늘의 새와 땅에 움직이는 모든 생물을 다스리라 하시니라"(창 1:28). 이 구절은 자칫하면 인간은 가장 우월한 피조물이며 그렇기에 인간에게는 자연을 지배하고 조작할 수 있는 일방적 권한이 있다는 식으로 오해될 여지가 있습니다.

하지만 고대 근동 문화에서는 보이지 않는 신을 대신해서 눈에 보이는 물리적 재료로 신의 형상을 만들어 신의 현존을 상징적으로 표시했습니다. 그렇기에 신의 형상이란 '가시성' 및 '대표성'과 밀접한 관련이 있는 개념입니다.[3] 이러한 맥락에서 보면, 영이신 하나님을 대표하고, 가시적인 몸을 가진 하나님의 형상인 인간에게는 창조자 하나님의 뜻에 따라 온 세상을 보살피고 관리할 책임이 있습니다. 동시에 하나님의 형상으로서 인간이 가진 특별한 지위와 능력 때문에, (앞서 창조에 관해 논의할 때도 잠깐 언급되었듯) 인간은 온 세상을 대표하여 하나님께 감사와 찬미를 드리는 존재이기도 합니다. 창조에서 하나님의 형상으로서 인간의 대표성은 다음과 같이 단순화하여 표현할 수 있습니다.

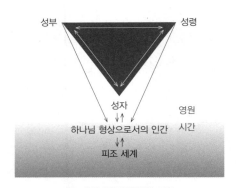

창조에서 인간의 특별한 사명

다음으로, 하나님의 형상에 관한 두 번째 질문을 살펴보도록 하겠습

우리가 믿는 것들에 대하여

니다. 많은 그리스도인이 아담은 하나님의 완전한 피조물이었으나, 하나님께 불순종하여 그 죄에 대한 형벌로 완전성을 상실하게 되었다고 생각합니다. 하지만 신학적으로 '완전한'은 하나님께만 적용될 수 있는 술어이기에, 아담을 비롯한 어떤 피조물에도 사용할 수 없습니다. 성경을 보더라도 하나님이 누구신지 가시적으로 보여주고 창조 세계에서 하나님을 대표하는 '완전한' 형상은, 아담이 아니라 '그리스도'입니다. "그는 보이지 아니하는 하나님의 형상이시요 모든 피조물보다 먼저 나신 이시니"(골 1:15, 고후 4:4 참고). 그렇기에 신학적 인간론이 낙원에서의 아담을 인류의 이상적 모습으로 삼았다가는, 성경적 인간 이해의 풍성함을 온전히 표현하지 못할 위험이 있습니다. 그리스도교적 인간 이해는 '첫 인간'인 아담이 아니라 '참 인간'인 예수 그리스도가 시작점이자 목표점이 됩니다.

더 나아가 그리스도가 하나님의 형상이라는 바울의 가르침은 그리스도교 예술의 발전에도 영향을 끼쳤습니다. 십계명의 형상 금지 명령에 따라(출 20:4-6) 유대교에서는 하나님의 모습을 묘사하는 시각예술이 발달하지 못했습니다. 이러한 영향으로 그리스도교에서도 하나님의 모습을 그릴 수 있느냐를 놓고 고대부터 찬반 논쟁이 있어 왔습니다. 그 결과 각 교회 전통에 따라 공적 예배 및 개인적 경건 생활에 이미지 사용을 허용하기도 하고 금지하기도 합니다. 교회사적으로는 8세기 초엽에 하나님이나 성인들의 모습을 그려 놓은 이콘Icon을 교회에서 사용할지 파괴할지에 관한 논쟁이 격화되었습니다. 이에 다마스쿠스의 요한네스Iohannes Damascenus, 약 676-749는 그리스도론적 논증을 펼치며 이콘 사용을 지지합니다.

옛적에 하느님은 육체도 형체도 없었기 때문에 어떤 방식으로도 표상될 수 없었다. 그러나 오늘날, 하느님께서 육체 안에 나타나셔서 사람들 가운데 사셨기 때문에, 나는 하느님의 보이는 것을 표상할 수 있다. 내가 공경하는 것은 물질이 아니다. 나는 나를 사랑하셔서 물질이 되셨고 육체 안의 생명을 수용하셨으며 물질을 통하여 나의 구원을 완성하신, 물질의 창조주를 공경한다.[4]

요한네스는 십계명의 형상 금지 명령은 하나님께서 인간이 되어 감각적 세계로 들어오신 성육신 이전까지만 유효하다고 보았습니다. 그렇기에 이콘을 통해 하나님의 모습이나 활동을 묘사하는 것은 '그리스도론'적으로 정당화될 수 있습니다. 단, 이콘 화가들이 보이지 않는 하나님을 묘사할 때 자기가 상상한 전능자를 그리는 것이 아니라, 보이는 하나님의 형상인 그리스도의 인간성으로 묘사해야 했습니다.

　세 번째 질문에 대한 답변은 창세기에서 찾을 수 있습니다. 아담과 하와가 하나님께 불순종하여 태초의 낙원에서 추방된 후 그의 후손들 사이에서 악은 다양한 변이를 일으키며 걷잡을 수 없이 퍼져 나갔습니다. 하나님께서는 죄로 가득한 세상을 심판하고자 대홍수를 일으키셨고, 의인인 노아의 가족만 살려두십니다. 40일간의 홍수가 끝나고 하나님께서는 인류의 새로운 시작을 위해 노아와 언약을 맺으시는데, 그중에 이런 내용이 있습니다. "다른 사람의 피를 흘리면 그 사람의 피도 흘릴 것이니 이는 하나님이 자기 형상대로 사람을 지으셨음이니라"(창 9:6). 인간은 하나님의 형상이기에 타인의 생명과 인격을 소중히 여겨야 한다는 말씀 이면에는, 타락 이후에도 인간은 여전히 하나님의 형상이라는 전제가 깔려있습니다. 이러한 이유로 고대 이래 많은 신학자가, 인간이 보여주는 사회적·도덕적·생물학적 모습은 현상적으로 다를지라도, 인간은 본질상 하나님의 형상이기에 누구나 존엄히 대우받아야 한다는 주장을 발전시켰습니다.[5]

만약 창세기 본문만 있었다면 인간은 타락 여부와 무관하게 한결같이 하나님의 형상이라는 것까지만 우리는 알 수 있을 것입니다. 하지만 바울 서신에 예수 그리스도가 하나님의 형상이라는 새로운 생각이 등장하며, 하나님의 형상에 대한 이해가 다른 차원으로 발전합니다.

> 우리가 다 수건을 벗은 얼굴로 거울을 보는 것 같이 주의 영광을 보매 **그와 같은 형상으로 변화**하여 영광에서 영광에 이르니 곧 주의 영으로 말미암음이니라(고후 3:18, 롬 8:29 참고).

바울은 '하나님의 형상'이신 그리스도의 형상을 닮아 가는 것을 인간의 궁극적인 목표로 제시합니다. 성령의 도우심으로 우리가 그리스도의 형상을 닮게 된다는 말을 뒤집으면, 현재 죄인의 상태에 있는 인간에게 부여된 하나님 형상은 결핍이 있으며 신적 치유를 통해서만 그 형상이 회복된다는 의미가 담겨 있습니다. 이로써 구약성경에서는 희미했던 하나님 형상의 구원론적 의미가 신약성경의 인간론에서는 매우 중요한 자리를 차지하게 되었습니다. 물론 바울의 편지에 대한 정경의 권위를 인정하지 않는 유대교에서는 하나님의 형상이 죄로 훼손되었다는 그리스도교의 가르침이 낯설 수밖에 없습니다.

끝으로, 하나님의 형상에 담긴 윤리적 의미를 잠깐 언급하고, 다음 주제로 넘어가도록 하겠습니다. 사도신경은 창조주를 '아버지'이자 '전능한' 분으로 소개합니다. 아버지로서 하나님의 전능은 자신을 자유롭고 무제약적으로 타자에게 선물하는 능력입니다. 그렇기에 완전한 하나님의 형상이신 예수 그리스도도 순종과 감사로 자신을 온전히 드리셨습니다. 그렇다면 하나님의 형상으로서 인간의 특별함도 다른 피조물 위에 군림하는 우월함이나 힘의 행사가 아니라, 자기 자신을 타자의 생명과 행복과 번영을 위해 내어줄 수 있는 능력에서 찾을수 있지 않을까요? 인간의 한계와 곤란을 누구보다 잘 아시면서도, 예수께서 '하나님 사랑'과 '이웃 사랑'(막 12:29-31)을 가장 위대한 계명으로 주신 것도 하나님의 형상으로서 인간이 고귀한 잠재력을 가지고있기 때문이 아닐까요? 이처럼 하나님의 형상은 현실에서 인간이 보이는 고질적인 자기중심성과 반대되지만, 은혜 안에서 인간이 궁극적으로 되찾을 존재론적 결정입니다.

성자의 순종과 수동태적 인간

비록 젊은 나이에 비극적인 죽음을 맞이했지만, 한 인간으로서 예수그리스도가 지상에서 사셨던 삶은 여러모로 매력적입니다. 사회적 약자에 대한 지극한 관심, 기득권에 대한 매서운 비판, 촌철살인의 가르침, 시적 정서로 가득한 언어 등을 보면 인류 역사에서 이 정도로 탁월한 사람이 있을지 의문스러울 정도입니다. 19세기의 프랑스 사상가 에르네스트 르낭Joseph Ernest Renan, 1823-1892의 1863년 작 『예수의 생애』 La vie Jésus는 인간 예수를 혁명가, 설교자, 도덕 스승이자 실천가, 종교의 창시자로 그려 낸 대표작입니다. 꽤 두껍고 내용이 딱딱한데도 이 책은 유럽 곳곳에서 단번에 베스트셀러가 되었습니다.[6] 하지만 예수의 생애에서 초자연적인 요소를 배제한 르낭의 예수상에 대한 반발 또한 만만치 않았습니다. 르낭을 향한 신랄한 비판은 예기치 못한 곳에서 나오기도 했습니다. 반기독교적 철학을 전개한 것으로 널리 알려진 프리드리히 니체Friedrich Nietzsche, 1844-1900도 르낭의 책에 근본적인 오류가 있다고 보았습니다. 그것은 르낭이 '영웅'과 '천재'라는 두 개념을 바탕으로 예수 그리스도를 이해하려 했다는 것입니다.[7] 오히려 니체에 따르면, 나사렛 예수는 일반적 영웅이나 천재와 달리 그 삶에서 투쟁이라는 주제가 그다지 두드러지지도 않았고, 하나님 나라에 대한 선포에는 현실감도 떨어졌었습니다.

우리는 니체와는 '다른 방식으로' 예수 그리스도를 영웅과 천재로 보려는 강렬한 유혹에 저항할 필요가 있습니다. 하나님, 아버지, 창조자, 성령, 거룩한 공교회, 성도의 교제, 죄의 용서, 몸의 부활, 영생 등 사도신경에 나오는 신앙의 내용은 대부분 명사형으로 표현되어 있습니다. 그런데 흥미롭게도 성자에 해당하는 조항에만 '동사'가 압도적으로 많습니다. 더 흥미로운 것은 예수 그리스도의 생애와 관련해서는 한결같이 '수동태'가 쓰이고 있다는 사실입니다. 그분은 성령으로 잉태되었고,conceived 동정녀 마리아에게 나시고,born 본디오 빌라도에게 고난을 겪으시고,suffered 십자가에 달리시고,crucified 죽으시고,died 매장되셨습니다.buried 그래서 사도신경을 통해 신앙을 반복적으로 고백하다 보면, 성자와 관련된 일련의 수동태 동사가 우리 마음에 특별한 흔적을 남깁니다. 물론, 사도신경의 문장을 만들고 다듬는 가운데 일괄적으로 수동태가 사용되었을 수도 있습니다. 하지만 영원한 성자가 성부의 뜻에 '순종'함으로써 이 땅에 보내졌음을 고려한다면, '수동태'만큼 그분의 삶의 양태를 잘 표현할 문법도 없습니다.

성부께 순종과 감사로 자신을 되돌려 선물하신 영원한 성자는, 지상에서도 성령에 이끌려 아버지께 순종과 감사로 사셨습니다. 예수 그리스도는 '참 인간'이자 인류가 궁극적으로 닮아 가야 할 목표이기에, 그리스도교적 인간상 역시 역사 속에서 그리스도의 '수동태'적 삶에 상응하게 '수동태'로 이해될 필요가 있습니다. 피조물로서 인간은 '하나님 앞에'*coram Deo* 존재하기에, 사람됨은 하나님과의 인격적 관계성 속에서 우선적으로 정의될 수밖에 없습니다. 현상적으로는 '내'가 능동적으로 말하고 행동하는 것 같아도, 심층구조에서는 그 말과 행동이 하나님께서 말씀하시고 행하신 것에 대한 전인격적 반응일 때 우리는 그리스도 같은 삶을 살게 됩니다. 이처럼 인간은 자기 삶의 주인이나 개척자가 아니라, 자신을 만드시고 자신에게 말을 건네며 찾아오시는 하나님께 반응함으로써 자아를 형성해 가는 존재입니다.

이는 일반적으로 생각하는 이상적 인간의 모습과는 여러모로 다릅니다. 우리는 주체적으로 사고하고 행동하라, 자기 삶의 주인이 되어라, 삶의 의미를 스스로 찾으라, 모든 것을 비판적으로 성찰하라, 본인의 언어로 자기 생각을 말하라 등의 메시지를 거의 매일 여러 경로를 통해 듣습니다. 물론 성숙한 인간이 되기 위해서는 사회가 주입한 거짓된 자기 이해와 다른 사람의 시선이 가하는 압박에서 벗어나, 참 '나'를 계속해서 찾으며 구도자적으로 살아야 합니다. 하지만 문제는 자기애로 '거대하게 살찐 자아'를 가진 인간은 거짓된 자기 이해를 스

우리가 믿는 것들에 대하여

스로 벗어 버릴 정도로 강하지 못하다는 데 있습니다.[8] 그렇기에 그리스도교는 각 개인이 하나님과 고유한 인격적 관계를 맺지 않고서는, 혹은 기존의 부자유스러운 상태에서 벗어나게 하는 부드럽고 강력한 힘인 은혜의 체험 없이는 자아를 찾을 수 없다고 봅니다. 자신에 대한 이기적 환상에 사로잡힌 '나'를 아무런 조건 없이 용납하는 '절대적으로 이타적인 힘'을 경험함으로써 기존의 왜곡된 사회적 관계를 뒤로하고 새로운 관계성에 들어갈 가능성을 얻어야만, 인간은 자기를 중심으로 세계를 조직하려는 강박을 내려놓고 자유를 누릴 여유를 가질 수 있습니다.

인간의 자율성을 중요시하고 자기 계발을 독려하는 현대 사회에서 이러한 그리스도교의 인간 이해가 보편적 설득력을 얻기란 몹시 힘듭니다. 그렇다고 그리스도교를 현대인에게 더 매력적으로 보이고자 능동적 언어 및 권리 개념을 중심으로 자아를 구성하는 계몽주의적 인간학을 무차별적으로 수용할 수도 없는 노릇입니다. 우리는 이 지점에서 지난 세기 미국 신학계에 큰 영향을 끼쳤던 독일 태생의 신학자 폴 틸리히Paul Tillich, 1886-1965의 인간에 대한 통찰을 들여다볼 필요가 있습니다. 그는 20세기 중후반 유행하던 정신분석학의 인간 이해가 오히려 근현대 신학이 잃어버린 신학적 통찰을 재발견해 주었다고 보았습니다.

> 신학이 정신분석학적 방법으로부터 용납될 수 없는 사람들의 용납, 선한 사람들이 아닌 사람들의 용납으로서의 은총의 의미, 용서의 의미를 배워야 했다는 것을 아는 것이 실로 중요하다.……분석가가 환자를 대하는 방식에 의해서 과거에 의미를 상실했던 은총grace이라

는 말이 새로운 의미를 얻게 되었다. 정신분석가는 '당신은 용납될 수 있습니다'라고 말하지는 않지만, 환자를 너그럽게 받아들인다. 그리고 종교적인 상징에 의하면 그것이 바로 하나님이 우리를 대하시는 방식인 것이다.[9]

참 자기가 되기 위해서는 타자에 의해 환영받고 용서받는 원초적 경험이 필요합니다. 인간이 타자의 말을 경청하고 타자의 행동에 반응하면서 자아를 형성하는 존재라는 것을 인정할 수 있어야 합니다. 더 나아가 인간이 자신을 진실하게 이해할 정도로 자유로워지려면 타인뿐 아니라, 우리를 환대하며 생명의 양식을 주시는 하나님과의 만남이 있어야 합니다.

이러한 맥락에서, 성자를 소개하는 사도신경의 언어에 따라 그리스도교적 인간을 '수동적' 존재가 아닌 '수동태'적 존재로 볼 필요가 있습니다. 이러한 인간상은 '능동'과 '수동'의 단순 이분법을 넘어섭니다. 성부께서 자기 자신을 성자에게 선물로 먼저 주셨고, 그리스도는 이에 대한 반응으로 순종의 삶을 사셨습니다. 그리고 사도신경은 그분의 생애의 중요 단계들은 수동태 동사로 서술했습니다. 역설적으로, 하나님 앞에서 철저하게 '수동태'적 존재였던 예수 그리스도는 르낭과 같은 당대 지식인의 눈에 '영웅'이요 '천재'로 보일 정도로 열정적이고 멋지게 사셨습니다. 자기 뜻에 따라 삶을 독자적으로 건설해 나가는 것이 아니라, 순종과 감사를 통해 하나님의 뜻을 물으며 일상에 충실하게 살 때 진정한 사람됨을 실현할 수 있습니다. 우리가 삶의 한복판에서 하나님 말씀을 듣고 자아를 개방한다면, 하나님께서는 피조물이

자 죄인으로서 한계에 갇힌 우리가 말씀에 반응response할 수 있도록 능력ability을 주십니다. 그렇기에 말씀의 청취자인 그리스도인은 역사 속에서 자신이 처한 고유한 위치에서 책임responsibility과 함께 살아가는 존재로 새롭게 태어납니다.

"사흘 만에 죽은 자 가운데서 다시 살아나심"

로마의 정치범 나사렛 사람 예수가 십자가형에 처한 지 사흘 만에 그의 시신이 없어졌습니다. 그를 따르던 측근들은 예수께서 생전에 예고하신 대로 부활하셨고(막 10:34), 사람들에게 불현듯 나타나 자기 몸을 직접 보여주셨다고 주장했습니다. 당시 유대교 내부에서도 죽은 자의 부활이 있는지를 놓고 의견이 통일되지 않은 상황이라(막 12:18-27), 정치와 종교의 결탁하에 불명예스럽게 죽은 정치범이 되살아났다는 소문이 퍼지는 것은 사실 예루살렘에 있던 많은 이들에게 유쾌한 일은 아니었습니다.

부활하신 예수께서는 자신을 심문하고 재판했던 대제사장 가야바, 혹은 갈릴리 분봉 왕 헤롯 안티파스, 로마 총독 빌라도와 같은 권력자들 앞에 나타나시지 않았습니다. 수많은 사람들이 모일 법한 성전 같은 곳에 대낮에 방문하시지도 않았습니다. 만약 그러셨다면, 그리스도의 부활을 의심할 사람은 현저히 줄고, 예루살렘 도성은 그분을 주님으로 고백하는 사람들로 넘쳤을 것이며, 유월절을 지키고 고향으로 돌아가는 사람들을 통해 복음은 삽시간에 팔레스타인 전역에 전파되었을 것입니다. 하지만 예수께서는 그런 쉬운 방법으로 자신의 부활을

'증명하려' 하지 않으셨습니다. 부활하신 그리스도의 다소 '소극적'인 행보 때문에, 당시 그분의 부활에 회의적인 반응을 보인 사람이 적지 않았습니다. 이 혼란한 상황 속에서 초기 그리스도교인들은 부활에 신앙의 모든 것을 거는 엄청난 모험을 시도합니다. "그리스도께서 만일 다시 살아나지 못하셨으면 우리가 전파하는 것도 헛것이요 또 너희 믿음도 헛것이며"(고전 15:14).

신약성경이 죽음을 이기신 그리스도의 부활을 그토록 중요시하는 이유는 무엇일까요? 단지 나사렛 예수라는 한 개인이 생명을 되찾았기 때문도, 그분이 하나님의 아들임이 드러났기 때문만도 아닙니다. 그것은 바로 부활과 함께 하나님의 '새로운 창조'가 역사 속을 뚫고 들어왔기 때문입니다. "그런즉 누구든지 그리스도 안에 있으면 새로운 피조물이라. 이전 것은 지나갔으니 보라 새 것이 되었도다"(고후 5:17). 그리스도는 옛 창조의 일곱째 날인 안식일 다음 날 부활하셨습니다. 그리고 다시 사신 그분과 함께 새 창조가 도래했습니다. 이로써 아담의 후손이 "의와 진리의 거룩함으로 지으심을 받은 새 사람"(엡 4:24)을 입으며, '사망의 쏘는 것'이 더는 인류를 옥죄지 못하는(고전 15:55), '제8요일'이라는 질적으로 전혀 다른 새로운 시간이 열렸습니다. 부활 이전에는 인류가 죽음의 파괴력에 저항하며 말할 수 있는 최대치가 '사랑은 죽음 같이 강하다'(아 8:6)였다면, 하나님의 사랑이 죽음을 정복한 부활 이후로는 '죽음은 사랑보다 강할 수 없다'(롬 8:38-39)라고 말할 수 있게 되었습니다. 이러한 절대적 사랑의 대상이기에 인간은 현실을 초월하는 희망을 마음에 품을 수 있습니다. 독일의 가톨릭 신학자 요제프 라칭어Joseph Ratzinger, 1927-가 말하듯,

사랑은 불사를 확립하고 불사는 오직 사랑에서만 온다. 그렇다면 이
제 우리가 얻게 된 이 증언은 모든 이를 위해서 사랑한 자는 또한
모든 이를 위해서 불사를 확립했다는 것도 동시에 뜻하게 된다. 이
것이 '그'의 부활이 '우리'의 삶이라는 성서 말씀의 정확한 의미이
다.……그가 부활했다면 사랑이 죽음보다 강하기 때문에 우리도 부
활한 것이다.[10]

하나님의 창조가 하늘과 땅, 보이는 것과 보이지 않는 것을 포함한다
면, 그리스도의 부활과 함께 일어난 새로운 창조 역시 모든 것을 포괄
합니다. 따라서 새 창조로서의 부활은 피조물의 대표로서 인간이란 어
떤 존재인지에 대해서도 결정적인 신학적 통찰을 제시합니다.

　인류를 위하여 예수 그리스도께서 고난받으시고, 십자가에 못 박
히시고, 돌아가시고, 무덤에 매장되셨습니다. 일반적인 시각에서 보면
모든 것이 허무하게 끝나 버린 것 같지만, 사도신경에 따르면 그분은
사흘 만에 '죽은 자 가운데서'*a mortuis* 부활하십니다. 그런데 어떻게 죽
은 사람이 죽은 자 가운데서 일어날 수 있을까요? 신약성경은 예수 그
리스도가 죽은 자 가운데서 자신의 힘으로 부활하셨다고 말하지 않습
니다. 바울의 설교에 이와 관련된 중요한 주제가 언급되어 있습니다.

　우리도 조상들에게 주신 약속을 너희에게 전파하노니 곧 하나님이
예수를 일으키사 우리 자녀들에게 이 약속을 이루게 하셨다 함이라.
시편 둘째 편에 기록한 바와 같이 너는 내 아들이라 오늘 너를 낳았
다 하셨고 또 하나님께서 **죽은 자 가운데서 그를 일으키사** 다시 썩

음을 당하지 않게 하실 것을 가르쳐 이르시되 내가 다윗의 거룩하고 미쁜 은사를 너희에게 주리라 하셨으며(행 13:32-34)

여기서 바울은 죽음을 이겨낸 힘의 근원이 '하나님'께 있음을 거듭 강조합니다. 그리스도의 부활은 어쩌다 한 번 일어난 우연한 사건이 아니라, 하나님의 약속의 성취이자 아담 이후 죽음이 주인 행세를 하던 인류 역사의 전환점입니다. 이는 그리스도가 영웅적으로 획득한 승리가 아니라, 하나님께서 죽음에서 아들을 일으키심으로써 이루신 일입니다. 하나님 아들의 순종은 죽음을 앞두고 자기 운명을 하나님께 완전히 맡김으로써 정점에 이르렀고, 하나님께서는 죽음에서 그를 일으키심으로써 아들의 순종에 신실하게 답하셨습니다.

죽을 수 없는 하나님과 죽어 버린 예수 그리스도 사이가 완전히 단절되어 버린 것 같은 그때, 성령께서 사랑의 끈으로 아버지와 아들 사이를 여전히 붙잡고 계셨습니다. 죽음은 사랑의 끈을 끊어 놓지 못했고, 오히려 사랑에게 죽음이 정복당했습니다. 그런 의미에서 '죽음의 죽음'으로서 부활은 삼위 하나님 모두가 참여하는 사건이었습니다. 바울에 따르면, '성부'께서는 '성령'과 함께 '예수 그리스도'를 죽음에서 일으키셨습니다(롬 8:11a). 더 나아가 바울은 삼위 하나님 사이에 일어났던 '죽음의 죽음'은 성령을 통해 우리에게까지 확대됨을 보여줍니다. "그리스도 예수를 죽은 자 가운데서 살리신 이가 너희 안에 거하시는 그의 **영으로 말미암아** 너희 죽을 몸도 살리시리라"(롬 8:11b). 하나님께서 선물로 주시는 영원한 생명 덕분에, 우리는 죽음의 두려움을 넘어서는 부활의 희망을 품을 수 있습니다.

이러한 맥락에서 보면, 예수 그리스도의 죽은 자 '가운데서' 부활은 죽은 자들을 뒤에 남겨두는 부활이 아니라, 죽은 자들과 '함께하는' 부활입니다.[11] 부활은 나사렛 예수라는 한 사람이 죽었다 다시 살아난 일회성 사건이 아닙니다. 이는 피조물 아담의 유한한 생명을 넘어 하나님 아들의 영원한 생명에 참여할 새로운 인간성이 역사 속에 등장한 사건입니다. 인간이 자연적인 죽음을 피할 수는 없겠지만, 그 죽음이 끝이 아니라는 복음이 예수 그리스도의 부활을 통해 주어졌습니다. 바울이 다른 곳에서도 즐겨 사용한 아담과 그리스도의 대비에 따라, 사망이 한 사람에게서 시작되었듯 부활도 한 사람에게서 시작되었습니다. 그런 의미에서, 그리스도는 "죽은 자 가운데서 다시 살아나사 잠자는 자들의 첫 열매"가 되십니다(고전 15:20, 벧전 1:3 참고).

이로써 '죽음으로 향하는 존재'로서 인간의 역사는 끝나고, '부활로 향하는 존재'로서 인간의 역사가 시작되었습니다. 4세기 교부 암브로시우스Aurelius Ambrosius, 약 339-397의 찬가에 이러한 신학적 주제가 아름답게 드러납니다.

> 오 위대하고 영광스러운 신비
> 죽어 없어질 육체가 죽음을 정복할 것이다.
> 우리 인간의 모든 고통과 상처를
> 주께서 짊어지심으로서 치유하실 것이다.
> 보라, 힘을 뺏기고 상실한 죽음이
> 자신의 맹렬한 쏘는 것으로부터 죽는 와중에
> 죽음에 의해 부서졌던 인간이지만

지금 그리스도와 함께 일어나고 살았다.[12]

피조물인 아담이 성취하지 못한 참 사람됨이 성육신하고 부활하신 성자에게서 나타났습니다. 가려져 있던 인류의 궁극적 목표가 우리에게 알려집니다. 인간은 성령을 통해 죽을 운명에서 일으켜짐으로써 예수 그리스도의 생명에 참여하고, 마침내 하나님 아들 되신 그분 안에서 삼위 하나님의 교제 안으로 '들어 올려지게' 됩니다. 얼마나 놀라운 신비입니까. 그렇다면 이 땅에 속한 그리스도인이 하나님께로 '들어 올려진다'는 것은 무엇을 의미할까요?

"하늘에 오르셔서 전능하신 하나님 우편에 앉아 계심"

잘 알려져 있듯, 단테 알리기에리Dante Alighieri, 1265-1321의 『신곡』La Divina Commedia은 지옥과 연옥과 천국으로의 여행을 다룬 서사시입니다. 이 작품을 구조적으로 분석할 때 흥미로운 점은 지옥에서 연옥을 거쳐 천국으로 계속해서 쭉 올라가는 것이 아니라, 지옥의 가장 밑바닥까지 하강한 다음 상승의 여정으로 갑작스레 전환된다는 사실입니다. 여정의 변곡점에서 단테는 안내자 베르길리우스로부터 이런 설명을 듣습니다.

우리는 이제 거대한 마른땅으로 덮인 곳의
맞은편 반구 바로 아래에 와 있다.
그 중심부에서 죄 없이 태어나서
죄 없이 산 분께서 희생하셨지.[13]

사도신경도 『신곡』과 비슷하게 그리스도의 죽음과 매장을 기점으로 하강과 상승이 뒤바뀌는 구조를 취하고 있습니다. 성육신하시고 십자가에 달리신 하나님의 아들은 매장되어 죽음의 영토에까지 내려가셔서 죽을 운명을 지닌 인간과 함께 계십니다. 이제 그분은 죽음에서 일으켜 세워지시고 하늘로 올라가셔서 하나님 오른편에 계십니다.

예수께서는 부활하신 후 40일 동안 지상에 계시다가 하늘로 올라가셨습니다. 신약성경 곳곳에서 부활하신 예수는 승천하셔서 성부 '오른편'에 계신다고 증언합니다(막 16:19, 행 7:55, 롬 8:34, 엡 1:20, 히 1:3, 벧전 3:22 등). 물론 이러한 구절들을 읽을 때 우리가 생각하는 물리적 하늘이나 좌우 개념을 지나치게 투영하며 읽어서는 안 됩니다.[14] 고대 사회에서 '오른편'은 존경을 표할 만한 대상의 명예와 권위, 영광 등을 상징합니다(출 15:6, 시 17:7; 110:1, 마 26:64 참고). 따라서 '예수께서 승천하여 하나님 우편에 계심'이라는 신앙고백은 가장 낮은 곳까지 내려가셨던 하나님 아들의 본연의 영광을 드러냅니다. 토마스 아퀴나스Thomas Aquinas, 약 1225-1274가 누가복음 14:11 등을 근거로 말했듯, "그리스도의 승천은 그분의 **겸손으로 인해 합당**한 것이었습니다.…… 그러므로 그분은 하늘에 하나님의 보좌에 이르기까지 높임을 받으실 만하셨습니다. 왜냐하면 **겸손은 높임으로 이끄는** 길이기 때문입니다."[15] 그런데 승천 교리는 하나님의 아들이 영광을 되찾으셨고, 부활하신 그리스도가 지금은 어디에 계신지 알려 주는 데 그치지 않습니다. 승천은 '그리스도 안의 인간'에 관한 가르침이기도 합니다.

그러므로 이르기를 그가 **위로 올라가실 때에 사로잡혔던 자들을 사**

로잡으시고 사람들에게 선물을 주셨다 하였도다. 올라가셨다 하였은즉 땅 아래 낮은 곳으로 내리셨던 것이 아니면 무엇이냐. 내리셨던 그가 곧 모든 하늘 위에 오르신 자니 이는 만물을 충만하게 하려 하심이라(엡 4:8-10).

바울에 따르면, 부활하신 그리스도는 승천하실 때 혼자가 아니라 인류와 함께 성부 오른편으로 가셨습니다. 칼뱅은 그 의미를 예수께서 "하늘에 오르사 아담의 모든 후손에게 폐쇄되었던 하늘나라의 출입문을 우리에게 활짝 열어주셨다"라고 해석합니다.[16] 이로써 그리스도 안에서 피조물인 인간도 성부의 오른편에서 삼위 하나님의 교제로 초대받는 명예를 누리게 됩니다. 이런 관점에서 보면, 동서고금을 막론하고 그리스도교처럼 인간으로서의 한계를 인정할 것을 진지하게 요구하면서, 다른 한편으로는 인간에게 놀라울 정도로 신적 존엄을 부여하는 가르침은 찾아보기 힘들 것입니다.

부활하고 승천하신 그리스도에 대해 사도신경이 설명하는 방식에 특별함이 있습니다. 성자의 존재와 활동을 설명하고자 여러 동사가 등장하지만, 유독 하나님 우편에 앉아 '계신다'에서만 현재형 동사가 사용됩니다. 달리 말하면, 1세기에 승천하신 예수께서 하나님 우편에서 하시는 사역은 특정 시간대에 묶이는 일이 아닙니다. 그 영원한 사역을 신약성경은 이렇게 설명합니다. "누가 정죄하리요. 죽으실 뿐 아니라 다시 살아나신 이는 그리스도 예수시니 그는 **하나님 우편**에 계신 자요 **우리를 위하여 간구**하시는 자시니라"(롬 8:34, 히 7:25 참고). 인류의 대표자로서 그리스도는 우리의 영원한 중보자 되시며 영원한 대

우리가 믿는 것들에 대하여

제사장 되십니다. 인간으로서의 희로애락뿐 아니라 죽음의 영토의 암흑까지 경험하셨기에, 그분은 중보자로서 우리의 정제되지 않은 욕망과 감정에서 나온 기도까지 자신의 언어로 삼으십니다. 영국 성공회 신학자 로완 윌리엄스Rowan Williams, 1950-는 성부 오른편에서 간구하시는 그리스도의 기도를 다음과 같이 상상해 봅니다.

> 예수께서 우리의—여러분과 나의—인간 본성을 하나님의 심장으로 가져가시고, 그분은 성부 하나님께 **인간의 목소리**로 말씀하십니다.……예수께서는 우리가 하는 말—고통과 저항과 분노와 폭력의 말—을 전부 들으십니다. 예수께서는 우리의 모든 말을 취하셔서, 성부 하나님의 현존 안에서 이렇게 말씀하십니다. "이것이 **내가 취했던 인간성**입니다.……볼품없고 혼란스러운 실재이지만, 여기 (이 복잡한 인간성을) 하늘로 가져와—**치유**를 위해 또한 **변화**를 위해—하나님의 불타는 심장 속에 떨어뜨렸습니다."[7]

이런 중보자가 있기에 우리는 하나님의 뜻을 완벽히 실현하기는커녕 어떻게 기도해야 할지도 모름에도, 하나님께 용납되고 그분의 사랑에서 끊어지지 않으리라는 도발적 희망을 품을 수 있습니다(롬 8:38-39). 이러한 희망의 빛 아래서 모든 인간을 하나님께서 용서하시고 화해하시기 원하는 존재, 혹은 그를 위해 그리스도께서 지금 중보하시는 존재로 인식하게 되는 관점의 전환이 일어납니다.

이 지점에서 놓쳐서는 안 될 또 다른 중요한 주제가 있습니다. 앞서 언급한 그리스도의 승천에 관한 에베소서 4:8-10은 개인의 구원이 아니라 '교회론'이라는 더 큰 맥락을 전제하고 있습니다. 부활이 나사렛 예수께서 죽은 자들을 데리고 '함께' 살아나시는 사건이듯, 승천도 그리스도와 인류 사이의 '연대' 속에서 일어난 사건입니다. 즉 부활과 승천은 예수 그리스도께 사로잡힌 사람들 사이에 '새롭게 맺어진 관계'에 관한 교리이기도 합니다. 삼위 하나님의 존재가 영원한 사랑의 교제라면, 하나님의 생명에 참여하는 사건으로서의 구원은 인류가 신적 자비로 오랜 자기애적 성향에서 벗어나는 은혜의 사건이라고 할 수 있습니다. 이처럼 부활과 승천이라는 관점에서 인간을 보자면, 인간은 복잡하게 뒤틀리고 깨진 자신의 본성을 새 창조의 공동체에 속함으로써 회복해 가는 '치유의 여정' 속에 있는 '관계적' 존재입니다.

'하나님 우편'에 부활하고 승천하신 그리스도가 계신다면, '이 땅'에는 그분의 몸이자 그분과 함께 죽음에서 일으켜진 새로운 인간성인 교회가 있습니다. 물론 하나님 우편에 계신 being 그리스도와 달리, 역사 속 교회는 끊임없이 성장하는 되어감 becoming 의 과정 중에 있습니다. 바울은 이것을 자라나는 몸의 유비를 통해 다음과 같이 설명합니다.

> 오직 사랑 안에서 참된 것을 하여 범사에 그에게까지 자랄지라. 그는 머리니 곧 그리스도라. 그에게서 온 몸이 각 마디를 통하여 도움을 받음으로 연결되고 결합되어 각 지체의 분량대로 역사하여 그 몸을 자라게 하며 사랑 안에서 스스로 세우느니라(엡 4:15-16).

교회는 되어감 속에 있기에 다른 사회나 공동체처럼 때로는 실수나 실패, 오해가 있게 마련입니다. 하지만 교회는 그러한 갈등과 혼란, 분

우리가 믿는 것들에 대하여

열이 있음에도 타자에게 자신을 선물로 내어주는 사랑의 문법 속에서 그 존재 근거를 찾기에 교회라 불릴 수 있습니다. 이처럼 교회가 내적 다양성과 갈등이 있음에도 하나님께서 부르신 화해의 공동체일 수 있는 것은, 인간으로서 우리가 교회를 통해 보여주는 능력이나 성취의 대단함 때문이 아니라, '하나님 우편'에 계신 예수 그리스도의 '중보' 그리고 '교회' 안에 계신 그분의 '현존' 때문입니다. 하지만 이러한 설명이 신학적으로는 어느 정도 내적 논리를 갖추고 있을지는 몰라도, 현실적으로는 전혀 그럴듯하게 들리지 않는 것이 사실입니다. 우리가 일상에서 만나는 인간은 치유나 관계 회복 등의 말을 꺼내기가 무색하게, 생각과 말과 행동으로 계속해서 죄를 범하고 있기 때문입니다. 그렇기에 죄에 대한 심각한 성찰 없이는 그리스도교의 신비를 제대로 이해하기가 어렵습니다.

"거기로부터 산 자와 죽은 자를 심판하러 오심"

인간은 죄를 지을 뿐만 아니라 죄에 대한 기억을 가지고 살아갑니다. 또한 현실에서는 악인이 잘 먹고 잘사는 경우가 많기에(시 73:3-5), 죄에 대한 공정한 심판이 언젠가는 꼭 이루어지기를 바라기도 합니다. 이러한 이유 때문인지, 세계 각지에서 발생한 여러 종교가 죄에 대한 사후 심판을 엄중히 경고하며 선한 삶을 살 것을 촉구합니다. 일반적으로 다른 종교에 비해 유일신론 종교가 죄책감이 발전하기 쉬운 신념 체계를 가졌다고 말합니다. 세상을 창조하고 다스리는 신의 전능함과 피조물로서 인간의 부족함과 나약함이 대비되기도 하고, 신의 말씀으로서 경전에는 유일신이 직접 명령한 강한 윤리적 의무 조항들이 들어있기 때문이 아닌가 싶습니다.

하지만 개인적으로는 유대교나 이슬람교와 비교해도 그리스도교 죄론이 더 급진적이라고 생각합니다. 그리스도교는 인간의 무지나 약한 의지뿐만이 아니라, 선천적으로 타고난 '뒤틀린 욕망'을 죄를 짓는 근본 이유로 보기 때문입니다. 그리스도교는 인간의 생각과 말과 행동이 왜곡된 욕망의 영향력에서 벗어날 수 없기에, 인간은 윤리적 행위를 통해 신을 만족시킬 수도 구원받을 수도 없다고 주장합니다. 이것이 상당히 현실주의적인 가르침인 것이, 현상적으로도 인간은 무엇이 옳은지 알고 좋은 습관을 형성하더라도 죄를 떨쳐 버리지 못하고, 심지어는 죄를 지으며 쾌감을 느끼는 묘한 경향이 있기 때문입니다.

그런데 사도신경이 명시적으로 '인간'에 대해 언급하지 않듯, 인간이 왜 '죄인'인지도 설명하지 않습니다. 교회론 이후 '죄를 용서하시는 것을 믿는다'라는 짧은 조항만 있을 뿐입니다. 그렇다고 이 고대의 신앙고백이 인간이 죄인이라는 전제가 전혀 없이 그리스도교 신앙을 설명하는 것도 아닙니다. 사도신경은 그리스도의 성육신, 수난과 죽음, 재림과 심판에 관해 이야기합니다. 이러한 신앙의 조항들, 특별히 다시 오실 주님의 심판은 인간이 가치중립적이거나 자신의 운명을 스스로 결정할 수 있는 존재가 아니라는 것을 보여줍니다. 니케아-콘스탄티노폴리스 신경의 경우에는 성자께서 '우리와 우리의 구원을 위하여 하늘에서 내려오시어'라는 구절이 있어, 죄와 구원의 문제를 신앙고백 내에 더 명확히 언급합니다. 그렇다면 이 지점에서 근원적 문제를 제기해야 할 것 같습니다. 과연 죄란 무엇일까요?

우리가 믿는 것들에 대하여

죄라는 신비

인간은 복잡한 실재를 단순화하려는 경향이 있기에, 죄^{sin}라는 '신비' 마저 사회의 법이나 규칙을 지키지 않는 범죄^{crime} '행위'처럼 여기고 싶어 합니다. 죄의 본질을 범죄처럼 경험적으로 관찰하거나 정의 가능한 일탈로 취급하면 여러 문제가 생깁니다. 먼저는 실정법을 어기지 않거나 증거가 불충분하다는 이유만으로, 공동체의 일원이나 개인으로서 져야 할 책임을 회피하고 자신을 미화하는 것을 정당화할 수 있습니다. 또한 하나님의 도덕적 명령 이면에 있는 은혜를 보지 못함으로써, 하나님을 단순히 법 수여자 또는 심판관으로 오해할 수 있습니다. 더 나아가 하나님의 명령을 담고 있는 성경을 그리스도인이 지켜야 할 규정 모음집이나 도덕 교과서 정도로 간주할 위험도 있습니다. 이런 식으로 성경을 읽게 되면 복음의 본질을 잘못 이해하게 되고, '하나님 사랑'과 '이웃 사랑'이라는 중요한 해석학적 원리가 본문을 읽을 때 작동하지 않게 됩니다.[18] 그렇게 되면 성경은 사람을 살리는 책이 아니라 타인을 판단하고 심판하는 잣대가 되어 버립니다.

그리스도교가 인류에 남긴 중요한 유산 중 하나는 죄를 실정법화하거나 도덕주의화하려는 시도에 저항할 수 있는 논리를 제공한 것입니다.[19] 일례로, 예수께서는 도래하는 하나님 나라에 대한 인간의 반응으로 오직 '회개'를 요구하실 정도로 죄를 매우 심각하게 생각하셨습니다(막 1:15 등). 하지만 당시 유대인들 사이에서는 모세의 가르침이 경직된 법률 조항처럼 되어 버려서, 죄에서 사람들을 보호하기 위한 하나님의 말씀이 오히려 죄인을 양산하는 기제로 작용했습니다. 예수께서는 종교 지도자들이 이런 악순환의 구조를 문제 삼기보다는 누가 율법을 어떻게 어겼는가를 도덕주의적으로 따지고 있다고 강하게 비판하셨습니다(막 2:23-28 등). 복음서의 사례가 보여주듯, 죄를 중요시하되 죄 개념을 오용하는 죄를 범하지 않기 위해서는 죄가 무엇인지부터 알아야 합니다. 죄에 대한 이해가 불충분하다면, 하나님의 은혜에 대해서도 피상적 지식을 갖게 되고, 그리스도교 신앙 전체에 대한 이해도 뒤틀릴 위험이 있습니다.

루터 신학의 핵심을 현대적 언어로 바꾸는 데 탁월했던 독일 신학자 파울 알트하우스Paul Althaus, 1888-1966는 그리스도교적 죄 이해를 다음과 같이 요약합니다. "[인간이] 죄를 행하……기 때문에 인간이 죄인인 것이 아니요, 그가 본질적으로, 그의 근본 태도에 있어서 죄인이기 때문에 죄를 범하게 되는 것이다."[20] 죄론은 도덕적 행위 자체나 죄의 현상으로만 사람됨을 판단하지 못하게 합니다. 또한 삶에 깊숙이 각인된 생각과 행위의 모순을 제도의 개선이나 교육수준 확대, 경제적 안정 등으로는 완전히 해결할 수 없다는 것도 알려 줍니다. 이러한 방식으로 죄론은 인간에 대한 피상적 관찰에서 벗어나, 보다 현실적이고 심오한 인간 이해로 이끕니다. 그런데 알트하우스 말대로 악한 생각과 말과 행동 깊숙이에 죄를 일으키는 '근본 태도'가 있다면, 현상으로서 죄를 관찰하고 분석하는 것과는 다른 심층적 방법이 있어야 우리는 죄를 이해할 수 있습니다.

그리스도교 죄론은 철저하게 '하나님 말씀'에 비추어 죄를 이해하고자 합니다. 우리는 하나님 말씀인 성경을 통해 죄가 무엇인지 배울 수 있습니다. 하지만 인간은 성경마저 자신의 개인적 욕심과 문화적 선입견, 정치적 편향성 등에 따라 해석하는 경우가 얼마나 많은지 모

우리가 믿는 것들에 대하여

릅니다.[21] 신구약 성경은 거짓 예언자들의 오류나 유대 종교지도자들의 실패를 보여줌으로써, 하나님 말씀인 성경이 얼마든지 오용될 수 있음을 보여줍니다. 그렇기에 '기록된' 하나님의 말씀인 성경이 아니라, "우리와 똑같이 시험을 받으신 이로되 죄는 없으신"(히 4:15, 벧전 2:22 참고) '성육신한' 말씀이 죄가 무엇인지 알려 주는 궁극적인 기준이 되어야 합니다. 그런 면에서 사도신경은 죄의 본성에 대해서는 침묵하고 있지만, 그 안에 있는 그리스도론적 논리는 죄인으로서 인간을 이해하는 데 결정적인 통찰을 줍니다.[22] 여기서는 (바르트의 언어를 빌려) 성부께 '순종'으로 자신을 드리신 예수 그리스도에 관한 사도신경의 언어를 역으로 해석함으로써, 인간의 '불순종'을 통해 죄가 어떻게 드러나는지 살펴보고자 합니다.[23]

1. **참 하나님**이신 예수 그리스도는 인간이 되셔서 로마 법정에서 심판받고 십자가에서 고통받으며 죽은 자들과 함께 땅에 묻히기까지 자신을 낮추셨습니다. 첫 번째 형태의 죄는 그리스도 안에서 계시된 하나님의 **겸손**humility에 대한 거부입니다. 반면 인간의 악한 생각과 행동 저변에는 자신을 높이고 경쟁심과 시기심에 타인을 자기보다 낮추려는 **교만**pride의 죄가 있습니다. (창세기 3장이 잘 보여주듯) 교만은 결국 인간을 '타락'fall으로 이끌고, 타자를 지배하고 통제하기 위한 각종 형태의 폭력을 끌어냅니다.

2. **참 인간**이신 예수 그리스도는 죽음에서 일어나서 하늘로 오르셨으며 왕적 영광과 권위를 가지고 하나님 우편에 앉아 계십니다. 그분은 이러한 **높아짐**exaltation 가운데 인류를 이끌고 성부 오른편으로 올라가십니다. 두 번째 형태의 죄는 그리스도 안에서 인간의 높아짐에

대한 거부입니다. 죄인으로서 인간은 자신에게 주어지는 신적 초청과 부름에 눈과 귀와 입을 막습니다. 이런 방식으로 인간은 자신의 폐쇄적 세계가 주는 안정감과 쾌감, 심지어 자기애적 고통에 탐닉하는 **태만**sloth의 죄를 범합니다. 태만은 인간이 세계를 향해 자신을 개방하고 자기를 초월하지 못하게 함으로써 '비참'misery한 상태에 묶어 둡니다.

3. **참 하나님**이요 **참 인간**이신 예수 그리스도는 부활의 **영광**glory 속에서 하나님의 '진리'를 증언하시고 이를 심판으로 확증하십니다. 세 번째 형태의 죄는 진리를 거부하는 것, 곧 새 창조의 복음을 회피하고 옛 세계의 질서에 계속해서 머무르려는 것입니다. 그리스도를 통해 계시된 화해의 복음을 무시하고서, 인간은 여전히 타자를 지배의 대상으로 보고 세계를 힘으로 통제하려는 각종 **기만**falsehood의 기제를 만들어 냅니다. 과학기술의 발달과 삶의 물리적 환경의 개선에도 불구하고 인간이 '저주'condemnation 상태에서 헤어나지 못하는 이유도, 기만이 주는 달콤한 위안과 헛된 약속에 중독되어 있기 때문입니다.

일상 경험에서 '교만'이나 '태만'과 '기만'은 현상적으로 서로 아무 관련이 없는 죄처럼 보입니다. 하지만 신학적으로 보면 이 모든 것의 뿌리에는 예수 그리스도의 순종과 대비되는 인간의 불순종이 있습니다. 타자 앞에서, 세상 속에서, 특정한 역사적 순간에, 하나님에 대한 인간의 불순종은 개인적 또는 집단적 교만, 태만, 기만의 형태로 드러납니다. 이런 죄들은 자신의 삶만 파괴하는 것이 아니라 전 세계적 비극을 초래하는 원인이 되어 왔습니다.

이러한 죄의 심각성은 죄가 인간의 인식 작용 깊숙이 영향을 끼쳐 자신이 죄인임을 깨닫지도 못하게 한다는 데서 드러납니다. 설령 자신의 죄를 인지한다 하더라도 자기 죄에 관대한 인간의 본성적 보호 기제를 극복하기는 힘듭니다. 그뿐 아니라 지난 수천 년 동안 수많은 사람이 범한 죄의 누적된 결과가 역사에 층층이 쌓여 있지만, 그것을 속 시원하게 해결할 방법도 없습니다. 한마디로 인간은 자신이 죄인임을 인정하기 힘들뿐더러, 머리로는 그 사실을 안다 하더라도 회개하지 못하며, 죄의 문제에서 궁극적으로 벗어날 묘책을 스스로에게서는 찾을 수도 없습니다. 우리는 이 지점에서 왜 그리스도교가 단지 죄의 현상에만 머무르지 않고, 죄를 범하는 인간의 본성적 성향으로 파고들어 가는지 그 이유를 조금이나마 알게 됩니다.

원죄라는 수수께끼

고대 이래 여러 지혜자와 철학자는 진리를 알려 줌으로써 무지를 극복하게 하고, 좋은 습관을 통해 약한 의지를 도울 제2의 천성을 기르게 함으로써 더 나은 인간이 될 수 있는 길을 제시해 왔습니다. 하지만 그리스도교에서는 왜곡된 욕망이 인간의 지성과 의지에 심각한 영향을 끼치기에 도덕 교육과 훈련에는 한계가 있을 수밖에 없다고 말합니다. 즉 인간이 자신의 내적 자원을 개발하고 활용해서 죄의 상태를 스스로 극복하는 것은 사실상 힘듭니다. 인간에게는 자아 '외부로부터' 오는 도움과 치유가 필요합니다. 이것을 그리스도교적 용어로는 '은혜'라고 부릅니다. "너희는 그 **은혜**에 의하여 믿음으로 말미암아 구원을 받았으니 이것은 너희에게서 난 것이 아니요 하나님의 **선물**이라"(엡 2:8). 인간은 자기 죄의 문제를 스스로 처리할 수 없기에, 인간의 처지를 정확히 알면서 하나님의 은혜를 죄인에게 전달해 줄 '중보자'가 필요합니다. 초기교회에서는 그 중보자를 죄의 다차원적 모습에 상응하게 복합적인 이미지를 사용하여 묘사했습니다. 그리스도는 때로는 거짓을 폭로하고 참 지식을 전달해 주는 '내적 교사'로, 때로는 왜곡된 욕망이라는 고질적 병에서 치유해 줄 '의사'로, 때로는 죄로 깨어진 하나님과의 관계를 회복하게 해줄 '대제사장'으로 그려지곤 했습니다.

죄의 여러 양상을 지금껏 설명했지만, 근원적인 문제는 아직 건드리지도 못했습니다. 인간의 지성과 의지가 뒤틀리게 하여 죄를 짓게 만드는 그 '왜곡된 욕망'의 실체는 무엇일까요? 지성 또는 의지와 비교할 때 욕망은 왜 그토록 강하고 끈질기며 기만적일까요? 그리스도교 전통에서는 인간이 가진 뒤틀린 욕망이 개개인이 우연히 갖게 된 속성이 아니라 아담이 범한 죄의 결과로서 온 인류가 겪게 된 인간 본성의 타락, 곧 '원죄'에 기인한다고 봅니다. 이러한 원죄 개념은 초기교회 당시 인간 본성과 은혜의 관계를 놓고 아우구스티누스를 비롯한 여러 신학자가 참여한 격렬한 신학 논쟁 속에서 그 의미가 정립되었습니다.

브리타니아 출신의 수도사이자 신학자 펠라기우스^{Pelagius, 약 354~420}는 인간의 본성에 낙관적인 태도를 보였습니다. 그는 인간이 외부로부터 오는 은혜가 없어도 하나님 말씀을 성실히 지키면 구원을 받을 수 있다고 주장했습니다. 하지만 아우구스티누스는 인간은 본성이 타락하였기에 구원을 받으려면 죄에서 벗어나게 하는 은혜가 전적으로 필요하다며 반론을 펼쳤습니다. 또한 연약한 인간이 하나님 명령을 지키는 데에도 은혜의 도움이 필요하다고 보았습니다. 이 논쟁은 418년 북아프리카의 카르타고 공의회에서 펠라기우스의 입장이 정죄를 받고, 서로마 지역에서 원죄 교리가 공식화되면서 일단락되었습니다. 하지

우리가 믿는 것들에 대하여

만 이 말을 뒤집어 보면, 펠라기우스와 아우구스티누스 논쟁에서 벗어나 있는 유대교나 논쟁의 영향을 덜 받은 동로마 교회에서는 인간의 죄성에 대한 이해가 다를 수 있다는 것을 의미합니다.

그렇다면 원죄 교리는 어떤 논리로 형성되어 있을까요? 아우구스티누스의 지지자들은 어떻게 펠라기우스 지지자들의 주장을 넘어설 수 있었을까요? 다양한 경험과 오랜 연륜을 지닌 신학자이자 목회자였던 아우구스티누스는 인간에게는 자기 의지로 통제할 수 없는 수수께끼 같은 마음이 있음을 발견했습니다. 우리 개개인이 선하게 살려고 노력해도, 인간은 비단 자기 잘못뿐 아니라 역사를 통해 전달되는 타인의 죄에 대해서 책임을 지게 되기도 하며, 조상들의 죄의 결과로 고통을 당하게 되기도 한다는 사실을 부인할 수 없었습니다. 더군다나 북아프리카 태생으로서 라틴어 번역 성경을 사용하다 보니, 바울서신을 읽으면서 라틴어 특유의 어감 때문에 아담과 인류가 죄 속에서 연대한다는 방식으로 이해하게 되었습니다. 그러던 중에 로마서 5:12은 그가 원죄론을 형성하는 데 결정적 논리를 제공했습니다.

> **한 사람**으로 말미암아 **죄**가 세상에 들어왔고,
> 또 그 죄로 말미암아 **죽음**이 들어온 것과 같이,
> **모든 사람**이 **죄**를 지었기 때문에
> **죽음**이 모든 사람에게 이르게 되었습니다.

바울의 말처럼 아담 한 사람이 죄를 지어 세상에 죽음이 들어왔습니다. 여기까지는 다른 신학자들도 큰 이견이 없었습니다. 그런데 아우구스티

누스는 이 지점에서 '모든 사람이 죄를 지었다'라는 구절을 (사람들 개개인이 죄를 지은 것이 아니라) 아담이 선악과를 먹을 때 '아담 안에서' 모든 인류가 '함께' 죄를 지었다는 것으로 해석합니다.[24] 이 논리를 따르면 '아담에게' 죽음이 형벌로 내려졌을 때, '아담 안에서' 모든 인류가 '함께' 죽음에 이르는 벌을 받게 되었다는 것입니다. 이것이 아담의 후손이 아담의 죄의 결과를 함께 책임진다는 원죄론의 기본 뼈대입니다.

이처럼 아우구스티누스는 죄의 본성과 죄의 책임이 아담의 후손에게 '유전'된다고 설명했는데, 이는 이후에 아담과 모든 인류 사이의 죄의 연대를 표현하는 특별한 언어로 자리 잡았습니다. 원죄론은 그 자체로도 설득력이 있었지만, 구원론과의 논리적 구조도 잘 맞았기에 광범위한 지지를 받을 수 있었습니다. 아담 '한 사람'을 통해 '인류'가 죄인이 되었다는 원죄론의 주장은, 나사렛 예수라는 '한 사람'을 통해 '인류'가 구원받게 되었다는 성경의 가르침을 이해하는 데 도움이 되었습니다(롬 5:19, 고전 15:22 참고).

아우구스티누스 이후의 그리스도교 문명에서 아담으로부터 내려오는 원죄는 신학자뿐 아니라 여러 작가와 예술가들에게도 중요한 주제가 되었습니다. 단테도 자신의 작품에 원죄론의 논리를 담아냈습니다.

> 태어난 적 없는 저 남성은
> 몸을 지키는 의지의 재갈을 견디지 못해,
> 자신과 자손을 죄 속에 빠뜨렸다.[25]

하지만 원죄론이 논쟁적 상황에서 나온 만큼, 이에 대한 비판과 반발

우리가 믿는 것들에 대하여

도 끊이지 않았습니다. 무엇보다 아우구스티누스가 사용한 논리가 (난자와 정자가 수정되어 아이가 생기는 것이 아니라) 성인 '남성' 안에 후손의 씨가 온전히 있다는 고대의 생물학적 전제 위에서 형성되었기 때문입니다. 또한 범죄자 개인에게 죄의 책임을 묻는 근대적 사법 체계가 등장하기 전에는, 죄인의 가족과 친지 및 식솔까지 처벌하는 연좌법이나 노륙법이 일반적이었습니다. 비교적 그런 법률에 익숙했던 고대인들 상당수도 아담의 죄를 다른 사람이 함께 책임져야 한다는 아우구스티누스의 주장에 난색을 표했으니, 현대인들에게는 '죄의 연대'라는 개념이 더더욱 받아들이기 어려울 수밖에 없습니다.

하지만 아우구스티누스가 설명하는 방식에 고대 세계관의 흔적이 짙게 배어있다는 단순한 이유로 원죄론을 부정하기 전에 이 교리가 전달하려는 핵심적 의미를 생각해 보아야 합니다. 먼저 그리스도교의 죄론은 죄의 현상이 아니라 죄를 일으키는 '근본 상태'에 관한 것입니다. 그런 의미에서 원죄론은 인간은 왜 자신의 잘못이나 죄성을 객관적으로 성찰할 능력이 없는지, 왜 죄를 짓는 상상이나 행위 자체를 즐기기까지 하는지, 교육과 문화는 발전해 가는데 인류의 도덕적 상황은 왜 개선되지 않는지, 범죄의 영향은 왜 피해자 개인을 넘어 사회의 구조로까지 확장되는지 등의 쉽게 풀리지 않는 문제들에 대한 신학적 답변이라고 할 수 있습니다. 원죄는 "기독교 신학에서 정말로 증명될 수 있는 유일한 부분"이라는 체스터턴G. K. Chesterton, 1874-1936의 말처럼,[26] 교리주의 딱지를 떼어 낸 원죄 교리는 현실에서 개인 또는 집단으로서 인간의 폭력적이고 기만적인 모습을 잘 설명해 줍니다. 그렇기에 원죄 교리를 믿는지 여부는 동일한 인간 현상을 보더라도 그것을 이해하는 방식에 있어 큰 차이를 만들어 냅니다.

또한 원죄론은 인류가 처한 곤경에서 벗어나려면 누군가의 도움이 필요함을 인정하는 '겸손'과 그 도움을 감히 받아들이는 '담대함'이 함께 요구된다는 것을 보여줍니다. 우리가 어떤 문제를 해결하려면 원인에 대한 정확한 파악과 문제를 해결할 수 있는 능력, 문제 해결 과정에서 치우침 없는 공정함 등이 필요합니다. 하지만 인간의 삶에서 '신비'의 영역으로 남아 있는 죄 문제를 다룰 때는 일반적인 방법과는 다른 접근법이 필요합니다. 인간은 죄에 대한 '무지'와 뒤틀린 '욕망', 그리고 죄가 개인의 삶과 사회 구조 위에 행사하는 '권세' 때문에 죄 문제를 스스로 해결할 수 없습니다. 인간에게는 죄의 본질을 알려 주고, 무질서한 욕망을 치유하고, 죄의 권세에 사로잡혔던 이들을 해방할 수 있는 자기를 넘어서는 힘, 곧 하나님의 전적인 은혜가 필요합니다. 따라서 하나님의 은혜에서 떼어 내 원죄 자체만 이야기하는 것은, 이 중요한 교리를 인간의 어둡고 폭력적인 면을 설명하는 추상적 원리로 환원시킬 위험이 있습니다.

성경은 죄 문제를 해결할 하나님의 은혜가 비밀스러운 지식이나 종교 예식에 있다고 가르치지 않습니다. 죄와 죽음의 기원을 아담 한 사람에게서 발견했던 바울은 곤경에 처한 인간을 구제할 희망도 한 사람에게서 찾습니다. "아담 안에서 모든 사람이 죽은 것 같이 그리스도 안에서 모든 사람이 삶을 얻으리라"(고전 15:22). 예수 그리스도는 우리 죄를 용서하시는 하나님 사랑의 계시입니다. 그러나 신약성경과 사도신경은 우리에게 거북함이 덜할 만한 자비나 용서, 화해 같은 개념으로만 그리스도를 설명하지 않습니다. 예수 그리스도 그분은 마지막 때 산 자와 죽은 자를 '심판'하러 오실 분입니다.

심판대 앞에 선 인간

최후 심판에 대해서는 종말론을 다루는 이 책 후반부에서 좀 더 자세히 살펴볼 수 있기에, 우선 여기서는 인간이 하나님께 받게 될 심판에 대해서만 간략히 살펴보고자 합니다. 예수 그리스도는 인류의 죄를 위해 '십자가'를 지셨으므로 구원자이지만, 죄에 대해 판결하고 '심판'을 내리시기에 구원자이기도 합니다(마 25:31-45, 계 20:11-15). 인간은 누구나 죄인이라는 사실은 '살아있는 자와 죽은 자' 모두를 인간으로서 피할 수 없는 운명인 하나님의 심판 앞으로 이끌어 놓습니다. 하지만 누가 완전히 의롭고 정의로우신 하나님을 만족시킬 정도로 떳떳하게 살 수 있을까를 생각하면 심판이 두렵게 느껴질 수밖에 없습니다. 심판에 대한 가르침과 인간의 본성적 죄의식이 결합할 때 강박적인 두려움이 발생하는 것도 볼 수 있습니다. 『천로역정』*Pilgrim's Progress*으로 잘 알려진 17세기 설교자이자 작가 존 번연*John Bunyan, 1628-1688* 역시 아홉 살에서 열 살 무렵 이 문제로 몹시 괴로워했습니다.

> 그때는……영생이나 천국 등에 대해서는 생각조차 하지 못하고 완전히 절망감에 압도되어 있었기 때문에, 종종 지옥이 없었으면, 또는 차라리 내가 마귀가 되었으면 하고 바라기도 했습니다. 왜냐하면 마귀들은 고통을 주는 존재들이기 때문에 제가 지옥에 가더라도, 저는 고통을 받는 피해자가 아니라 고통을 주는 가해자가 될 수 있겠다는 망상 때문이었습니다.[27]

최후 심판이 자아내는 두려움에 지나치게 매몰되다 보면 사람들은 심판 교리가 사랑의 하나님에 대한 가르침과 모순된다며 신앙에서 심판의 언어를 무시하거나, 반대로 응보적 정의라는 틀 속에 갇혀 공포에 억눌린 신앙으로 빠지기도 합니다.

신약성경의 저자들은 그리스도의 재림 때 있을 심판을 생각하며 경건한 삶을 살 것을 권합니다. 그 심판은 우리가 일반적으로 생각하는 심판과는 그 본질이 완전히 다른 '예수 그리스도'의 심판입니다. 사도신경은 예수 그리스도께서 하나님 오른편에 계시다가 "거기로부터"$inde$ 산 자와 죽은 자를 심판하러 오실 것이라고 말합니다. 여기서 우리는 예수께서 심판하러 오실 '거기'가 어디인지 주목해야 합니다. 앞서 살펴보았듯, 그리스도는 죄인을 대신하여 십자가에서 심판받으시고 인류를 하나님과 화해하게 하셨으며(갈 3:13, 롬 6:6, 행 20:28), 포로였던 우리를 이끌어 '성부 오른편'으로 올라가십니다(엡 4:8). 즉 '거기'는 예수 그리스도가 성부께 순종하여 온 세상을 위해 파송되신 곳이자, 부활하고 승천하실 때 인류를 이끌어 되돌아가시는 곳이며, 어제나 오늘이나 내일이나 우리를 위해 성부 하나님께 중보하시는 곳입니다. 전능하신 성부 하나님은 '거기'에 계신 예수 그리스도에게 자신을 선물로 주심으로, 아들을 영화롭게 하시고 그에게 세상을 통치할 권한을 주십니다.

몸을 가지고 부활하신 참 인간 예수께서 승천하셔서 하나님 '오른편'에 계신다는 것은, 삼위 하나님의 교제 안에 몸을 가진 우리의 자리도 '거기'에 마련되어 있음을 의미합니다. 승천하신 그리스도는 '거기'서 지상에 있는 제자들을 위해 성령의 선물을 주심으로(행 2:33), 삼위

우리가 믿는 것들에 대하여

하나님의 교제로 들어갈 수 있는 문을 여셨습니다. **성령**을 통해 성육신하신 **하나님 아들의 인간성**에 참여하게 됨으로써, 우리는 그리스도 안에서 그분과 함께 **성부 하나님**의 교제에 참여하는 특권을 누리게 됩니다. 따라서 '거기'는 그리스도께서 자신과 함께 우리를 기쁨과 감사로 성부께 드림으로써 아버지를 영화롭게 하고, 삼위 하나님의 교제의 기쁨을 우리와 나누시는 곳입니다. 이것이 삼위 하나님의 흘러넘치는 사랑으로 창조된 인간의 궁극적 운명입니다. 지금까지 설명한 삼위일체론적 구조를 도식화하면 다음과 같습니다.

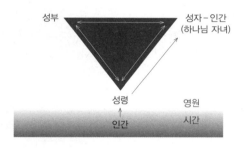

인류를 위한 중보자이신 그리스도

예수께서 우리를 심판하러 오시는 '거기'는 냉정하고 무시무시한 재판관이 앉는 자리가 아닙니다. 하나님 오른편은 삼위 하나님의 본성에 따라 은혜의 선물의 주고받음이 일어나는 곳입니다. 따라서 성부 하나님의 오른편은 성육신하신 하나님의 아들에게 속한 '신비'의 공간이요 하나님의 사랑이 우리의 예측과 기대를 넘어서는 방식으로 악과 죄로부터 승리하는 곳입니다.[28] 그곳은 삼위 하나님이 사랑의 교제를 나누시고, 그리스도 안에서 인류를 환영하시며, 자신을 선물로 주시기까지 하는 전능하신 하나님 오른편입니다.

최후 심판 때 거기로부터 '오실 분'은 하나님 오른편에서 우리를 기다리고 계시며 인류를 위해 기도하시는 중보자이십니다. 그러한 다시 오실 주님을 심판자로 기다리기에 그리스도교 신앙은 두려움과 의심과 시험에도 퇴색되지 않을 희망의 빛을 머금게 됩니다. "죄가 더한 곳에 은혜가 더욱 넘쳤나니"(롬 5:20)라는 바울의 말처럼, 그리스도교의 인간론이 죄를 강조하면서도 하나님의 은혜에 더 무게 추를 둘 수밖에 없는 이유가 바로 여기에 있습니다. 그렇기에 하나님의 심판을 삼위 하나님이 누구신지에 대한 질문 없이, 우리의 행위에 대한 율법 수여자의 최종 판결 정도로 단순화할 수 없습니다. 그리스도교는 결코 심판에 대한 두려움으로 사람들의 신앙심을 통제하거나 행동을 조종하는 종교가 아닙니다.

이 장을 마무리하며 정리하자면, 신학적 인간론은 아담이 아닌 예수 그리스도를 궁극적 기준으로 삼습니다. 신약성경이 그리스도를 새로운 아담이자 인류의 대표로 보기 때문입니다(롬 5:12-21, 고전 15:45-49, 히 2:10-3:1). 피조물 혹은 죄인으로서 한계에 갇힌 인간이 아니라 하나님께서 원하시고 기뻐하시는 참 인간이 예수 그리스도의 인격 안에서 구현되었기 때문입니다. 신약성경만이 아니라 사도신경으로부터 얻게 되는 예수 그리스도의 모습 또한 우리가 '나의 나됨'을 성찰하며 인간으로서 어떻게 살아야 할지를 고민하는 데 필요한 소중한 자원이 됩니다. 그렇기에 사도신경이 명시적으로 인간이란 무엇인지 다루고

우리가 믿는 것들에 대하여

있지 않음에도, 우리는 사도신경을 통해 그리스도교적 인간 이해를 배울 수 있습니다. 아우구스티누스는 사도신경을 해설하며 다음과 같이 말했습니다.

> 그리스도의 십자가에서 죽으심, 장사되심, 제삼일에 부활하심, 승천하심, 아버지 우편에 앉으심 가운데 무슨 일이 행해졌든지 간에, 그 모든 일은 그것들의 신비적 의미들을 가리킬 뿐 아니라 우리가 지상에서 살아내야 하는 그리스도인의 삶의 모형으로서 기능하게 하기 위해 행해졌다.[29]

이 인용문은 인간론에 관한 우리의 논의를 종결시키기는커녕 또 다른 질문을 던지게 만듭니다. 1세기에 일어난 그리스도 사건이 어떻게 오늘 우리가 살아내야 할 삶의 모형이 될 수 있을까요? 하나님의 '유일하신 아들'의 일회적인 삶, 더욱이 구원론적 의미가 깊게 삼투된 그분의 특별한 삶을 피조물에 불과한 인간들이 따라 할 수 있는 것일까요?

적용과 토론을 위한 질문

1. 그리스도교 신앙을 해설하는 현대 서적들과 달리 사도신경에는 인간론도 죄론도 없습니다. 왜 고대교회의 신경에 인간론과 죄론이 없다고 생각하나요?

2. 하나님 형상을 우리는 어떻게 이해해야 할까요? 하나님 형상의 의미를 정확히 알지 못하기에 혼란이 생긴다고 생각하나요? 오히려 인간 이해가 풍성해진다고 생각하나요?

3. 인간의 본성과 운명을 아담이 아니라 예수 그리스도를 통해 알아야 한다는 것을 어떻게 정당화할 수 있을까요? 예수 그리스도를 통해 인간을 이해할 때 어떤 통찰이 주어지나요?

4. 1세기에 일어난 예수 그리스도의 부활은 구원론뿐 아니라 인간론에서도 매우 중요합니다. '부활과 함께 새로운 인간성이 일어났다'라는 말의 의미는 무엇인가요?

5. 그리스도가 하나님의 '오른편'에 계시기에 일어나는 일은 무엇인가요? 이것은 그리스도인에게 어떤 희망을 줄 수 있을까요?

6. 죄론(특히 원죄론)이 인간에 관해 너무 부정적인 생각을 가르치는 것은 아닌가요? 죄론이 복음이 된다고 한다면 어떤 의미에서일까요?

4장

성령과 교회

나는 전능하신 아버지 하나님, 천지의 창조주를 믿습니다.

나는 그의 유일하신 아들, 우리 주 예수 그리스도를 믿습니다.

그는 성령으로 잉태되어 동정녀 마리아에게서 나시고,

본디오 빌라도에게 고난을 받아 십자가에 못 박혀 죽으시고,

장사된 지 사흘 만에 죽은 자 가운데서 다시 살아나셨으며,

하늘에 오르시어 전능하신 아버지 하나님 우편에 앉아 계시다가,

거기로부터 살아있는 자와 죽은 자를 심판하러 오십니다.

나는 성령을 믿으며, 거룩한 공교회와 성도의 교제와

죄를 용서받는 것과 몸의 부활과 영생을 믿습니다. 아멘.

성부, 성자, 성령 삼위 하나님을 소개하는 조항들로 이루어진 사도신경이지만, 유독 성령에 관한 조항은 간략합니다. 반면 성자에 관한 내용은 '성육신, 수난, 죽음, 부활, 승천, 재림'에 이르기까지 큰 비중을 차지합니다. 성부에 관한 조항도 '하나님, 아버지, 전능한, 천지의 창조자'라는 중요 주제를 한 문장 안에 충실히 담아내고 있습니다. 하지만 성령에 대해서는 '나는 성령을 믿습니다'라고만 되어 있습니다. 단출한 성령론, 이것은 비단 사도신경만의 문제가 아닙니다. 325년에 공인된 니케아 신경은 성자에 관한 긴 조항 바로 뒤로, "그리고 성령을 (믿습니다)"라는 간결하다 못해 당혹스럽기까지 한 성령론으로 마무리됩니다. 381년에 채택된 니케아-콘스탄티노폴리스 신경에서야 성령을 '우리 주님이자 생명의 영, 성부에게서 나오신 완전한 하나님, 예언자를 통해 말씀하시는 분'으로 소개합니다.[1]

삼위일체 신앙을 내용과 뼈대로 만들어진 여러 고대신경에서 왜 성령론의 비중이 크지 않은지를 놓고 여러 해석이 가능합니다. 그런 설명들을 하나씩 살펴보는 것도 필요하겠지만, 그보다는 사도신경에서 '나는 성령을 믿습니다' 뒤에 '교회, 죄 용서, 부활, 영생' 같은 주제가 배치되어 있는 점을 눈여겨보는 것이 더 중요합니다. 우리는 삼위하나님을 믿듯이 교회나 영생을 믿지는 않습니다. 즉 사도신경에 포함된 믿음의 조항이라 해도 믿음의 성격은 다릅니다. 성부, 성자, 성령 삼위 하나님이 우리의 '인격적' 신앙의 대상이라면, 교회, 죄 용서, 부활, 영생에 관한 조항은 그리스도인의 존재와 운명에 '관한' 믿음입니다. 우리가 이러한 조항을 믿을 수 있는 것은, 우리를 위한 성령의 존재와 활동을 '먼저' 믿기 때문입니다. 바르트는 사도신경이 전해 주는 성령론의 깊은 의미를 다음과 같이 말합니다.

> [사도신경의] 첫째 조항이 **하나님**에 관하여, 둘째 조항이 '**신-인**' Gottmensch에 관하여 말한다면, 이제 셋째 조항은 **인간**에 관하여 말한다. 물론 우리는 여기서 세 개의 조항들을 분리시켜서는 안 되며, 오히려 통일성 안에서 이해해야 한다. 셋째 조항은 하나님의 행동에 참여하는, 그것도 **능동적으로 참여**하는 인간에 관계된다. **인간이 사도신경에 속한다.** 바로 이것이 이제 우리가 입장^{入場}해야 할 전대미문의 비밀이다."[2]

삼위 하나님에 관한 신앙고백에 피조물 인간이 등장하게 된다는 이 놀라운 기적은 어떻게 가능할까요? 이는 성부의 '창조' 사역과 성자의 '화해' 사역을 전제로 성령께서 인간을 '거룩하게' 만드셔야 가능해집니다. 이러한 성령의 사역은 역사 속 특정한 '장소'에서 일어나게 되는 데 그곳은 바로 '성령의 전'인 교회입니다(고전 3:17, 엡 3:22). 우리가 사도신경에 나오는 죄 용서, 몸의 부활, 영생을 믿을 수 있는 것은 교회의 선포와 성례가 있기에 가능한 것입니다.

이러한 이유로 우리는 성령에 이어 곧바로 교회에 관한 조항이 나오는 사도신경의 구조에 주의를 기울일 필요가 있습니다. 신약성경을 보더라도, 부활하신 그리스도께서 선물로 주신 성령을 받은 제자들의 교제가 교회가 되었습니다. 그리스도의 영이신 성령은 교회의 영이시기도 합니다. 마치 몸을 가지지 않은 예수 그리스도를 상상할 수 없듯, 교회라는 사람들의 공동체 없이는 성령을 생각할 수 없습니다. 성령의 사역과 교회의 존재는 떼려야 뗄 수 없는 관계에 있기 때문에, 이 장에서는 **성령**에 관한 교리를 다루고, 그 후 사도신경을 따라 **거룩한 공교회와 성도의 교제**가 무엇인지 살펴보도록 하겠습니다.

"성령을 믿음"

구약성경에 따르면, 성령은 영원부터 계셨고, 태초의 창조 이래 역사 속에서 활동하시며, 특별히 예언자를 통해 말씀하셨습니다. 신약 시대에 성령은 예수 그리스도의 짧은 삶 속에서 강렬하게 현존하셨고, 부활하신 예수께서는 성령을 제자들의 공동체에 보내셨습니다. 공동체에 현존하시는 성령을 통해 제자들은 살아계신 그리스도를 경험했고, 이 땅에서 그리스도의 사역을 계속하는 데 필요한 은사를 받았습니다. 사도신경의 셋째 조항은 성경의 증언을 재료로 삼아 성령이 누구신지 설명하는 대신, 성령이 어떤 분이신지 아는 데 도움이 될 만한 중요한 문법 하나를 우리에게 알려 줍니다. "나는 성령을 믿습니다"(*Credo in Spiritum Sanctum*)에서 라틴어 *in*이 사용되고 있습니다. 하지만 "나는 교회를 믿습니다"(*Credo ecclesiam*)에는 *in*이 쓰이지 않습니다. 사도신경은 오직 삼위 하나님에 대한 믿음에만 *in*을 사용합니다. 그렇다면 전치사 *in*은 성령에 대한 믿음에 어떤 차이를 만들어 낼까요?

성경은 성령의 존재와 활동을 명확한 교리적 언어로 설명하지는 않습니다. 오히려 맥락에 따라 다양한 방식으로 성령을 묘사하곤 합니다. 그러다 보니 성령을 하나님과 피조물 사이를 오가는 천사나 비인격적인 생명의 원리인 것처럼 오해할 소지가 있습니다. 그런 점 때문에 1세기 이후 성령이 '성부로부터 나오시고, 성부와 성자와 더불어 예배와 영광을 받으시는' 하나님이심을 부정하는 이단이 교회사에 종종 등장하게 됩니다.[3] 하지만 사도신경은 "나는 성부 하나님을 믿습니다", "나는 우리 주 예수 그리스도를 믿습니다"에 이어 "나는 성령을 믿습니다"라고 말함으로써, 성령도 같은 '하나님'이자 '인격적'인 분이심을 알려 줍니다. 폰 발타사르는 사도신경 셋째 조항의 의미를 다음과 같이 정리합니다.

> '나는 성령을 믿는다'*credo in spiritum*는 표현에서 라틴어 전치사 '*in*'은 목적 자체로, 최종적으로 그분을 향한 믿음을 말한다. 이 말은 성령의 거룩함과 구원의 신비에 나 자신을 맡긴다는 의미이다. 비인격적인 것은 하느님 안에 존재할 수 없다. 따라서 우리 안에 일종의 비인격적 권능이 아니시면서(성령), 또한 아버지와 아들과는 다른(요 14:16) 분이 작용하신다.[4]

우리가 믿는 것들에 대하여

그렇다면 영원한 삼위일체의 한 인격으로서 성령은 어떤 분이실까요? 앞서 '하나님은 사랑이시다'(요일 4:8)라는 문장으로부터 성부와 성자를 사랑하고 사랑받는 분으로, 성령을 둘 사이의 '사랑의 끈'으로 설명했던 아우구스티누스의 삼위일체론을 소개했습니다. 두 구분되는 인격, 또는 두 대조적인 정체성을 사랑으로 연결하는 성령의 역할은 그리스도교 신앙 전체를 관통하는 매우 중요한 주제입니다. 그런 맥락에서 성부, 성자, 성령 하나님의 영원한 관계뿐 아니라, 삼위 하나님이 역사 속에서 맺으시는 다양한 관계도, 사랑의 끈으로서 성령의 역할이라는 관점에서 접근할 필요가 있습니다. 영원한 성부와 성자 사이의 충만한 사랑, 하늘에 계신 아버지와 땅에 있는 나사렛 예수 사이의 친밀한 교제, 동정녀에게 태어나신 분 안에서의 신성과 인성의 결합, 성찬에서 그리스도의 빵과 포도주로의 임재, 성도의 교제인 교회에 그리스도의 현존, 공동체 안에서 나와 너의 연합 등을 실제로 가능하게 하시는 힘이 성령입니다. 이 모든 주제 속에는 두 구분되는 실재와 함께, 두 실재의 근원적 차이를 넘어 연합을 일으키는 사랑의 작용으로서 성령이 있습니다. 신학적으로 조금 더 자세히 설명해 보도록 하겠습니다.

전능한 성부 하나님이 세상을 창조하실 때 성자뿐 아니라 성령도 함께 계셨습니다. 영원한 **성부**는 성자와 성령에게 자신의 신성을 조건 없이 선사하십니다. 이러한 삼위일체적 관계를 니케아 신경은 **성자**는 성부로부터 '태어나시고,'begotten **성령**은 성부로부터 '나오셨다'proceed라고 표현합니다. **성부**는 성자와 성령과 함께 세상을 사랑의 대상으로 창조하시고, 무無에 불과했던 하늘과 땅 및 그 안의 모든 것에 존재를 선물로 주십니다. 그리고 **성자**는 성령 안에서 감사와 찬미로 자신과 함께 인류를 선물로 드림으로써 **성부**를 영화롭게 하십니다. **성령**은 창조의 영으로서 성부께서 성자로 말미암아 만드신 창조 안에서 활동하시며 창조세계에 생명을 주시고, 구원의 영으로서 창조를 거룩하게 하심으로 하나님의 영광을 온 천하에 드러내십니다(시 33:6; 104:30, 욥 26:13; 33:4, 골 1:16).

성령은 성부와 성자 '사이'의 사랑으로서, 창조 세계에서도 사랑의 불꽃으로 작용하시며 모든 피조물 사이의 '차이' 속에서 활동하십니다. 일상에서도 두 존재 사이의 거리가 무시되거나 과장되거나 폭력으로 변질되지 않으려면 '사랑'이 있어야 합니다. 역으로 사랑이 있으려면 사랑하는 자와 사랑받는 자 사이에 '간격'이 있어야 합니다. 성부와 성자의 영원한 '차이'로부터 사랑의 교제이신 성령이 나오시듯, 성부와 성자와 함께 성령께서 만드신 세상에는 "모든 사랑이 다함이 없도록 하는 피조물의 차이"[5]가 있습니다. 그렇기에 성령 안에서 각 피조물 사이의 차이는 다름을 무조건 절대화하는 상대주의로 이어지거나, 나와 다른 타자에 대한 배제를 정당화하는 기제로 작동하지 않습니다. 이러한 '차이'는 삼위 하나님의 영원한 계획 속에 포함되어 있기에, 성령 충만한 사람이야말로 온 세상의 다원성을 진실하게 경축할 수 있습니다. 20세기 후반 삼위일체론 신학 발전에 큰 공헌을 남긴 콜린 건턴Colin Gunton, 1941-2003은 성령을 다음과 같이 설명합니다.

> 성령이 예수를 자유롭게 해 자신으로 존재하게 하는 것처럼, "그리스도 안에" 있는 자들, 곧 그리스도의 백성의 공동체 안에 있는 자들에게도 역시 그렇게 한다.……해방시키는 타자로서 성령은 **타**

자성을 존중하고 그렇게 해서 그가 선택하는 자들의 **개별성을 존중**한다. 바로 이것 때문에 바울이 예를 들어 고린도전서 12장에서 다양한 은사들의 특징을 설명하는 것은 공동체 안에 있다는 것에 대한 우리의 이해에서 중요한 역할을 하는데, 균일성이 아니라 풍부함과 다양성을 암시하기 때문이다.……성령 하나님은 균일성이 아니라 **자율성의 원천**인데, 왜냐하면 성령의 행위에 의해 인간들이 자신들의 독특함과 개별적 관계성의 조직들 안에서 구성되기 때문이다.[6]

이와 같이 하나님의 창조를 철저히 삼위일체론적으로 접근할 때 실재에 대한 균형 잡힌 관점을 가질 수 있습니다. 가시적 세계는 말씀*Logos*이신 '성자'를 통해 만들어졌기에, 그 이면에는 신적 질서와 통일성이 있습니다. 하지만 동시에 온 세계는 사랑*Agape*이신 '성령'으로 인해 환원 불가능한 개성과 고유의 아름다움으로 가득합니다. 삼위 하나님의 각 인격이 구분되지만 분리되지 않듯, 창조 세계 역시 통일성과 다원성이라는 양극 사이에서 어느 한쪽으로 치우치지 않습니다.

통일성 속의 다원성, 다원성 속의 통일성은 '그리스도의 몸'이자 '성령의 전'인 교회에서도 두드러지게 나타납니다. 교회의 머리이신 그리스도는 역사 속에 등장한 수많은 교회의 하나됨의 근원이십니다. 그리스도의 '한 몸'을 이루는 교회는 성령 충만 가운데 시대별, 지역별로 '여러 모습'으로 존재해 왔습니다. 게다가 성령의 은사로 인해 공동체 내적으로도 '복잡성'을 가지고 있습니다. 이러한 교회의 이중적 모습을 잘 보여주는 장면은 그리스도의 승천 이후 이루어진 오순절 성령강림 사건입니다.

> 오순절 날이 이미 이르매 그들이 **다같이** 한 곳에 모였더니 홀연히
> 하늘로부터 급하고 강한 바람 같은 소리가 있어 그들이 앉은 온 집
> 에 가득하며 마치 불의 혀처럼 갈라지는 것들이 그들에게 보여 **각**
> **사람 위에** 하나씩 임하여 있더니 그들이 다 **성령의 충만함**을 받고
> 성령이 말하게 하심을 따라 **다른 언어들로 말하기**를 시작하니라. 그
> 때에 경건한 유대인들이 **천하 각국**으로부터 와서 **예루살렘**에 머물
> 러 있더니 이 소리가 나매 큰 무리가 모여 **각각 자기의 방언**으로 제
> 자들이 말하는 것을 듣고 소동하여 다 놀라 신기하게 여겨 이르되
> 보라, 이 말하는 사람들이 다 갈릴리 사람이 아니냐. 우리가 우리 각
> 사람이 난 곳 방언으로 듣게 되는 것이 어찌 됨이냐(행 2:1-8).

예수께서 약속하신 대로 낙담한 제자들에게 성령이 오셨고, 그리스도
를 주님으로 고백하는 공동체가 탄생했습니다. 이 장면을 보도하는 사
도행전 본문에는 '다양성과 통일성'의 대조가 계속해서 나타납니다.
특별히 로마 제국에서 사용하는 라틴어나 그리스어 같은 보편적 공용
어가 아닌 각기 다른 지역 언어를 말하는데도 성령으로 인해 의미가
서로 통하게 됩니다. 바벨탑 사건으로 인간의 언어가 분화되며 오해
와 분열이 생겨 곳곳으로 흩어졌다면(창 11:1-9 참고), 오순절 성령께
서는 타락한 인류의 상징 같았던 소통의 실패를 획일적 통일성이라는
쉽지만 폭력적인 해결책 대신, 다원성 속의 통일성이라는 전혀 예기치
않은 방식으로 극복하시며 인류사의 새로운 단계를 여셨습니다.

우리가 믿는 것들에 대하여

그리스도의 십자가를 통한 화해 사역에 이어 성령이 오심으로써, 오랫동안 분열되었던 인류가 그리스도 안에서 다시 하나 되는 기적이 1세기 역사 속을 뚫고 들어왔습니다. 하지만 그 하나됨은 성령을 통해 각자의 개성을 가지고 참 자유인이 된 사람들로 형성된 공동체의 하나됨입니다. 이 지점에서 중요한 질문이 떠오르지 않을 수 없습니다. 그렇다면 제자들에게 찾아오신 성령은 누구시기에 이렇게 놀라운 일을 일으키실 수 있었을까요?

교회에 현존하는 그리스도의 영

부활하신 그리스도께서 선물로 주신 성령에 대해 이야기할 때, 영원부터 성령과 친밀하신 성자가 성육신하고도 계속해서 성령과 '친밀하고 특별한' 관계를 맺으셨다는 사실은 중요한 출발점이 됩니다. 복음서를 보면 성령은 예수 그리스도의 탄생에서부터 부활에까지 매우 강렬하게 현존하십니다. 예수께서는 성령으로 잉태되셨고(마 1:18), 세례 때 하늘에서 성령이 내려오심을 체험하셨으며(마 3:16), 성령에 이끌리어 광야에서 시험받으셨고(마 4:1), 성령에 충만하여 말씀을 선포하고 성부께 감사기도를 하셨으며(눅 4:14-21; 10:21), 성령에 힘입어 마귀를 쫓아내셨습니다(마 12:28). 제자들에게는 성령을 받을 것을 예고하시고(요 15:26), 부활하신 후 제자들에게 성령을 내쉬셨습니다(요 20:22). 이로써 성자와 성령 사이의 고유한 관계가 제자들의 공동체인 교회로까지 확장되는 기적이 일어났습니다.

성령은 태초에 하늘과 땅이 창조될 때부터 역사 속에서 활동하셨으며, 그리스도의 부활을 계기로 교회 안에서 그리고 교회를 통해서 활동하십니다. 그렇기에 우리에게는 교회 안팎에서 활동하시는 한분 성령의 구분된 사역을 왜곡 없이 이해할 수 있는 관점이 필요합니다. 구약성경에 등장하는 왕이나 예언자에게 성령이 임하신 방식과 비슷하게, 부활 이전에는 하나님의 선택을 받은 '일부' 사람만이 '일시적으로' 성령 충만했습니다(눅 1:41; 1:67; 2:25). 예수를 따랐지만 부활 이전에는 제자들도 성령을 받지는 못했으며(요 7:39), 부활 이후에야 예수께서 제자들의 공동체에 성령을 주셨습니다. 상황에 따라 몇몇 개인에게 성령이 임하시던 것과 다르게, 부활을 계기로 성령은 그리스도의 몸인 교회에 거하시게 됩니다(엡 2:22). 그렇다면 예수 그리스도의 부활이 무엇이기에, 성령이 현존하는 방식에 이토록 큰 차이가 생겼을까요?

　　부활의 메시지는 단순합니다. 하나님께서 죽음에서 예수 그리스도를 일으키셨습니다(행 13:33-34, 고전 15:4). 물론, 하나님의 영이 죽은 자를 일으키는 것은 구약의 예언서에서부터 발견되는 중요한 신학적 주제입니다. 이러한 성령론적 배경으로부터 바울은 예수 그리스도의 부활과 이후 종말에 있을 부활의 관계를 설명합니다.

　　주 여호와께서 이 뼈들에게 이같이 말씀하시기를 내가 **생기**를 너희에게 들어가게 하리니 너희가 **살아나리라**(겔 37:5).
　　예수를 죽은 자 가운데서 **살리신 이의 영**이 너희 안에 거하시면 그리스도 예수를 죽은 자 가운데서 살리신 이가 너희 안에 거하시는 **그의 영으로 말미암아** 너희 죽을 몸도 **살리시리라**(롬 8:11).

부활하신 예수께서 제자들에게 성령을 내쉬기 전, **성령**은 **성부**께서 성육신한 **성자**를 죽음에서 '깨워 일으키는 힘'awakening power 으로 역사 속에 등장하셨습니다. 그 전대미문의 놀라운 힘은 1세기 팔레스타인에서만 일회적으로 등장하고 사라진 것이 아닙니다. 바울이 말했듯, 성령은 그리스도를 죽음에서 깨워 일어나게 하실 뿐 아니라, 이미 죽은 자들과 장차 죽을 자들을 살아나게 하실 힘으로도 작용하십니다.

하나님의 '깨워 일으키는 힘'이신 성령은 그리스도의 부활과 마지막 때 부활 사이의 역사에서 특별한 방식으로 활동하십니다. 제자들이 부활하신 그리스도께 성령을 받았다고 영생 불사의 능력이 생겨 죽지 않았다거나, 그리스도처럼 하늘로 올라간 것은 아닙니다. 그들도 다른 사람들처럼 죽었고, 생기를 잃은 그들의 몸은 매장된 후 썩었습니다. 그러나 그리스도를 죽은 자들 가운데서 깨워 일으키신 성령이 제자들에게 주어지자 역사의 암흑 가운데서 '그리스도의 몸인 교회'가 깨어 일어났습니다. 부활의 영이신 성령은 교회를 언제나 늘 새롭게 깨우시고, 죽을 운명의 인간들을 일으키셔서 삼위일체의 생명 속으로 부르십니다.[7] 1세기 팔레스타인에서 일어났던 십자가와 부활 사건이지만, 구원의 효력은 성령을 통해 시간과 공간의 제약을 넘어서게 됩니다. 이러한 성령의 역할을 로호만은 다음과 같이 설명합니다.

> 압도적인 **영의 현재**는 신약성서에서는 아주 분명하게 **주님의 현재**로서 파악된다. 이러한 관련성에서 "주님은 영이시다"라는 명제도 그리스도의 현재에 대한 고백으로서 이해될 수 있다. 떠나간 분은 영 안에서 가까이 계시고, 하늘에 계신 분은 영 안에서 지상에 현존한다. 오신 자와 오실 자는 이미 영 안에서 현재한다. 그는 **교회 안**

에서도 현재한다.[8]

성령은 교회 안에 그리스도를 '현재화'하시고, 교회가 그리스도에 '참여'하게 하십니다. 죽음에서 깨어 일어나신 주님은 교회에서 성령의 강력한 현존을 통해 '지금 여기' 구체적 삶의 정황 속에 살아 계시며 우리와 인격적으로 만나 주십니다. 그리스도가 영으로 현존하시는 곳인 교회는 그 자체의 목표와 지향에 따라 움직이는 것이 아니라, 하나님과 세상을 화해케 하신 성육신한 아들의 사역을 자신의 존재와 활동의 핵심으로 삼게 됩니다. 그렇게 해서 교회는 삼위 하나님의 온 세상을 향한 관심을 나누고, 이 땅을 향한 성자의 파송*missio*에 성령의 능력으로 참여하는 선교적*missional* 공동체가 됩니다. 다소 복잡한 내용을 포함한 논의이기에, 전후 맥락을 살려 다음과 같이 정리해 보았습니다.[9]

- 삼위일체의 **영원한** 관계: 영원부터 성부와 성자는 사랑의 친교를 나누시고, 성령은 사랑의 끈으로서 삼위일체 안에서 성부와 성자를 연결하신다.
- 삼위일체의 **역사 속의** 활동: 성부는 성자를 세상으로 파송하시고, 성령은 사랑의 끈으로서 영원한 성부와 성육신하신 성자를 연결하신다. 우리를 위해 돌아가신 예수 그리스도를 성부께서는 성령으로 깨워 일으키시고, 부활한 그리스도는 제자들에게 성령을 선물하신다.
- 삼위일체와 **교회**: 부활의 영이 죽음의 세력 아래 있던 제자들로부터 일으켜 세운 교회에 그리스도는 영으로 현존하신다. 성령을

우리가 믿는 것들에 대하여

통해 교회는 그리스도의 사역을 역사 속에 현재화한다. 성령의 능력 안에서 교회는 세상으로 파송된 성자의 사역에 참여함으로 써, 하나님 나라의 선교를 위한 공동체가 된다.

여기서는 독자의 이해를 돕고자 삼위 하나님의 내적 사역에서부터, 역사적 활동을 거쳐, 교회와의 관계에 이르기까지 단계를 셋으로 구분했습니다. 하지만 사실 각 단계는 성부, 성자, 성령 하나님의 분리되지 않는 하나의 활동입니다. 그렇기에 교회의 존재와 사역은 그저 삼위일체론 뒤에 덧붙여진 구원받은 인간에 관한 교리로 다루어서는 안 됩니다. 교회를 올바르게 이해하려면 그리스도론적이면서 성령론적으로 교회의 기초와 본성과 사역에 접근해야 합니다.

교회를 통해 활동하는 새 창조의 영

고대 이스라엘의 역사 속에서 형성된 구약성경은 태초에 하나님의 창조가 있었다고 말합니다. 그렇기에 아브라함 유일신론이라 불리는 유대교, 그리스도교, 이슬람교 모두 창조 교리를 매우 중요하게 다룹니다. 그런데 유독 신약성경에만 나오는 특별한 가르침이 있습니다. 그것은 하나님의 아들인 예수 그리스도의 부활과 함께 도래한 하나님의 **새 창조**입니다(고후 4:6, 5:17). 부활하신 그리스도의 영이신 성령의 '깨워 일으키는 힘'을 통해, 그리스도인은 지금 여기서 죄와 죽음의 위협이 무력화된 새 창조의 실재에 참여하게 됩니다(롬 8:1-2, 골 2:12-15). 더 나아가, 타락 이전의 아담도 누리지 못했던 영원한 아버지와 아들 사이의 교제에 성령을 통해 참여하게 되는 은혜를 받습니다.

하지만 이전에 없던 새로운 역사를 열기 위해 하나님의 아들은 수난받고 죽어야만 했습니다. 십자가형이 다가오던 그 위험한 밤, 병사들에게 잡히기 전 예수 그리스도는 이렇게 기도하셨습니다.

> 아버지여, 아버지께서 내 안에, 내가 아버지 안에 있는 것 같이 **그들도 다 하나가 되어 우리 안**에 있게 하사 **세상으로 아버지께서 나를 보내신 것**을 믿게 하옵소서. 내게 주신 영광을 내가 그들에게 주었사오니 이는 **우리가 하나**가 된 것 같이 **그들도 하나**가 되게 하려 함이니이다(요 17:21-22).

물론 우리가 살아가는 현실은 '아직은 완전히' 구속받지 못한 채 타락한 옛 창조의 퇴색한 흔적을 여전히 지니고 있습니다. 그러나 종말의 때에 충만하게 누리게 될 새 창조의 실재는 성령의 능력 안에서 인류의 삶 속에 이미 들어와 있습니다. 부활하신 그리스도는 자신의 영을 아름다운 자연환경이나 전체 인류가 아닌, 선택된 제자들의 공동체에 불어넣으셨습니다(요 20:21-22). 따라서 '옛 창조의 시공간' 속에서 '새 창조의 생명'을 살아가는 그리스도인의 이중적 정체성은, 성령이 현존하시는 교회라는 구체적이며 물성을 갖춘 선택된 공동체와 무관한 것으로 생각할 수 없습니다.

역사의 특정 시점에 예수께서 성취하신 구원은, 성령께서 교회를 통해 각 개인을 부르시면서 구체적 시공간에서 현실화됩니다. 그리스도의 영이 현존하는 교회의 존재와 사역을 통해, 그리스도인은 부활과 함께 역사에 들어온 새 창조의 실재와 함께 살아가게 됩니다. 우리는 교회의 선포를 통해 지금 여기서 말씀하시는 하나님을 만나게 되고, 교회의 성례를 통해 그리스도의 생명에 참여하게 됩니다. 성령께서는 교회가 이 땅에서 하나님 나라의 평화와 정의를 가리키는 기호 역할을 하도록 은사를 주셔서 교회로 하여금 올바른 직제와 질서를 세우게 하시며, 시대적 상황에 유연하고 예민하게 반응할 수 있게 하십니다.

물론 혹자는 이런 신학적 설명은 갈등과 혼란과 실패로 점철된 교회의 실제 모습을 제대로 반영하지 못하는 이상주의라고 지적할지 모르겠습니다. 현실의 교회를 보면 이 교회가 하나님께 특별히 선택받은 공동체라는 사실이 도저히 믿기지 않을 때가 많습니다. 오히려 그 이해하기 어렵다는 삼위일체 교리를 믿는 것이 더 쉬울지도 모릅니다. 하지만 성경에서 말하는 하나님은 인간적 관점에서 미련해 보일 정도로 죄인들이 모인 실수투성이 공동체를 통해 큰 계획을 이루시려 합니다. 하나님께서 무에서 온 세상을 창조하신 것처럼 믿음이 없는 곳에서 성령은 신자들의 공동체인 교회를 창조하십니다. 그리고 성령의 능력 안에 있는 교회의 사역을 통해 그리스도인이 탄생하고 자라납니다. 이러한 이유로 초기교회 이래 여성의 출산과 양육 이미지를 통해 교회를 설명해 오곤 했습니다.[10] 특히 북아프리카 출신의 카르타고의 키프리아누스Thaschus Caecilius Cyprianus, 258 순교가 사용한 '어머니' 은유는 이후 교회론에 큰 영향을 끼치게 됩니다.

교회의 자궁으로부터 우리는 태어났고, 교회의 젖을 먹고 양육되며, 교회의 숨결을 호흡하며 소생한다. 그리스도의 신부는 간음자가 될 수 없다. 그 신부는 더럽혀지지 않으며 순결하다.……하나님을 위하여 우리를 지키고 그녀가 낳은 아들들을 왕국(하나님의 나라)을 위하여 보증하는 것도 바로 그 신부이다. 만일 당신이 교회를 버리고 간음에 가담한다면, 당신은 교회의 약속들로부터 끊어지게 된다.……만일 당신이 **교회를 당신의 어머니로** 가지지 못한다면, **당신은 하나님을 아버지로 가질 수 없다.**[11]

사실 키프리아누스는 교회의 단일성은 인간이 만든 것이 아니라 위로부터 온 것이기에, 어떤 이유로도 교회의 분열은 정당화될 수 없다는 맥락에서 어머니 이미지를 제시합니다. 그가 그리스도인의 탄생과 어머니 은유를 연결시킨 본래 의도는 '교회 밖에는 구원이 없다'*extra ecclesiam nulla salus*는 그의 유명한 말과도 관련이 있습니다. 하지만 이 은유는 본래의 의도를 넘어서 교회를 떠올릴 때마다 그리스도인의 마음에 어머니라는 단어를 함께 떠올리게 하는 특별한 효과가 있습니다. 이후 그리스도교 역사에서 어머니 은유는 교회가 그리스도인의 성숙과 관련해서 수행하게 되는 여러 기능과 역할을 논할 때 다양한 방식으로 적용되었습니다.

물론 '어머니로서 교회'에는 고대 사회의 여성상이 지나치게 투영된 측면이 있습니다. 하지만 이런 한계에도 불구하고 모성적 심상이 만들어 내는 그리스도교 신앙의 특별함이 있습니다. 종교학에서 종교의 성립 요소 중 하나로 흔히 '신도 조직체'를 이야기합니다.[12] 하지만 그리스도교의 교회는 단지 성도가 모여 예배하고, 교제하고, 교리를 배우고, 가르침만 실천하는 데 그치는 공동체가 아닙니다. 그저 상징적 의례를 통해 초월적 실재를 경험하는 성스러운 곳만도 아닙니다.

무엇보다 교회는 자신을 타자에게 선물로 주시는self-giving 삼위 하나님의 존재와 활동에 뿌리박고 있습니다. 그렇기에 초기교회 신학자들은 생명을 수여하는 존재인 '어머니' 이미지를 교회에 부여하는 데 전혀 주저함이 없었습니다. 이처럼 교회 없이 세상을 창조하신 전능하신 하나님은, 탈 많고 말 많은 교회 없이는 세상을 완성하지 않으실 것입니다. 여기서 유대인에게는 걸림돌이고 이방인에게는 미련한 것(고전 1:23)인 복음이 담고 있는 급진적 '공동체주의'를 만날 수 있습니다.

하지만 좋은 의도가 담겨져 있다고 해도 교회와 그리스도인의 관계를 이해하는 데 모성과 양육이라는 이미지에 지나치게 의존하는 것도 경계해야 합니다. 하나님을 '아버지'라고 부를 때 때로는 아버지에 대한 개인의 부정적 경험이 왜곡된 신 이미지를 만들어 내기도 하듯, '어머니'와의 원경험이 어떤 사람에게는 긍정적이지 못할 수도 있습니다. 또한 성인이 된 자녀가 부모의 보호에서 벗어나 자신의 삶을 살아가며 성숙해 가듯, 아무리 교회가 중요하다 해도 교회에 머무는 것 자체가 목적이 되어서는 안 됩니다. 교회의 존재는 언제나 이 세상을 사랑하셔서 성자를 '세상으로' 보내신 하나님의 파송이라는 더 큰 배경 속에서 이해되어야 합니다. 요한복음 20:21-22에서도 부활하신 예수께서 제자들에게 성령을 불어넣으며 교회를 잉태하시기 전에, "아버지께서 나를 보내신 것 같이 나도 너희를 보내노라"고 말씀하셨습니다.

오늘날 교회는 독일의 신학자 디트리히 본회퍼Dietrich Bonhoeffer, 1906-1945의 유명한 표현을 빌리자면 '성인이 된 세계'die mündig gewordenen Welt에 속해 있습니다. 그리스도인은 이에 걸맞게 세속에서 성숙한 태도와 책임감 있는 활동을 요구받고 있습니다. 교회는 변화하는 현실에 민감하게 반응하면서도, 세상과 화해하고자 하는 하나님의 영원한 뜻에 비추어 자신의 존재와 사명을 늘 새롭게 고민해야 합니다. 그렇기에 교회는 역사라는 복잡하면서 유동적인 장에 속해 있으면서도, 공동체의 교제를 통해 우리를 그리스도의 형상으로 다채롭게 빚어 가는 성령의 '반복되지만 늘 새로운' 역할에 주목할 수 있어야 합니다. 새 창조의 영이신 성령은 교회가 옛 영광이나 현실의 실용성에 자신을 가두지 않고, 다가오는 하나님의 미래를 향해 자신을 믿음과 소망과 사랑 안에서 개방하게 하십니다. "바람이 임의로 불매 네가 그 소리는 들어도 어디서 와서 어디로 가는지 알지 못하나니 성령으로 난 사람도 다 그러하니라"(요 3:8). 그렇다면 고대교회의 신앙고백은 변화된 시대를 살아가는 우리에게 어떤 교회론적 통찰을 줄 수 있을까요? 이제부터 그리스도의 몸이자 성령의 전인 교회를 사도신경이 어떤 식으로 소개하는지를 차례차례 살펴보도록 하겠습니다.

"거룩한 공교회"

4세기에 활동했던 수사학자이자 철학자 마리우스 빅토리누스Marinus Victorinus, 약 290-364는 당시 로마 사회에서 큰 존경을 받는 학자이자 교사였습니다.[13] 로마의 대표 지성인으로 활동하며 원로원에 여러 제자를 두고 있던 만큼 그는 제국의 종교 의식에도 적극적으로 참여했습니다. 그러던 어느 날 그는 홀로 성경과 그리스도교 문헌을 꼼꼼히 읽던 중 마음속으로 자신이 그리스도교 신앙을 갖게 되었다는 것을 느꼈습니다. 그는 가까이 지냈던 사제 심플리키아누스에게 이 사실을 은밀히 털어놓았습니다. 하지만 심플리키아누스는 기뻐하기는커녕 자신이 빅토리누스를 '교회 안'에서 직접 보지 않는 이상 그의 말을 인정하지 않겠다고 했습니다. 이에 실망한 빅토리누스는 냉소적으로 대답했습니다. "그러면 교회의 벽이 그리스도인을 만드는 것인가?"[4] 하지만 빅토리누스가 대단한 사람인 것이, 그는 친구의 시큰둥한 반응에도 실망하거나 포기하지 않았습니다. 오히려 그는 신앙의 성숙을 위해 책을 읽고 묵상을 하는 데 보다 집중했습니다. 빅토리누스의 진지함과 꾸준함은 마침내 이전과는 다른 큰 차이를 만들어 냈습니다. 어느 날 그는 용기를 내서 심플리키아누스에게 교회에 함께 가자고 말했습니다. 그렇게 빅토리누스는 '교회의 벽' 안에서, 즉 성도들 앞에서 신앙고백을 하고 세례를 받게 되었습니다. 전언에 따르면, 당대 로마 사회의 많은 사람들이 이 영향력 있는 지성인의 공개적 회심에 놀랐다고 합니다.

빅토리누스의 이야기는 그리스도교 역사에서 계속되는 질문을 상징적으로 보여줍니다. '마음의 확신'이 그리스도인을 만드는가, 아니면 교회의 벽으로 상징되는 '공동체' 안으로 들어가야만 그리스도인이 되는가. 물론 '그리스도인이 되고 그리스도인으로서 살아가려면 둘 다 필요하다'가 정답이겠지만, 믿음과 교회 중 어느 것에 우선성을 두어야 하는가의 질문은 역사 속에서 끊이지 않았습니다. 혹자는 로마 가톨릭은 제도로서의 교회를, 개신교는 개인의 믿음을 더 우선한다고 말합니다. 하지만 이런 접근은 다른 두 신앙 전통의 차이를 지나치게 단순화할 위험이 있습니다. 어쩌면 이 둘을 분리하지 않고 함께 생각하고 이야기할 수 있는 지혜나 언어가 빈약해서 둘 사이의 적절한 관계에 대한 질문이 계속되는 것일 수도 있습니다. 그렇다면 사도신경은 오늘날 우리에게 교회에 대해 어떤 가르침을 줄 수 있을까요?

교회의 거룩함

공동체가 관념 속에서만이 아니라 현실에 실존하기 위해서는 정체성, 구성원, 공통의 관심사, 공유된 전통, 집단 기억 등이 요구됩니다. 이러한 필요 사항이 모이고 축적되면서 공동체를 다른 집단과 구분하는 '경계'가 형성됩니다. 공동체가 반복적으로 사용하는 여러 상징과 의례, 이야기, 제도, 규칙 등은 경계를 가시화하고 거기에 의미를 부여합니다. 공동체는 경계를 통해 고유한 자기 이해와 사명을 가집니다. 또한 경계를 통해 다른 공동체나 더 큰 사회를 마주함으로써 자기를 성찰하고, 자기만의 내적 세계에 안주하려는 유혹을 억제합니다. 하지만 경계가 공동체의 형성과 사명의 실현이라는 더 큰 목적을 위한다는 사실을 잊어버릴 때, 경계는 내부의 통일성과 안정을 지키려고 하는 열심과 결합됩니다. 그 결과, 경계는 타자와 상호 관계를 저지하거나 차단하는 견고한 담이 되어 버립니다. 심지어 인류 역사를 비극적으로 물들였던 갈등과 폭력 대부분이 공동체의 구분하는 경계를 이용하여 타자를 배척하고 혐오하고 악마화하면서 일어났음을 우리는 알고 있습니다.

사도신경은 교회를 **거룩한 공교회**라고 정의합니다. '거룩한'holy은 세상으로부터 교회의 구별됨을 상징적으로 압축하는 단어입니다. 잘 알려져 있듯, 구약성경에서 '거룩'은 다른 모든 것과 구별되는 한분 하나님의 속성입니다(출 15:11). 하나님께 특별한 '선택'을 받은 이스라엘은 그분이 거룩하신 것처럼 다른 공동체나 민족과 구별되어 거룩할 것을 요청받습니다(레 11:44, 출 19:6). 이 주제는 신약으로도 곧장 이어집니다. 그리스도의 부활과 함께 찾아온 새 창조 시대에 하나님께 특별한 '부르심'을 받은 그리스도인 공동체로서 교회 역시 다른 공동체와 구별되어 거룩할 것을 요청받습니다.

> 너희가 순종하는 자식처럼 전에 알지 못할 때에 따르던 너희 사욕을 본받지 말고 오직 너희를 부르신 거룩한 이처럼 너희도 모든 행실에 거룩한 자가 되라. 기록되었으되 **내가 거룩하니 너희도 거룩할지어다** 하셨느니라(벧전 1:14-16).

하지만 하나님과 피조물 사이의 질적 차이를 압축해 주는 단어인 '거룩'을, 하나님의 선택받은 공동체를 세상과 구분되게 하는 '거룩'과 혼동해서는 안 됩니다. 이스라엘의 선별됨을 강조하는 모세오경에서 이스라엘은 자신의 배경이나 세력, 성취 때문이 아니라, 하나님의 무조건적 선택의 결과로서 '파생적' 거룩함을 얻습니다. 즉 이스라엘의 거룩함은 본래적인 것이 아니라, 역사 속에서 이스라엘의 사명을 위해 주어진 것입니다.

마찬가지로, 교회 역시 다른 세속 공동체보다 본성상 성스럽거나 의로워서가 아니라, 거룩하신 하나님의 역사 속에서 그분의 활동에 참여하도록 부름을 받았기에 거룩한 것입니다. 선택된 공동체의 거룩함은 온 세상 역시 하나님께서 만드시고 다스리시고 사랑하시는 대상(요 3:16)이라는 더 큰 배경 속에서 이해해야 합니다. 이스라엘은 은혜의 선택을 그들의 배타적 소유로 여겼을 때 하나님으로부터 멀어졌고 심판을 경고받았습니다. 이와 같이 '땅의 모든 민족'이 복을 받게 하시려는 하나님의 계획(창 12:3) 혹은 '모든 사람'에게 구원을 주시려는 하나님의 은혜(딛 2:11)와 분리된 추상적 '거룩'은, 교회와 세상 사이의 적절한 경계가 되기는커녕 교회의 공동체성을 안팎으로 위협할 수 있습니다.

교회의 보편성

사도신경은 하나님께서 원하시는 거룩한 공동체를 **공교회**(또는 **공회**)라고 부르면서, 교회의 보편성을 신앙의 상상력과 언어에 독특한 방식으로 새겨 넣어 줍니다. '공'公으로 번역된 그리스어 단어 *katolikos*(라틴어로는 *catholicus*)는 '모든 것을 포함하는', 또는 '보편적인'이란 뜻입니다.[15] 한국 가톨릭교회는 개신교인에게 익숙한 '거룩한 공교회'라는 단어 대신 '보편된 교회'라는 번역어를 사용합니다. 영어로 번역된 개신교 사도신경에서는 로마 가톨릭과 구분하기 위해 catholic church 대신 보편이라는 뜻이 더 분명한 universal church를 사용하거나, 교파를 뛰어넘는 Christian church라는 표현을 쓰기도 합니다. 이처럼 교회는 그리스도 한분을 머리로 두고 있는 하나의 몸이기에(엡 1:23), 다양한 사람이 모인 여러 지역 공동체로 존재하더라도 궁극적으로는 '하나'의 공동체입니다. 여기에 우리가 일상적으로 사고하는 방식으로는 이해하기 힘든 교회의 신비가 있습니다. 눈에 보이는 수많은 지역 교회가 참 교회인 동시에 전 세계 교회가 하나의 공교회를 이룹니다. 각 개인이 그리스도 안에서 연대를 하듯, 교회는 여러 지역의 공동체가 함께 이루는 그리스도의 한 몸입니다.

공교회라는 한자어가 풍기는 어감으로는 잘 파악하기 힘들지만, 교회가 보편적이라는 신앙고백은 교회의 '가르침'이 보편적이라는 뜻도 포함합니다. 이는 계몽주의 철학자들이 추구하던 지식의 '보편타당함'과는 달리, 교회가 죄인의 구원과 그리스도인의 삶에 필요한 '모든 것'을 가르치고, 또한 그 가르침이 시공간의 한계를 넘어서 '누구에게나' 전달된다는 데서 생기는 보편성입니다. 그렇기에 공교회에 관한 신앙은 여러 지역 교회들이 그리스도의 한 몸을 이루고, 이단의 위협 속에서도 자신의 정체성을 지키며, 또 땅끝까지 주님의 복음을 전하는 데 중요한 배경이 되어 주었습니다. 일례로 4세기에 활동했던 신학자 예루살렘의 키릴로스는 그리스어 *katolikos*의 다채로운 의미를 다음과 같이 풀이합니다.

이렇게 교회는 '가톨릭'이라고 불리는데, 그 이유는 교회가 이 끝에서 저 끝까지 사람 사는 온 세상*oikoumene*에 두루 퍼져 있기 때문이고, 하늘에 있는 것이나 땅에 있는 것, 보이는 것과 관련해 사람들이 알아야 할 교리 전체*katholikos*를 하나도 남김없이 교회가 가르치기 때문이다.······그런데 '교회'라는 말은 여러 가지 의미를 지닌다. 에베소의 극장을 가득 채운 군중을 가리킬 수도 있고(행 19:41)······ 이교도들의 모임을 가리킬 수도 있다.······'교회'라는 말이 이처럼 다양한 뜻으로 사용되므로, '하나의 거룩하고 보편적인 교회'라는 신앙 조항을 여러분에게 제시하여 이단자들의 모임을 피하고, 여러분이 새롭게 태어난 곳이 거룩하고 보편적인 교회 안에 머물러 있을 수 있게 했다. 만일 여러분이 낯선 도시를 방문하게 된다면, 그저……"교회가 어디에 있습니까?"라고만 묻지 말라. 그와 달리 "가톨릭 교회가 어디에 있습니까?"라고 물으라. 이것이 우리 모두의 어머니이신 거룩한 교회를 부르는 고유한 이름이다.[16]

그리스도인의 공동체는 성령 안에서 포괄적 지평을 가진 거룩한 공교회이기에, 교회가 전하는 복음은 온 세상 모든 사람의 치유와 회복을 목표로 합니다. 유한한 인간의 목소리와 글을 통해 전달되는 서툴고 소박한 가르침일지라도, 교회의 선포는 남녀노소, 교육 수준, 사회적 계층, 인종과 국적을 넘어 모두에게 복음이어야 합니다. 이를 위해 초기교회는 다양한 문화와 복잡한 상황에 유연하게 반응하는 지혜를 발휘했습니다. 바울은 십자가와 부활의 의미를 그레코-로만 문명에 익숙한 사람들의 언어와 사고구조에 맞게 재해석했습니다. 사복음서의 저자도 아람어로 말씀하셨던 예수 그리스도의 가르침을 당시 널리 사용되던 토착 그리스어로 번역했습니다. 이렇게 각자의 상황과 고유한 언어에 맞게 복음의 메시지를 선포하면서 1세기 팔레스타인에서 시작된 예수 운동은 놀랍도록 빠르게 퍼져 나가며 다양한 문화 속에 뿌리 내렸습니다. 그런 의미에서 교회의 '보편성'은 그리스도교 신앙의 '번역능력'translatability라고도 할 수 있습니다.[17] 초기 그리스도인이 가졌던 진리에 대한 확신이 오히려 개방성과 유연함과 적응력으로 드러났다는 사실은, 교회의 보편성이 위협받는 오늘날 우리가 깊이 주목해 볼 필요가 있습니다.

이처럼 '거룩함'과 '보편성'은 공동체로서 교회가 지켜야 할 특권이나 고정된 본질, 배타적 소유물이 아닙니다. '거룩함'이 요구하는

'구분됨'과 '보편성'이 빚어낸 '개방성' 속에서, 교회는 세상을 향한 하나님의 뜻에 주의를 기울이게 되고 이를 현실화하는 선교적 공동체로 자신을 이해하게 됩니다. 교회의 거룩함과 보편성을 함께 고려할 때, 공동체로서 교회 안팎을 구분하는 경계는 배타적이거나 고정적인 장벽으로 정의되거나 기능할 수 없습니다. 그리스도의 부활을 통해 하나님께서 인류를 새 창조로 환영하셨듯, 그 경계는 세계와 마주한 교회가 세계를 환대하는 구체적이고 실질적인 장소가 되어야 합니다.

"성도가 서로 교통하는 것"

종교개혁 이후 개신교 교회론의 핵심에는 **성도의 교제**라는 공동체적 개념이 놓여 있습니다. 물론 교회는 그 안에서 말씀을 따라 '복음'이 올바르게 선포되고 '성례전'이 올바로 집전된다는 점에서 다른 공동체와는 구분됩니다.[18] 하지만 공동체로서 교회의 교회됨을 결정짓는 요소를 설교, 세례, 성찬에서만 찾으려 해서는 안 됩니다. 교회를 형성하는 본질에 대한 적절한 이해 없이 설교와 성례만 지나치게 강조하게 되면, 이것들은 하나님께서 교회에 맡기신 특별한 사역임에도 오히려 역기능 공동체를 만드는 데 일조할 수 있습니다. 설교와 세례와 성찬의 권위가 어디서 유래하는지에 대한 성찰이 부족할 때, 이런 사역을 수행하는 목회자에게 과도한 권력을 부여하게 되고, 그로 인해 공동체가 내홍을 겪게 되는 사례도 적지 않습니다. 또한 설교와 세례와 성찬과 같은 전례에 너무 집중한 나머지, 형식주의에 빠져 공동체의 역동성이 약화될 수도 있습니다. 그렇기에 사도신경의 *sanctorum* communio가 라틴어 문법상 '거룩한 것들의 나눔'과 '성도의 교제' 모두를 의미할 수 있음에도, 대부분의 교회가 '성도의 교제'라는 번역을 선호했다는 사실로부터 논의를 시작해 보겠습니다.[19]

성도의 교제와 교회

'설교'와 '성례'는 성도의 교제로서 교회의 핵심이 됩니다. 설교와 성례는 예수 그리스도의 가르침과 사역에 근거하며, 시공간의 간격을 뛰어넘어 그분과의 교제로 우리를 이끌어 줍니다. 성육신한 말씀이신 그리스도를 '말씀'으로 선포하고, 그리스도의 생명에 '세례'와 함께 접붙여지고, 우리에게 자신을 선물로 주시는 그리스도를 '성찬'을 통해 받아들임으로써, 교회는 공동체인 **성도의 교제**가 됩니다. 일례로 루터의 경우 사도신경에서 *sanctorum communio*를 해설하면서, *communio*를 '교제'*Gemeinschaft*라고 설명하면 사람들이 흔히 생각하는 '교제'와 구별이 되지 않을 것을 걱정했습니다. 그래서 그는 이 단어를 보다 교회론적 맥락에서 교제의 의미를 살려 '공동체'*Gemeinde*로 번역합니다.

> 나는 이 땅 위에 **거룩한 무리**와 **거룩한 공동체**가 있다는 것을 믿습니다. 성령은 이들을 한 믿음, 한뜻, 한 생각으로 인도하여 머리 되신 그리스도 아래로 모으셨습니다.……나는 이 공동체의 한 부분이고 지체이며, 모든 선한 것에 참여하고 기뻐합니다. 성령은 나를 교회로 보내셨습니다. 교회에서 나는 말씀을 들었고, 여전히 계속 듣고 있습니다. 이를 통해 나는 교회 **공동체와 한 몸**이 되었습니다.…… 성령은 종말이 이를 때까지 **거룩한 공동체**인 그리스도의 성도들과

함께하실 것입니다. 교회를 통해 성령은 우리를 휘감으시고, 말씀으로 인도하며 이끄십니다.[20]

이처럼 루터의 교회론의 핵심에는 '공동체'가 있습니다. 하지만 교회뿐 아니라 사실 모든 공동체가 관계를 통해 형성됩니다. 공동체에서 맺어진 관계의 질과 결이 그 공동체가 어떤 모임인지 결정하는 중요한 요인이 됩니다. 교회가 다른 공동체와 구별되는 특별한 이유는 성령을 통해 교회에 현존하시는 '그리스도'께서 사람과 사람 사이의 관계를 매개하시기 때문입니다.

　복음서를 보면 예수 그리스도는 길을 가다 제자들을 부르셨고, 제자들은 이에 응답함으로써 그들의 일상적 삶의 맥락으로부터 떨어져 나왔습니다. 그리스도와 제자들은 함께 하나님 나라의 꿈을 품은 공동체를 형성했습니다. 부활하고 승천하신 그리스도는 지금 여기 우리에게도 '나를 따르라'고 부르십니다. 세상의 화해자로서 그분은 생물학적 유대나 사회적 계약과는 전혀 다른 '사랑'이라는 방식으로 관계의 망을 재형성하십니다. '그리스도를 따름'으로써 기존에 속해 있던 왜곡된 관계의 구조에서 벗어날 때, '그리스도를 매개'로 한 새로운 관계성에 들어갈 수 있는 가능성이 열립니다. 이 주제를 본회퍼는 이렇게 말합니다. "[그리스도는] **사이의 중간**이 되려고 하신다.……그분은 나와 하나님 사이를 이으실 뿐만 아니라, 사람과 사람 사이, 사람과 현실 사이도 이으시는 **중보자**이시다."[21] 그리스도로 매개된 새로운 관계성 속에서 우리는 '나'뿐만이 아니라 '너'를 위해서도 십자가를 지신 그리스도를 통해 타자를 보는 습관을[22] 배우게 됩니다. 이로써 자기중심성을 가지고 다른 사람을 바라보고 판단하던 우리의 시선이 서서히 교정되고 치유됩니다. 루터식으로 표현하자면, '믿음'으로 하나님과 수직적 교제의 관계에 들어간 그리스도인은 생존을 위한 상호 관계를 넘어서는 이타적 '사랑'으로 타자와 수평적 교제의 관계에 들어서게 된 것입니다.[22] 그리스도께서 새롭게 창조하신 관계를 전제하지 않고 그리스도를 따름을 단순히 윤리적 실천의 차원으로 이해하면, 그리스도교 신앙은 도덕주의의 덫에 갇히게 됩니다.

하지만 솔직히 공동체라는 개념이 관념 속에서는 아름다울지 모르지만 현실 속에서는 그렇지 못한 경우가 많습니다. 교회 공동체라고 해도 예외는 아닙니다. 몸과 마음을 가진 인간이 모인 공동체를 운영하고 유지하는 데 어쩔 수 없이 따라붙는 행정과 권력, 재정, 기획, 인사, 소통의 문제가 공동의 생활을 쉽지 않게 합니다. 하지만 문제의 근본 이유는 공동체 이면에 있는 '사람 사이'의 관계라는 매우 섬세하고 때로는 취약하기까지 한 기반에 있습니다. 삶의 궤적이 다른 사람들이 모여 서로의 생각과 감정을 언어로 전달하고, 한정된 시공간에서 이해관계를 조율하며, 처음에는 어느 정도 비슷했던 각자의 생각과 가치관이 시간이 지나며 달라지는 과정에서 관계는 형성되기도, 발전되기도, 왜곡되기도, 부서지기도 합니다. 그런 의미에서 공동체를 이루는 '나와 너'의 관계성은 미화될 수도 없고 강요될 수도 없습니다. 오히려 인간의 관계는 '나'로서는 '너'를 어떠한 방식으로도 온전히 알 수 없다는 불투명성,[23] 그리고 '나'와 '너'의 다름과 차이는 절대 해소될 수 없다는 모순의 법칙 위에 세워집니다.[24] 우리가 공동체로 부름을 받았다는 것은 이러한 불투명성과 모순과 더불어 살아가는 법을 배우는 길

우리가 믿는 것들에 대하여

에 들어섰음을 의미합니다.

타자와 관계를 맺지 않고는 공동체가 형성될 수 없다는 사실, 하지만 타자는 내 앞에 계속 신비로 남아 있으리라는 사실은 공동의 삶의 역설적 원리입니다. 공동체는 자아에 몰두하던 시선을 타자에게 돌리는 '탈아적' 계기가 되지만, 동시에 타인에 대한 호기심과 뒷말로 무료함을 달래줄 '이기적' 쾌락을 제공하기도 합니다. 공동체가 품고 있는 두 대조되는 특성은 타자와 함께하는 삶 특유의 긴장과 가능성을 만들어 내기 마련입니다. 하지만 이때 죄는 교묘한 방식으로 공동체가 필연적으로 품고 있는 긴장을 인내하지 못하게 합니다. 달리 말하면, 죄는 관음증적 관심을 증대시켜 타자를 지배하려 하거나, 타자와의 근원적 관계성을 부정하며 자아의 골방에 스스로 갇히게 함으로써 공동체를 파괴합니다.

이러한 이유로 우리는, 죄에 공동체적 지평이 있다는 사실을 간과하려는 죄를 조심해야 합니다. 공동체를 위협하는 죄의 모습 중 두 가지를 간략히 언급하도록 하겠습니다. 첫째, 죄는 인간이 근원적으로 관계적이라는 사실을 은폐하고, 신앙을 공동체로부터 분리하려 합니다. 하지만 인간은 단지 세상에 홀로 던져진 존재가 아니라, 복잡다단한 상호교환으로 이뤄진 관계의 망 속에서 태어납니다. 인간의 생애가 자기가 요청하지도 깨닫지도 못한 '받아짐' 혹은 환대의 경험에서 시작함을 무시할 때, 자신의 삶을 오롯이 스스로 기획하고 만든다는 자기 파괴적 망상에 빠집니다. 지금 나의 현존이, 여러 사람의 삶의 여정이 씨줄과 날줄처럼 교차하며 짜놓은 망 위에서 지탱된다는 것을 인식하지 못하면, 사람됨의 의미도 배우지 못할뿐더러 공동의 삶을 통해 얻게 될 성숙의 기회도 놓쳐 버립니다.

둘째, 죄는 함께 삶을 나누고 유사한 가치를 공유하는 공동체의 일원일지라도 각자의 고유성은 존중받아야 한다는 사실을 흐려 버린다는 데 그 치명적 성격을 드러냅니다. 그리스도교 신앙은 본성상 공동체적 성격을 가지지만, '공통의 고백'에 기초한다고 해서 각자의 개성이 말소되어야 하는 것은 아닙니다. 앞서 살펴보았듯, 공동체에 현존하는 성령은 '다원성과 자율성'의 원천입니다. 공동체 속에서도 엄연히 존재하는 타자성을 무시하거나 압제하려 할 때, 공동체성이 파괴되면서 구성원의 개성을 무시하는 집단주의적 왜곡이 일어납니다. 심지어 각자의 자유를 자발적으로 혹은 강제로 포기하게 하는 전체주의적 경향이 생길 수도 있습니다. 그렇기에 그리스도 안에서 '하나됨'의 추구가 신앙의 이름으로 집단주의나 전체주의를 지지하는 기제로 오용되지 않도록 공동체가 늘 경계해야만 합니다.

교회의 본질로서 '성도의 교제'는 외따로 떨어진 섬과 같은 '개인'으로서의 신앙인은 존재하지 않는다는 것을 알려 줍니다. 또한 성도의 교제는 성령 안에서 각 개인의 개별화를 전제하는 만큼 집단의 이름으로 개인의 고유함을 뭉개 버리지도 않습니다. 성도는 그리스도를 매개로 주체와 타자 사이를 갈라놓는 시간과 공간, 언어와 문화, 성별과 세대 등의 가시적 차이를 초월하는 새로운 존재입니다. 더 나아가, 그리스도교 전통에서 '성도의 교제'는 단지 지금 나와 함께 신앙 생활하는 사람이 아니라, 이미 죽은 사람과 앞으로 태어날 사람을 아우르는 성도의 포괄적 사귐으로 이해되었다는 사실을 상기할 필요도 있습니다.[25] 예수 그리스도는 살아있는 자의 주님만이 아니라 죽은 자의 주님

　　　　　　　　　　　　우리가 믿는 것들에 대하여

이시기도 합니다. 그분의 몸인 교회는 죽음과 비존재라는 인간의 힘으로는 결코 무너트릴 수 없는 분리 장벽마저 넘어서는 종말론적 공동체입니다.

성찬의 교제와 교회

각 개인의 인격은 공동체라는 배경 속에서 관계적으로 형성되고, 반대로 공동체는 구성원의 고유성이 존중받을 때 번영합니다. 물론 개인과 공동체가 서로의 성숙을 위해 완벽한 조화를 이루는 장소나 시점을 역사 속에서는 경험하지 못할 것입니다. 하지만 이는 교회가 지향하면서 현실화해 나가는 종말론적 희망의 내용에 포함됩니다. 이와 같은 생각을 반영하듯, 현대 신학에서는 세 인격의 '구분됨' 속에서 사랑으로 '하나'를 이루신 삼위일체의 교제를 교회의 공동체적 모델로 보는 경향이 뚜렷합니다.[26]

하지만 종말론적 희망에 충분히 잠기지 못한 채 교회의 공동체성을 강조하다 보면 치명적인 위험에 빠질 수 있습니다. 이것은 사람들이 쉽게 빠지지만 잘 깨닫지 못하는 왜곡된 공동체성이기에, 어떤 의미에서는 우리 주위에서 더 자주 발견될 수 있습니다. 그것은 바로 '내부 패거리'inner ring화입니다. 관심사가 맞고 이야기가 잘 통하고 서로를 배려하는 사람들이 모여 교제를 오래 이어가다 보면, (이상적이라고까지는 자부는 못 하더라도) 스스로 건강하고 괜찮은 공동체를 이루었다고 생각하는 경향이 생깁니다. 하지만 자신들이 오랜 시간과 공을 들여 다듬어 놓은 관계를 소중히 여기다가, 부지불식간 외부인을 환영하지 못하고 은밀히 배제하게 되는 내부 패거리로 변질됩니다.[27] 개인에게 노골적인 억압과 폭력을 행사하는 집단주의나 전체주의와는 다르게, 내부 패거리는 대부분 착한 얼굴을 하고 있고 구성원이 공동체성을 향유하면서 선한 대의를 추구하고 있을 가능성도 크므로 교회가 더 빠지기 쉽고 더 빠져나오기 힘든 유혹이기도 합니다.

이 지점에서 성도의 교제를 형성하고 유지하고 완성하는 힘은 성령 안에서 나와 너를 매개하는 예수 그리스도로부터 나왔다는 기본적 사실을 다시 한번 상기할 필요가 있습니다. 구성원들의 공통된 목표나 관심사, 공동체성을 고취할 프로그램, 더 좋은 공동체를 만들려는 의지도 중요하지만, 이런 것들이 은혜의 문법을 전제하지 않는 상태로 추구되는 것을 경계해야 합니다. 이러한 맥락에서, 흔히 성도의 교제로 번역되는 *sanctorum communio*의 또 다른 뜻인 **'거룩한 것들의 나눔'**에 주목할 필요가 있습니다. 하나님께서는 우리에게 구원을 위한 '거룩한 것'^sancta을 선물로 주셨을 뿐만 아니라, 그것을 함께 나눔으로써 구원에 참여하라고 하십니다. 이러한 이유로 고대부터 (특히 그리스어를 사용하던) 교회에서는 *sanctorum communio*를 '성찬에의 참여'로도 이해했습니다. 성찬은 단지 교회에서 행해지는 의식이 아니라, 교회의 본질인 교제를 가능하게 하는 하나님의 은혜입니다. 현대 미국의 설교학자 윌리엄 윌리몬^William Willimon, 1946-에 따르면,

성찬을 하며, 한 빵과 한 포도주를 나누며 우리는 우리가 되어야 할 교회가 됩니다. 그리스도의 몸으로서 먹고 마시며 우리는 그리스도의 몸이 되어 갑니다.……즉 빵을 함께 먹으며 그리스도를 기억할 때 우리는 다시금 그리스도의 몸에 속하게 됩니다. 몸에서 떨어져

우리가 믿는 것들에 대하여

나가 고통스러워하던 지체들이 다시 한 몸이 되는 것입니다. **곡물 낱알이 모여 하나의 빵이 되듯 그리스도를 따르는 한 사람 한 사람이 모여 하나의 교회를 이루게 해달라**고 초대 그리스도인은 기도했습니다. 이렇듯 성찬은 하나의 빵을 나누어 먹는 이들이 한분 주님을 따르는 이들이 되어 가는 신비로운 과정입니다.[28]

3세기 순교자 라우렌티우스Laurentius, 약 225-258의 이야기는 '거룩한 것'의 교제이자 '성도의 교제'로서 교회의 의미를 종합적으로 보여줍니다. 로마의 발레리아누스Publius Licinius Valerianus, 약 200-260 황제는 교회에 엄청난 보물이 있다는 말을 듣고 그 보물을 탐냈지만, 라우렌시오는 압박에 굴하지 않고 계속해서 가난한 사람을 위해 교회의 재산을 사용했습니다. 258년 박해 때 결국 그가 체포되었고, 황제는 그에게 교회의 보물을 내놓으라고 명령했습니다. 그러자 라우렌시오는 자기가 돌보던 병든 자와 가난한 자들을 데리고 황제에게 가서는, 그들이 하나님의 빛의 자녀이고 교회의 보물이라고 당당히 말했습니다. 이에 격분한 황제는 그를 화형에 처했습니다. 33세에 불길 속에서 세상을 떠났던 순교자 이야기에서 로호만은 교회의 중요한 의미를 발견합니다. "초기교회는 서로를 위해, 모두를 위해 살고 존재한다.……이 형제적인 공동체는 자기 자신에게 관심을 집중한 공동체가 아니다. 구체적인 상황과 관계가 있는 가난한 자들, 실패한 자들, 버림받은 자들, 차별 대우를 받은 자들에게 구속력을 지닌 공동체이다. 이 공동체에서 **이들은 교회의 보화들이다.**"[29]

거룩한 것, 곧 주님의 몸을 성도와 함께 나누는 성찬은 교회가 자신의 경계에 안주하려는 유혹을 넘어서 타자를 존엄하게 대하고 환대를 실천하는 공동체임을 상기시킵니다. 빵과 포도주의 형태로 자신을 선물로 주시는 은혜의 하나님을 믿음으로 받음으로써, 우리도 타자에게 자신을 내어줄 수 있을 정도로 자유로운 사랑의 존재로 변화되는 것이 성찬의 목적입니다. 물론 성찬 예식에는 '우리를 위한 그리스도의 죽음을 기억한다', '하나님께 감사를 돌려드린다' 등 다른 중요한 의미들도 담겨 있습니다. 하지만 성찬 신학의 심층에는 영원부터 타자에게 자신을 선물로 주셨던 하나님이, 지금도 세계 곳곳에서 우리가 보고, 듣고, 만지고, 냄새 맡고, 먹고, 마실 수 있는 음식의 형태로 자신을 선물로 주신다는 은혜의 문법이 놓여 있습니다. 교회는 하나님께서 자격 없는 타자에게까지 자신을 주시는 사건인 성찬 예식에 참여하며 빵과 포도주를 함께 나누는 공동체입니다. 예수 그리스도께서 사회 주변부의 사람들을 찾아가셨던 것처럼, 성찬을 통해 교회는 '내부 패거리'의 유혹에 저항하고 낯설고 불편한 타자를 환대하며 성도의 교제로서의 정체성을 재확인합니다.

이 장을 마무리하자면, 죽은 자 가운데서 살아나신 예수 그리스도의 영은 역사의 암흑 속에 있던 사람들을 일으켜 공동체로서 새 생명을 선물하십니다. 교회의 예배를 통해 예수께서 아버지라 부르셨던 분을 아버지라 고백하고, 그분이 잠기셨던 물로 세례를 받고, 그분이 제자들과 나누셨던 식사에 참여하고, 그분이 가르쳐 주신 기도로 함께 기도하고, 그분이 선포하셨던 하나님 나라의 꿈을 함께 품음으로써 우리는 '함께' 그리스도인이 됩니다. 따라서 공동체로서의 교회는 1세기 팔레스타인뿐 아니라, 지금 여기 현존하시는 그리스도를 성령을 통해 만나는 장소입니다. 영으로 현존하시는 그리스도를 매개로 '나와 너'가 성도로서 마주하며, 각자의 차이 속에서 고유하게 맺어진 삶의 열매를 경축하고 나누며 교제의 생명을 향유하는 곳입니다.

따라서 한 개인이 그리스도인이 된다는 것은 나이와 성별, 국적, 인종, 직업의 차이를 가진 채로 각자가 속한 시공간에서 성도의 교제에 참여하는 것입니다. 그리스도교 신앙이 아무리 하나님과 각 사람 고유의 관계를 강조한다 해도 개인주의와 근본적으로 다를 수밖에 없는 것은, 각 사람의 차이는 물론이거니와 다른 누구도 대신할 수 없는 개인 고유의 경험인 죽음이라는 장벽마저 초월하는 성도의 교제가 이루어지기 때문입니다. 또한 그리스도교 신앙이 아무리 공동체를 강조한다 해도 결코 집단주의나 전체주의가 될 수 없는 것은, 하나님은 나와 너라는 구분된 인격체에게 생명의 말씀을 건네심으로써 서로 다른 사람들을 모아 연결하고 세우셔서 '교회'가 되어 가게 하시기 때문입니다(엡 2:22).

적용과 토론을 위한 질문

1. '성령을 믿는 것'과 '교회를 믿는 것'에서 믿음은 어떤 차이가 있을
   까요?

2. 구약성경과 신약성경에는 성령에 관한 이야기가 많이 나옵니다.
   하지만 정작 우리는 예수 그리스도에 비해 성령이 누구신지 잘 모
   릅니다. 왜 그럴까요?

3. 성령은 교회 안에도 교회 밖에도 계시는데, 왜 성령론을 교회론과
   밀접한 관련 속에서 살펴야 할까요?

4. 교회의 거룩함은 왜 중요할까요? 교회의 거룩함의 근원은 무엇인
   가요? 세계 속에서 교회의 거룩함은 어떻게 드러날까요?

5. 공교회를 영어 사도신경은 the catholic Church로 번역합니다.
   이때 catholic은 어떤 의미일까요? 왜 '보편' 교회로 번역하면 안
   될까요? 왜 공교회가 중요하다고 생각하나요?

6. 여러분 생각에 종교개혁 당시 왜 교회를 공동체라고 강조했을까
   요? 성도의 교제가 일반적 의미의 공동체 혹은 사회와 어떤 차이
   가 있을까요?

5장

죄 사함

나는 전능하신 아버지 하나님, 천지의 창조주를 믿습니다.

나는 그의 유일하신 아들, 우리 주 예수 그리스도를 믿습니다.

그는 성령으로 잉태되어 동정녀 마리아에게서 나시고,

본디오 빌라도에게 고난을 받아 십자가에 못 박혀 죽으시고,

장사된 지 사흘 만에 죽은 자 가운데서 다시 살아나셨으며,

하늘에 오르시어 전능하신 아버지 하나님 우편에 앉아 계시다가,

거기로부터 살아있는 자와 죽은 자를 심판하러 오십니다.

나는 성령을 믿으며, 거룩한 공교회와 성도의 교제와

죄를 용서받는 것과 몸의 부활과 영생을 믿습니다. 아멘.

철학자 루드비히 비트겐슈타인Ludwig Wittgenstein, 1889-1951은 인간에게는 죄책감이라는 것이 있지만, 이것에 관해 이야기하다 보면 언어의 오용이라는 수렁에 빠지게 된다고 했습니다.[1] 죄책감은 인간에게 '일반적으로' 드러나는 현상이지만, 왜 이것이 생기는지는 '일반적인 관점에서' 명확히 설명하기가 힘듭니다. 죄의식의 근원을 심리학적으로, 사회학적으로, 생물학적으로, 종교학적으로, 철학적으로, 문화인류학적으로 설명할 수는 있습니다. 하지만 이러한 학문적 노력으로도 이 신비한 느낌의 특정 측면만 볼 수 있을 뿐입니다. 엄연히 존재하면서도 이론적으로는 온전히 설명이 불가능한 인간 심연 깊숙이 자리한 죄에 대한 감각 때문인지, 인류 문명에서는 사후 심판, 양심의 가책, 인과응보 등 합리성만으로는 설명이 힘든 개념들이 발전했습니다.

사람이 살다 보면 잘한 일도 있지만 알게 모르게 잘못한 일도 생기게 마련입니다. 또한 현실에서는 잘잘못을 정확히 가려낼 수도, 옳고 그름에 대해 완전히 공정하게 심판할 수도 없습니다. 게다가 인간

삶이 워낙 복잡하게 구성되어 있기에 선한 의도로 한 일마저 다른 누군가에게는 폭력이 되는 경우도 허다합니다. 성경조차 악인이 복 받은 듯 사는 것이 하나님이 창조하시고 다스리시는 세계라고 인정하는 것 같습니다(욥 21장, 시 73편). 하지만 아무리 악한 사람이라 해도 인간으로서 죄책감 하나 없이 살 수 있을까요? 오히려 악인의 문제는 죄의식이 없는 것이 아니라, 죄책감을 엉뚱한 곳에서 느끼는 데 있다고 해야 하지 않을까요?

죄를 의식하는 것이 인간의 일반적 경험이라면, 죄책감에서 벗어나고픈 마음도 (정도의 차이는 있겠지만) 누구에게나 있는 것이라고 할 수 있습니다. 예부터 인간은 자신의 마음속에 있는 은밀한 비루함을 공감해 줄 '부드러운', 그러나 죄책감의 끈질김을 끊어낼 정도로 '강한' 힘을 갈망해 왔습니다. 16-17세기 활동했던 영국 성공회 사제이자 시인인 존 던$^{John Donne, 1572-1631}$ 은 인간의 이중적 심리를 절묘하게 표현해 냅니다.

> 내 마음을 때리소서, 삼위일체의 하나님이시여. 당신은
> 지금껏 문들 두드리고, 숨을 쉬고, 빛나고, 고치려고만 하셨나이다.
> 내가 일어나고 설 수 있도록, 나를 던져 버리고 굽히고
> 당신의 힘으로 부수고, 흩날리고, 태우고 나를 새롭게 만드소서.
> 빼앗긴 도성처럼 다른 누군가에게 넘어간 나는
> 당신이 입성하시도록 애쓰지만, 오, 끝이 없습니다.……
> 나는 몹시도 당신을 사랑하고, 당신께 사랑받고 싶으나,
> 나는 당신의 적과 약혼을 하였습니다.

나를 파혼시켜 주소서. 그 매듭을 다시 풀어 주고 부숴 주소서.

나를 당신께 데려가소서. 나를 가두소서. 왜냐하면 나는

당신이 나의 마음을 사로잡지 않고는 결코 자유롭지 못하고,

당신이 나를 빼앗지 않고는 결코 순결하지 못하기 때문입니다.[2]

죄에 대한 의식이 우리 마음에 구원자를 향한 강렬한 동경을 일으킨
다면, 그 이면에는 죄 문제가 해결되기를 바라는 간절한 기대가 있다
고 할 수 있습니다. 그래서인지 고대부터 많은 종교가 죄 용서라는 주
제를 직간접적으로 건드려 왔습니다. 이번 장에서는 그리스도교가 말
하는 '죄 사함'에 대해 살펴보려 합니다. 사도신경에는 '죄를 용서하는
것을 믿는다'라는 구절이 있는데, 그 의미를 보다 잘 이해하기 위해 고
대부터 내려오는 대표적 구원론의 모델부터 간략히 소개하겠습니다.
뒤를 이어 구원받은 삶에 대한 논의를 **죄 용서**의 의미를 통해 살펴보
고자 합니다. 그런데 사도신경에 나오지 않는 '인간' 혹은 '죄' 개념을
다루었을 때와 마찬가지로, 우리는 사도신경에 구원론이 없다는 사실
부터 인정해야 할 것 같습니다.

구원론 없는 고대교회의 신앙고백

16세기에 종교개혁이 일어나면서 서유럽 곳곳에 새로 등장한 교회들
은 자신의 신앙 정체성이 무엇인지 명확히 표현할 필요가 있었습니다.
그 결과 루터파의 「아우크스부르크 신앙고백」*Confessio Augustana*, 1530, 개
혁파의 「제네바 신앙고백」*Confession de la foi (de Farel)*, 1537, 성공회의 「39개

조 신조」*Thirty-Nine Articles*, 1556 등 각 전통을 대표하는 신앙고백 Confessions 이 탄생했습니다. 이러한 개신교회의 신앙고백과 비교해 볼 때, 사도신경을 포함한 고대교회의 신경들은 대부분 길이가 짧습니다. 또한 교리 전체를 자세히 설명하기보다는 삼위일체 하나님, 특히 성자 중심으로 신앙의 알짬을 제시합니다. 게다가 고대의 신경들은 인간이 어떻게 구원받는지도 명확히 설명하지 않습니다. 반면, 로마 가톨릭의 구원론에 반발했던 종교개혁 정신을 반영한 만큼 개신교회의 여러 신앙고백들은 각 교단의 구원론을 분명하게 제시하는 경우가 많습니다.

그렇다면 16세기 이후 등장한 개신교회의 신앙고백이 현대인의 실존적 질문과 시대적 경험을 더 잘 반영하기에 오늘날 우리에게 더 적절한 신학적 내용을 제시할까요? 각 교단의 빼어난 학자들이 고대와 중세교회 신학의 장단점을 의식하며 신앙고백을 만들었기에 더 신뢰할 만할까요? 이에 대한 의견 차이는 물론 있겠지만, 많은 신학자와 교회가 그렇지 않다고 생각합니다. 우선, 개념적으로 사도신경에는 성경聖經과 마찬가지로 법 혹은 경서를 뜻하는 한자어 '경'經이 쓰일 정도로 규범적 의미가 강합니다. 역사적으로도, 고대교회의 신경은 당시 그리스도교 세계 전체를 대표하던 신학자와 주교가 모인 공의회에서 공인되었던 만큼, 문화적·역사적·지역적 경험의 차이를 넘어서는 권위를 가집니다. 물론, '오직 성경'*sola scriptura*이라는 종교개혁 정신에 비추어 볼 때 성경에 견줄 만한 권위를 가진 문서는 없습니다. 따라서 신경보다는 신조信條가 더 적절한 표현이라는 주장도 있습니다.[3] '경'이라는 한자어를 성경과 신경에 동시에 사용하기 때문에 혼동이 일어날 수 있다는 지적은 타당합니다. 하지만 단지 신경이라는 단어를 사용한

우리가 믿는 것들에 대하여

다고 해서 믿음과 삶에서 성경이 갖는 궁극적 권위를 부정하는 것은 아닙니다.

각 교단의 역사적 신앙고백이 사도신경만큼 보편적 권위를 가지지 못한다는 것은, 개신교회의 여러 신앙고백 본문에 사도신경 해설이 들어가는 것만 보아도 알 수 있습니다. 또한 루터의『대교리문답』이나 칼뱅의『기독교 강요』Institutio Christianae Religionis같이 종교개혁 시대에 출간된 완성도 높은 신학 작품을 보더라도, 구약성경의 '십계명'과 신약성경의 '주기도문'과 함께 초기교회의 '사도신경'에 대한 해설이 포함되어 있습니다. 그런 의미에서, 신경은 하나님 말씀인 신구약 성경만큼의 권위는 없지만 삼위일체 하나님에 대한 규범적 신앙을 핵심적으로 표현하고 있기에 전 세계 신자들이 함께 사용하는 신앙의 잣대 역할을 수행합니다. 이를 뒤이어 생겨난 신앙고백은 공교회에 속하는 여러 교회가 정경과 신경을 바탕으로 특정 시점에 특정 지역에서 만들어 낸 신학의 알짬입니다.[4]

고대 세계에서 신경이 형성되고 사용된 포괄적 맥락을 고려할 때, 구원론에 대한 사도신경의 침묵은 오히려 성경의 다채로운 구원론을 담을 수 있는 적절한 틀이라고도 할 수 있습니다. 신구약 성경에는 다양한 구원론적 이미지와 논리가 있기에, 오늘날에는 교단마다 신학자마다 구원론에서 강조하는 바에 차이가 있습니다. 하지만 고대에는 예루살렘에 있든지, 로마에 있든지, 에베소에 있든지, 고린도에 있든지, 카르타고에 있든지 관계없이 '그리스도'를 통한 구원을 믿고 '삼위일체 하나님'의 이름으로 세례를 받아 '하나의 교회'가 되는 것을 강조했습니다. 사도신경이 구원자의 이름은 명확히 거론하면서도 특정한 형태의 구원론은 제시하지 않기에, 구원을 이해하는 방식의 각론에 차이가 있더라도 다양한 교회 전통이 삼위일체 하나님에 대한 공통의 신앙 아래 거룩한 공교회를 이룰 수 있습니다.

하지만 사도신경에 명시된 구원론이 없다고 하여, 특정 형태의 구원론이 중요하지 않은 것은 아닙니다. 사도신경에 단출하게 등장하는 '죄 사함을 믿는다'라는 짧은 조항 이면에는, 이레나이우스의 표현을 빌리자면 "죽음을 부수고, 잘못을 끝내고, 부패를 종결하고, 무지를 쫓고, 생명을 드러내고, 진리를 계시하며, 썩지 않음의 선물을 주셨다"로 요약될 그리스도의 구원 사역 전체가 전제되어 있습니다.[5] 이를 위해 초기교회가 풀어야 했던 시급한 과제는 예수 그리스도의 신성과 인성을 확정하고, 유일신론의 틀 안에서 성부, 성자, 성령 하나님을 함께 고백하는 것이었습니다. 구원론의 세부 논리를 신경의 규범적 언어로까지 표현할 정도로 긴박성을 가지지 않았던 고대 신학자들과 달리, 종교개혁자와 그 후예들은 각 교회의 공식적인 구원론을 신앙고백의 차원에서 명료화해야 했습니다. 따라서 신경과 신앙고백의 권위를 경쟁적으로 보는 것은 부적절합니다. 우리는 정교하고 자세한 언어를 사용한 각 교단의 신앙고백 덕분에 사도신경이 핵심으로 삼는 삼위일체 하나님의 존재와 사역의 구원론적 의미를 더 명확하게 배울 수 있습니다. 하지만 신앙고백은 전체 교회가 아니라 특정 교단의 신학을 반영하는 만큼, 자신이 속한 교회의 신앙고백만이 성경의 진리를 설명한다는 독단은 피해야 합니다.

정리하자면, 사도신경은 성자를 구원론적 함의가 강한 '우리 주님'이라고 부르고, 교회론에 이어 '죄 용서'도 언급합니다. 그런 의미에서

우리가 믿는 것들에 대하여

사도신경에 구원론은 없더라도 죄인의 구원에 관한 관심은 강하게 배어 있다고 할 수 있습니다. 단, 사도신경이 삼위 하나님을 설명하면서 구원에 관해 말을 아끼는 것으로 미루어, 그리스도인이 믿고 예배하는 하나님이 누구신지 제대로 묻지 않은 채 개인의 구원에 먼저 관심을 두는 성급함은 조심해야 합니다. 구원의 궁극적 지향점은 단순히 죄를 없애는 것이 아니라, 삼위일체 하나님과 친밀한 교제에 들어가는 것입니다. 사도신경은 우리의 궁극적 관심은 삼위 하나님께 놓여 있음을 상기시킴으로써, 무엇을 바라고 믿어야 할지 잘 몰라 혼돈스러운 마음에 질서를 잡아 줍니다.

구원론의 여러 모습

인간의 죄는 합리적인 방식으로 설명이 힘들기에, 고대 이래 신학자들은 여러 유비를 사용하여 죄의 본성을 설명하곤 했습니다. 교부들이 많이 사용한 유비를 꼽으라면 **권세**, **죄책**, **질병** 등을 들 수가 있습니다.[6] 우선 죄는 인간을 포로로 잡은 힘 혹은 사슬로서, 해방자이신 그리스도가 죄로부터 인간을 **자유**롭게 하십니다. 또한 죄는 아담의 유죄 판결로부터 후대로 계속해서 내려오는 죄의 책임이기에, 예수 그리스도 안에서 하나님의 **용서** 없이 인간은 죄책에서 벗어날 길이 없습니다. 게다가 죄는 인간을 약하고 무능하게 만드는 병으로, 이로부터 벗어나려면 죄인을 **치유**하는 그리스도의 은혜가 필요합니다. 이처럼 각각의 유비는 죄의 본질을 다른 각도에서 접근함으로써 죄의 다차원적 모습과 이에 대한 해결책을 입체적으로 보게 도와줍니다.

죄가 여러 방식으로 인간을 억누르고 있기에, 죄로부터의 구원 역시 단 하나의 모습으로 규정할 수가 없습니다. 물론, 개신교인의 경우 죄인은 '하나님의 은혜에 의해^{by grace} 믿음으로^{through faith}' 의로워진다는 칭의론적 언어에 익숙합니다(엡 2:8-9 참고). 하지만 성경에 여러 구원 이미지가 있는 만큼, 그리스도교에 오직 하나의 구원론만 있는 것은 아닙니다. 오히려 여러 형태의 구원론이 서로를 보충하면서 인간의 한정된 언어와 논리로 설명이 힘든 구원의 신비를 더욱 온전히 전달한다고 보는 것이 더 적절합니다. 지금부터 살펴볼 초기교회부터 공존해 온 대표적 구원론 세 가지도 은혜의 하나님께서 죄인인 인간을 다루시는 방식을 각기 독특한 이미지로 설명해 줍니다.

죄와 죽음에 대한 승리로서 구원

인간은 죽을 수밖에 없는 존재이면서도 자기가 유한하다는 사실을 담담하게 받아들이지는 못합니다.[7] 지구상의 다른 생명체가 가지지 못한 특별한 정신 기능을 가진 덕분에 인간은 죽음을 미리 앞당겨 상상하면서 일상을 살아갑니다. 자기 삶이 죽음으로 한계 지어졌다는 것을 자각할 때 우리 마음에 깊은 불안감이 엄습하고, 죽음에 대한 모호한 생각이 고통에 대한 직간접적 상상과 결합하며 두려움이 커집니다. 죽음이 자아내는 공포를 단지 개인의 나약한 감정의 문제로만 치부할 수는 없습니다. 오히려 개인의 삶, 사회 조직, 인류 역사 어디에도 죽음에 대한 강박과 두려움에서 자유로운 영역이 없다 해도 과언이 아닐 것입니다. 인간은 죽음의 본질을 정확히 알 수 없지만, 그 암흑 속 실재를 운명 삼아 하루하루 생명을 이어 갑니다. 이러한 불규정성과 공포 때문에 인간은 주어진 삶을 온전히 살아내지 못하고, 개인과 집단의 불안을 은폐하고자 정치와 경제 문화도 기만의 기제에 의지하고 있습니다.[8]

그 어떤 사람도 자기 힘으로 이 문제를 해결하지 못했고, 수많은 지혜자와 통치자가 등장하고 사라졌음에도 인류를 이러한 곤란에서 건져내지 못했습니다. 신구약 성경은 생명을 끊어 버리고 삶에 파괴적 영향을 끼치는 죽음을 첫 인류의 '죄'와 긴밀히 연결해서 설명합니다 (창 2:17, 롬 5:12-15). 아담 이후 인류는 죄와 죽음에서 벗어나지 못하는 존재입니다. 죄에 빠진 인간은 죽을 운명에 얽매여 있으면서, 각자 마음과 행동과 언어로 짓는 죄로 현실에서 계속해서 악을 일으킵니다. 하지만 영원하고 선하신 하나님께서는 죄와 죽음의 문제를 해결하고자, 죄의 유혹과 죽음의 위협 아래 놓여 있는 인간이 되셨습니다.[9] 그리고 하나님께서는 십자가와 부활로 인류를 얽매던 죄와 죽음의 권세로부터 단번에 해방하셨습니다. 그렇기에 구원은 죄와 악과 죽음의 힘에 굴복해 있던 인간을 위한 하나님의 '승리'입니다. 이러한 구원론적 관점은 고대 그리스도교에서 두드러지게 발전했습니다. 종교개혁 당시 루터도 예수 그리스도의 죄와 죽음으로부터의 승리를 상당히 강조하기도 한 만큼, 이는 개신교에서도 중요한 위치를 차지합니다.

물론 예수 그리스도께서 이루신 위대하고 신비한 승리를 완벽히 설명할 수 있는 논리란 있을 수 없습니다. 성경의 저자들도 거대하고 정교한 이론을 만들기보다는 유비를 통해 그리스도의 승리를 간접적으로 이야기하거나, 승리자 하나님을 논증하는 것보다 찬양하는 편을 택했습니다. 심지어 바울은 실체가 폭로되어 힘을 잃고 무력한 적을 조롱하는 듯한 어투로 다음과 같이 이야기합니다.

> 사망아, 너의 승리가 어디 있느냐. 사망아, 네가 쏘는 것이 어디 있느냐. 사망이 쏘는 것은 죄요 죄의 권능은 율법이라. 우리 주 예수 그리스도로 말미암아 우리에게 승리를 주시는 하나님께 감사하노니 그러므로 내 사랑하는 형제들아 견실하며 흔들리지 말고 항상 주의 일에 더욱 힘쓰는 자들이 되라. 이는 너희 수고가 주 안에서 헛되지 않은 줄 앎이라(고전 15:55-58).

물론 그리스도의 부활과 승천 이후에도 인류는 죽음과 죄의 파괴적 힘의 위협에 여전히 시달리고 있습니다. 하지만 십자가의 빛에 비추어 볼 때, 아무 일 없이 흘러가는 듯한 역사에 이미 '불연속성의 단층'이 생겼습니다. 십자가에서 승리는 이미 이루어졌기에, 그리스도인은 현실에서 경험하는 악과 죽음이 아무리 위협적이더라도 이에 압도되지 않고 살아갈 가능성을 얻었습니다. 다른 한편으로, 하나님이 십자가에서 직접 인간의 악함과 죽음을 대면하셨다는 사실은, 이것들이 매우 심각한 문제일 뿐 아니라 극복되어야 할 부정적 대상이라는 것을 알려 줍니다. 이와 같은 믿음을 가지기에 그리스도인은 악과 죽음과 죄가 초래하는 비극적 현실에 그저 눈을 감고 있을 수만은 없습니다. 그리스도의 승리 덕분에 그리스도인은 악의 유혹에 굴복하지 않고, 죽음 앞에서 자기 보호 본능을 앞세우지 않으며, 죄에도 불구하고 희망을 잃지 않을 수 있습니다. 이것은 그리스도인이 일반인보다 의지가 강하거나 본래 낙천적이기 때문은 아닙니다. 이것이 가능한 것은 그리스도인이 믿음과 희망과 사랑의 근거를 자신의 감정이나 결단이 아니라, 예수 그리스도 안에서 하나님께서 이루신 승리에서 발견하기 때문입니다.

초기교회 교인들이 들려주는 순교자 이야기에 '승리자 그리스도'Christus Victor 이미지가 강하게 투영된 것도 이러한 이유 때문입니다.[10] 순교자들은 단지 구원을 잃을까 불안해서 배교를 거부하다 죽게 된 것이 아닙니다. 그들은 자신들의 죽음으로 승리자 그리스도의 제자가 되고, 이로써 죄와 죽음으로부터 세상을 회복하시려는 하나님의 사역에 참여한다고 믿었습니다. 실제 고대 그리스도인들을 통해 전해 오는 순교자들이 재판받고 처형당하는 모습은 그리스도의 마지막 수난을 연상시키는 듯한 방식으로 묘사되곤 합니다. 사도 요한의 제자로 알려진 폴리카르포스Polýkarpos, 69-155는 2세기 중반 마르쿠스 아우렐리우스 황제Marcus Aurelius Antoninus, 121-180의 박해 당시 체포되자 다른 신에게 예배를 드릴 수 없다며 화형을 자처했습니다. 배교의 유혹과 죽음의 고통에도 불구하고 당당했던 순교자의 모습은 편지를 통해 여러 교회에 널리 알려졌습니다. 그 편지의 비장한 도입부를 보겠습니다.

[축복받은 폴리카르포스는] 말하자면 그 자신의 증언을 통해서 박해를 봉인함으로써 박해를 매듭지었습니다. 왜냐하면 그의 순교에 이르기까지 발생한 거의 모든 일은 주님께서 복음에 일치된 순교를 **다시 한번 보여주기 위해서** 일어났기 때문입니다. "우리 자신에 관련된 것뿐만 아니라 우리의 이웃에 관련된 것까지도 보살핌으로써," 우리도 그의 본을 따르는 자들이 되도록 폴리카르포스는 **주님**

이 그러셨던 것과 같이 자신이 배반당할 것을 마지막 순간까지 기다렸습니다. 왜냐하면 자신만이 아니라 형제들 또한 구원받기를 원하는 것은 진실 되고 변함없는 사랑의 표지이기 때문입니다.[11]

이처럼 순교는 악한 세력의 저항에도 불구하고 만물의 지배권을 승리자이신 하나님께 돌려드리는 것이요, 세상을 구원하고자 하시는 하나님의 뜻에 따라 그리스도가 드셨던 잔에 참여하는 일이었습니다.

　교회는 우리와 같은 몸을 지닌 한 사람이 십자가에서 이룩한 위대한 승리가 역사를 단번에 바꾸었다는 믿음과 함께 등장했습니다. 초기 그리스도인들은 하데스(지옥)를 지키던 사나운 케르베로스마저 완력으로만 제압한 헤라클레스처럼 강력한 영웅이 아니라, 하나님의 어린 양이신 그리스도의 겸손한 순종과 자기 바침을 통해 죄와 악과 죽음의 세력이 깨졌다는 전복적 상상력에 취해 있었습니다. 가장 비참하고 연약한 모습으로 하나님께서 승리를 이루셨음을 믿었기에 그들은 폭력과 간계로 세상을 쟁취하는 방법을 택하지 않았습니다. 그들이 그리스도를 뒤따라 '자기 십자가를 지고서' 고통과 죽음을 감내했기에, 고대의 신앙고백은 끊이지 않고 역사 속에서 계속해서 이어질 수 있었습니다.

신화[Deification]로서 구원

그리스도교는 사람들이 인간이 되신 하나님을 예배하면서 시작되었습니다. 이 사실을 놓고 현대인이 느끼는 바와 1세기 사람들이 느끼는 바는 상당히 다릅니다. 당시 그레코-로만 문화권에는 신의 아들인 영웅

혹은 인간이 된 신에 대한 이야기가 너무나 많았습니다. 오늘날에는 '인간이 어떻게 신의 아들일 수 있단 말이야'라고 의심한다면, 1세기 사람들은 '인간이 신이 되고 신이 인간이 된 이야기가 그토록 많은데, 나사렛 예수라는 사람의 이야기가 특별할 이유가 뭐지'라고 질문했을 것입니다. 예수 그리스도와 거의 동시대인이라 할 수 있는 로마의 시인 오비디우스^{Pūblius Ovidius Nāsō, 약 BC 43-AD 17}가 기원후 8년에 쓴 『변신 이야기』^{Metamorphoses}는 천지 창조부터 율리우스 카이사르가 신격화^{apotheosis}될 때까지의 세계 역사를 연대기적으로 서술합니다. 로마가 공화정에서 제국으로 넘어가는 역사적 과도기의 정치가이자 군인이었던 카이사르는 기원전 44년 원로원에서 암살당합니다. 오비디우스는 카이사르가 죽는 순간 신으로 변모하는 장면을 웅장하게 노래합니다.

> 아버지[유피테르]가 이렇게 말하자
> 자애로운 베누스는 어느 누구의 눈에도 띄지 않고
> 원로원의 한 가운데에 자리 잡고 서서
> 카이사르의 육신에서 혼을 낚아채더니 그것을 대기 속으로
> 녹아 없어지지 못하게 하며 하늘의 별들을 향해 날았다.
> 하지만 혼이 빛을 발하며 불이 붙는 것을 느끼자
> 가슴에서 놓아 버렸다. 그러자 혼은 달보다 더 높이
> 날더니 뒤에 긴 꼬리를 끌며 별이 되어 반짝였다.[12]

고대 로마 문학에서 위대한 장군이나 황제가 종종 신이 되곤 했던 상황에서, 그리스도인들은 왜 전능한 신이 로마 속국의 작은 마을 출신

의 한 사내가 되었는가를 설명해야 했습니다. 이에 2세기 신학자 이레나이우스는 다음과 같이 간결하게 답했습니다. "말씀이 인간이 되었다면, 그것은 인간이 신이 되게 하기 위함이다."[13] 이러한 성육신 교리는 고대 사회에서 가히 혁명적 가르침이었습니다. 카이사르처럼 전쟁과 평화에서 탁월하고 로마 제국의 첫 황제 아우구스투스를 후계로 삼을 정도로 큰 업적과 특권이 있어야 신이 되는 것이 아닙니다. 인간이 되신 하나님 덕분에 노예든 자유인이든, 남자든 여자든, 권력자이든 아니든 상관없이 인간은 누구나 신이 될 수 있습니다. 인간이 신이 되는 것, 즉 '신화'神化. deification는 그리스도교의 신학적 언어와 상상력에 깊게 뿌리를 내렸고, 특히 동방정교회에서 주도적인 구원론 모델이 되었습니다.

'인간이 신이 된다'는 말을 피상적으로 이해하면, 마치 그레코-로만 문명의 다신교적 문화의 영향을 받아 신화 개념이 그리스도교 구원론에 유입되었고, 이로 인해 하나님과 피조물 사이의 차이도 뭉개지는 것같이 느껴질 수도 있습니다. 그러나 신화 교리가 실제 이런 위험성이 있다면 이를 주장하던 신학자들은 이단으로 판결받거나, 교회의 역사에서 이미 잊혔을 것입니다. 하지만 신화 교리는 1세기 이래 지금까지 교단의 차이를 넘어 중요한 신학적 영향력을 끼치고 있는 순교자 유스티누스, 알렉산드리아의 클레멘트, 알렉산드리아의 아타나시우스, 니사의 그레고리오스, 히포의 아우구스티누스 등 대표적 교부들의 핵심 사상입니다. 교리사적 논쟁에 들어가지 않더라도, 이 교리는 무엇보다도 신구약 성경의 여러 책에 나온 내용을 기초로 형성된 가르침입니다(시 82:6, 요 17:21-23, 갈 4:5-7, 고전 15:42-49, 고후 3:17-

18, 벧후 1:4 등). 그중에서 대표적인 본문 몇 구절을 인용하겠습니다.

예수께서 이르시되 너희 율법에 기록된 바 내가 **너희를 신**이라 하였노라 하지 아니하였느냐(요 10:34).

무릇 하나님의 영으로 인도함을 받는 사람은 곧 **하나님의 아들**이라. 너희는 다시 무서워하는 종의 영을 받지 아니하고 **양자의 영**을 받았으므로 우리가 아빠 아버지라고 부르짖느니라. 성령이 친히 우리의 영과 더불어 우리가 **하나님의 자녀인 것을 증언**하시나니 자녀이면 또한 상속자 곧 하나님의 상속자요 **그리스도와 함께 한 상속자**니 우리가 그와 함께 영광을 받기 위하여 고난도 함께 받아야 할 것이니라(롬 8:14-17).

신화 교리는 성자의 성육신으로 하나님과 인간 사이의 경계가 사라진다고 말하지 않습니다. 니케아 신경의 언어를 사용하자면, 그리스도는 '하나님의 아들'로서, 성부로부터 '만들어지지 않고 **태어나신**'begotten, not made 분입니다. 이 신경의 언어를 뒤집어 보자면, 피조물인 인간은 성부로부터 '태어나지 않고 **만들어진**'made, not begotten 존재입니다.[14] 신화는 우리가 여전히 '피조물'임에도 하나님께서 우리를 '상속자'로 삼으신다는 것, 즉 그리스도 안에서 성령으로 우리를 '하나님의 자녀'로 입양하신다는 복음의 정수입니다. 따라서 신화 교리는 영원한 성자가 인간의 죄를 용서하는 것보다 더 크고 심오한 목적으로 이 땅에 오셨음을 알려 줍니다. 일례로, 니케아 공의회 당시 삼위일체 신앙을 지켜

내는 데 큰 역할을 했던 아타나시우스는 그리스도가 완전한 신이 아니라고 주장하던 아리우스주의와 격렬한 논쟁을 펼쳤습니다. 이때 그는 그리스도의 성육신을 신화 교리와 연결시켜 다음과 같이 설명합니다.

> [하나님은 성육신 없이도 사죄하실 수 있었다]……즉 만약 하나님이 단지 말씀으로 저주를 거두셨다면, 그 명령을 하신 분의 권능은 확연히 드러났겠지만, 인간은 고작 타락 이전 아담의 상태를 회복하여 은혜를 밖으로부터 받고 그 은혜가 육체와 경합되지 못했을 것이다. 아담이 낙원에 배정되었을 때의 상태가 그것이었기 때문이다.……그가 창조된 인간 육체를 입으신 것은 창조주로서 그 육신을 새롭게 하심으로써 친히 그것을 **신화**하시고, 그로써 우리 모두로 **그를 닮게** 하여 하늘나라로 들어가게 하시기 위함이다.[15]

신화로서 구원이 궁극적으로 말하고자 하는 바는, 영원한 삼위일체의 교제 안에서 성부가 성자에게 주신 것과 똑같은 신적 사랑을 받는 존재로 우리가 거듭나는 것입니다. 또한 성자가 성부께 감사와 순종으로 사랑을 돌려 드리듯, 창조주께 감사와 순종으로 기꺼이 반응할 정도로 우리가 자유로운 사랑의 존재가 되는 것입니다. 신화 교리를 구성하는 이러한 논리는 이 책의 1장에서부터 계속 반복하며 등장하는 삼위 하나님이 맺으시는 사랑의 관계를 반영하고 있습니다. 하지만 삼위일체론이 우리에게 알려 주는 은혜의 문법에서 벗어나서 '인간이 신이 된다'라는 것만 말하게 되면 고대 로마와 근동 지역의 다신교 신화에 빠질 위험이 있습니다. 반대로 개신교 신앙의 핵심으로 불리는 칭의 교리를 다루면서 신화 교리와는 무관한 것으로 이야기하게 되면 하나님께서 궁극적으로 원하시는 바가 제대로 드러나지 않으며 구원론이 납작해져 버릴 수 있습니다. 그만큼 신화 개념은 그리스도교 신앙의 정수를 잘 보여주며 다른 교리들의 의미를 풍성히 살려주는 데 결정적 역할을 합니다.

칭의^{Justification}로서 구원

고대 이래 세계 곳곳에서 등장한 여러 종교에서 인간에 대한 신의 공정한 재판과 이에 따른 상벌에 관한 가르침이 발견됩니다. 신구약 성경 여러 본문에서도 의로운 재판장이신 하나님이 언급되는 만큼, 그리스도교 구원론에서도 하나님의 공의로운 심판이 중요한 주제가 됩니다. 그런데 여기에 문제가 있습니다. 어느 인간이 감히 신이 요구하는 정의를 만족시킬 정도로 수준 높게 살 수 있을까요? 만약 도덕적 성취나 종교적 경건으로 신의 심판을 통과할지 여부가 결정된다면, 삶이 상대적으로 덜 팍팍하고 합리적 사고 훈련을 잘 받은 사람이 구원에서 유리한 위치를 차지할 확률이 커집니다. 그렇다면 의인들이 거하는 사후 세계인 천국에는 평화롭고 부유한 나라에서 태어나 부모 잘 만나 교육 잘 받은 사람이 더 많을 확률이 커집니다. 죽음 이후에도 현실 세계의 불평등 구조가 이어진다는 것이 달갑지만은 않습니다.

그리스도교의 경우 아담의 불순종에 따른 죄책으로 모든 인간의 본성이 뿌리부터 부패했다고 믿습니다. 그 어떤 사람도 자신의 선행으로는 하나님을 만족시켜 최후 심판에서 의롭다는 판결을 받을 수 없습니다. 구원을 받으려면 인간이 스스로 쌓은 공적에 좌우되지 않는 하나님의 '무조건적 용서'가 있어야만 합니다. 그런데 여기에 또 다른 문제가 있습니다. 만약 구원이 전적으로 선물이라고 한다면 일반적 의미에서 선인과 악인의 차이가 무의미해집니다. 그렇다면 선하게 사는 것도 아무 소용이 없고, 정의 개념도 결국 필요 없다는 불편한 결론이 나올 수도 있습니다. 이처럼 구원의 필요성과 구원을 위한 조건, 정의의 완전한 실현과 개별적 상황의 복잡함 등을 고려한다면, 우리는 죄인의 구원에 대해 제대로 된 답을 얻기는커녕 질문에 질문만 이어 가게 될 것입니다. 이런 혼란상 상황 속에서 칭의론은 우리가 구원에 대해 어떻게 생각하고 이야기해야 할지에 필요한 언어의 질서를 잡아 줍니다.

칭의론의 문법: 인간이 풀어야 할 문제에 인간 스스로 해결책을 만들어 내지 못할 때 어떤 가능성이 남아 있을까요? 절망으로 빠지는 길도 있고, 상황의 심각함을 은폐하고자 알맹이 없는 말만 반복할 수도 있으며, 현실 자체를 부정하고 외면할 수도 있습니다. 이러한 곤란함을 잘 인식한 듯, 그리스도교는 인간이 자신을 구원할 능력이 없다는 것을 겸허하게 인정하는 것이 구원에서 매우 중요하다고 가르칩니다.[16] 우리가 인간 자체의 능력이나 가능성에 몰두하다 보면, 망상이나 절망의 양극단에 빠지게 되기 때문입니다. 그 대신 신약성경은 참 인간이자 인류를 대표하시는 예수 그리스도를 바라보고 그분을 믿으라고 제안합니다.

바울은 로마인에게 보내는 편지 서두에서 하박국 2:4을 인용하며 '오직 의인은 믿음으로 말미암아 살리라'(롬 1:17)라고 말합니다. 이를 이어받아 종교개혁자들은 '믿음으로 의롭게 칭함을 받는다'라는 뜻의

이신칭의justification by faith 교리를 신앙의 핵심으로 내세우기도 했습니다(롬 4:3, 갈 2:16; 3:6 등 참고). 그런데 이때 우리를 '의롭게 하는 믿음'justifying faith이란 과연 무엇일까요?[17] 신약성경에 따르면 하나님의 아들이신 예수께서는 우리를 위하여 십자가에서 죽으심으로(롬 3:25, 고후 5:21, 갈 3:13, 골 2:13-15 등), 하나님과 우리 사이의 깨어진 관계를 회복하셨습니다. 예수 그리스도를 통해 세상과 화해하신 하나님께서 나와 너를 의롭다 여기시고 용납하셨다는 것이 **믿음의 내용**입니다. 우리에게 자신을 선물하신 하나님의 은혜에 대한 반응으로 삼위 하나님을 인격적으로 신뢰하며, 성령을 통해 우리도 성자처럼 성부를 '아빠 아버지'라고 부르는 친밀한 교제로 들어가는 것이 **믿음의 본질**입니다. 성부께 순종하며 세상으로 파송된 하나님의 아들이신 그리스도를 따름imitatio Christi으로써, 각자의 삶에서 하나님과 세상의 화해를 증언하고 현실화하는 것이 우리가 성령 안에서 살아내는 **믿음의 모습**입니다.

이것이 칭의론의 기본 문법입니다. 여전히 우리는 죄인이지만 은혜의 하나님은 예수 그리스도 안에서 우리를 의롭게 하시고,justified 믿음으로 그 은혜를 받은 우리는 그리스도의 영 안에서 사랑의 불씨를 가슴에 품은 자유인으로서 정의로운just 삶의 모험을 떠납니다. 이것이 가능한 것은 십자가에서 하나님 아들과 죄인인 인간 사이에 '운명의 교환'이 일어났기 때문입니다. 예수께서는 인류의 대표로서 우리를 대신해 저주받을 인간의 운명을 자기 것으로 취하시고, 동시에 하나님의 아들로서 참 생명을 우리에게 선물로 주십니다. 하나님의 은혜 속에서 놀라운 '기적'이 일어났기에, 여전히 유한한 우리의 피조물로서 삶 속에서 "이전 것은 지나갔으니 보라 새것이 되었도다"(고후 5:17)라는 새 창조의 감탄과 경이가 일어납니다. 바로 이것이 종교개혁자들이 칭의론을 전개할 때 강조했던 그리스도와의 연합을 통한 '복된 교환' 혹은 '신비로운 교환'이라는 개념입니다. 루터가 좋아했던 결혼의 유비를 인용해 보도록 하겠습니다.

> 비길 데 없이 큰 **신앙의**……유익은 신부가 그의 신랑과 하나 되게 하는 것과 같이 영혼과 그리스도를 **하나** 되게 한다는 것이다. 사도가 가르치는 바와 같이 이러한 비밀에 의하여 그리스도와 영혼은 한 몸이 된다(엡 5:31-32).……믿는 영혼은 그리스도께서 가지신 것은 무엇이나 자기 자신의 것인 양 자랑하고 기뻐할 수 있으며 그리고 영혼이 가진 것은 무엇이나 그리스도가 자기 자신의 것으로 주장하신다.……그리스도는 은혜와 **생명과 구원**으로 충만하시다. 영혼은 **죄와 죽음과 저주**로 가득 차 있다. 이제 **신앙**을 그들 사이에 개입되도록 하자. 그러면 죄와 죽음과 저주는 그리스도의 것이 될 것이고 은혜와 생명과 구원은 영혼의 것이 될 것이다.[18]

이 인용문에서 볼 수 있듯, 믿음은 단지 교리에 대한 올바른 지식이나 인지적 동의가 아닙니다. 믿음은 결혼과 유사하게 '연합'과 '교환'이 일어나게 하는 하나님과의 인격적이고 상호적인 관계에 기반한 신뢰입니다. 이로써 하나님께서 우리를 의롭다고 하시는 궁극적 목적은 우리가 하나님 아들로서 누려야 할 모든 것을 선물로 받는 데 있음이 드러납니다. 그런데 여기까지 논의가 진행되다 보면, 또 다른 심각한 문제

우리가 믿는 것들에 대하여

가 제기될 수 있습니다. 여전히 '죄인'인 우리를 하나님께서 조건 없이 의롭다 여겨주셨더라도, '여전히' 죄인인 우리에게 의로운 삶을 살아갈 능력이 있을까요? 실제 나 자신을 포함한 주위 신앙인의 모습만 보더라도, 자기기만적인 성향을 완전히 극복하거나 폭력에 전혀 기대지 않고 살아갈 정도로 완벽한 사람이 있을까요?

구원의 양 측면: 루터가 하나님의 은혜를 재발견할 때 큰 영향을 주었던 히포의 주교 아우구스티누스는 오늘날 우리에게도 구원에 관해 매우 중요한 통찰을 선사합니다. 그는 고대인들에게 익숙했던 자유의지*liberum arbitrium* 개념을 독창적으로 활용해 성경적 죄 개념을 재해석했습니다. 사람은 자유의지를 활용하여 특정 상황에서 선 혹은 악을 행합니다. 그런데 실제 인간은 옳은 것을 알고도 일부러 실천하지 않거나 혹은 자기 의지와 정반대의 행동을 합니다. 아우구스티누스는 이러한 기이한 현상이 자신뿐 아니라 거의 모든 이에게 일어난다는 사실을 관찰했습니다. 그는 이에 따라 다음과 같이 진단을 내립니다. 자유의지는 가치 중립적인 것이 아니라 개인의 심리 속에 있는 '자기중심성'과 세대를 거듭하며 퇴적된 불의한 '사회적 습관'으로 심각하게 굽어 있습니다. 신학적 언어로 바꾸어 말하자면, 자유의지는 그 뿌리부터 죄로 훼손되어서 결국은 "내가 원하는 바 선은 행하지 아니하고 도리어 원하지 아니하는 바 악을 행하"게 합니다(롬 7:19). 그렇기에 뒤틀린 자유의지가 먼저 치유되지 않고서는 인간은 선을 행할 수도 없고 구원에 이르지도 못합니다.

아우구스티누스는 생각과 행동의 주체로서 인간의 중요한 정신 기능인 자유의지가 제 기능을 하지 못하고 무력하다는 것을 발견했지만 절망하지 않았습니다. 성경의 계시가 희망을 어디서 찾을 수 있을지 그에게 알려 주었기 때문입니다. "나를 떠나서는 너희가 아무것도 할 수 없음이라"(요 15:5). 자유의지가 죄로 물들었기에 인간은 자신의 구원에 무력합니다. 하지만 자아의 외부로부터 자유의지를 치유할 수 있는 무언가가 주어지면, 죄의 권세에서 벗어나 새로운 생명을 얻을 수 있는 가능성이 생깁니다. 바로 여기서 구원은 자기 노력으로 얻거나 성취하는 것이 아니라 하나님께서 선물로 주신다는 구원론의 근본 문법이 형성됩니다. 하지만 구원이 '오직 은혜'로 주어진다 하더라도, 구원에 있어 인간의 역할이 전혀 없다고 섣불리 결론을 내릴 수는 없습니다. 이는 모든 힘을 경쟁 관계로 보는 우리의 단순한 사고와 언어 습관에서 비롯된 오해입니다.

여기서는 칭의론에 관한 정교한 신학적 논의를 전개하기보다, 원죄를 '질병'으로 구원의 은혜를 '약'으로 비유한 아우구스티누스의 설명 방식을 소개하고자 합니다. 그는 인간의 죄를 재판과 관련된 법정적 이미지로만 설명하는 것보다, 인간 몸에 들어와 심신 모두에 나쁜 영향을 끼치는 병으로 보는 것이 여러모로 적절하다고 생각했습니다. 마치 환자의 상태를 잘 아는 의사가 꼭 필요한 약을 써서 병을 고치듯, 인간의 처지를 잘 아는 예수 그리스도께서 병든 자유의지를 은혜로 치유하십니다. 그런데 약이 몸속 세균을 죽이고 억제하더라도 약해진 환자의 몸이 회복되는 데는 시간이 걸리고, 그러는 동안 환자는 의사의 지시에 따라 회복에 힘써야 합니다. 마찬가지로 하나님의 은총이 죄의 권세를 몰아내더라도, 자유의지가 치유되어 하나님의 뜻에 상응하는 삶을 살아가는 데는 말씀과 성령의 인도에 따른 신앙의 여정이

우리가 믿는 것들에 대하여

요구됩니다. 또한 환자를 평상시 생활 방식에서 떼어 내어 간호하고 재활하는 전문 기관인 병원이 있듯, 말씀과 성례로 그리스도인을 죄의 유혹에서 지키며 영적 성숙에 필요한 여러 자원을 제공하는 교회가 필요합니다.

의사와 환자가 신뢰 관계 속에서 병의 회복을 위해 함께 힘쓰는 것처럼, 인간을 의롭게 하는 하나님의 은혜는 믿음만을 요구하고 행위를 무가치하게 만드는 것이 아닙니다. 아우구스티누스의 설명 방식의 심층 논리를 잘 따져보면, 구원의 한쪽 측면에는 하나님의 은혜로 죄의 권세에서 벗어나는 '사건'이 있고, 다른 측면에는 하나님의 은혜로 거룩한 삶을 살아가는 '과정'이 있습니다.[19] 십자가에서 계시된 하나님의 은혜로 죄의 문제가 단번에 해결된다고 하더라도, 하나님의 은혜는 일상에서 우리의 생각과 행동이 그리스도의 모습에 상응하도록 계속해서 도와줍니다. 이처럼 사건으로서 구원에서 '우리를 위한' **그리스도**의 사역이 강조된다면, 과정으로서 구원에서는 '우리 안에서' **성령**의 현존과 활동이 중요해집니다. 그리스도와 성령의 사역이 구분되지만 서로 연결되듯, 사건으로서 구원과 과정으로서 구원도 떼려야 뗄 수 없는 관계에 있습니다. 둘은 개념적으로는 구분될지 몰라도, 실제로는 삼위일체 하나님께서 죄인에게 주시는 선물의 양 측면입니다.

사건으로서 구원과 과정으로서 구원은 각각에 참여하는 인간의 역할에서도 차이를 볼 수 있습니다. 전자에 있어 죄인인 인간은 예수 그리스도 안에서 구원의 은혜를 '믿음'으로 받는 전적으로 '수동적' 위치에 있습니다. 반면 후자에 있어 인간은 하나님과 이웃을 '사랑'하셨던 그리스도의 삶을 성령 안에서 자기 생각과 언어와 행동으로 재해석하며 모방하는 '능동적' 태도가 요구됩니다. 이처럼 제대로 이해된 칭의 교리는 구원에서 하나님의 은총과 인간의 역할 사이의 관계를 바르게 이해하고 설명하는 고유의 논리를 선사합니다. 반면에 칭의의 논리를 제대로 파악하지 못하면 구원에 있어 실천의 중요성을 무시하거나, 반대로 행위를 지나치게 강조하는 양극단의 위협에 노출됩니다.

칭의와 그리스도인의 삶: 중세 말기 로마 가톨릭에서는 사건으로서 구원과 과정으로서 구원 사이의 균형이 흐트러졌습니다. 특히 과정으로서 구원을 이해할 때 교회의 중재적 역할과 인간의 공로가 과도하게 강조되다가 여러 폐단이 발생했습니다. 이에 반발하며 칭의론의 원래 의도를 되찾고자 하는 노력과 함께 16세기에 종교개혁이 일어났습니다. 종교개혁자들은 사건으로서 구원과 과정으로서 구원 사이의 통일성을 훼손하지 않으면서도, 둘 사이의 올바른 관계를 복원하고자 했습니다. 그러한 고민의 결과 그들은 '단번에' 은혜로 의로움을 얻는 **칭의**justification와 구원의 삶을 은혜 속에서 '계속해서' 살아가는 **성화**sanctification를 언어적·논리적으로 구분하게 되었습니다. 이로써 개신교 신학에서는 사건으로서 구원과 과정으로서 구원 사이에 혼란이 일어날 여지가 최소화되었습니다. 하지만 이러한 교리적 구분이 칭의와 성화 사이의 중요도의 차이, 혹은 믿음과 행위 사이의 대립적 관계를 상정하는 것처럼 오해될 여지를 남겼습니다. 실제 '오직 은혜'와 '오직 믿음'을 강조하는 개신교 신학이 실천의 중요성을 약화시킬 뿐 아니라, 개인의 부도덕성과 교회의 부패를 묵인하는 논리를 제공한다는 지적과 질책이 16세기 이래 지금까지 계속되고 있습니다. 아마도 개신교 칭의론에 대한 이러한 오래된 비판은 앞으로도 계속될 것입니다.

우리가 믿는 것들에 대하여

시대마다 그리스도인에게 놓인 도전은, 칭의와 성화, 혹은 사건으로서 구원과 과정으로서 구원 모두가 한분 하나님의 은혜에 뿌리박고 있다는 근원적 사실을 늘 새롭게 재발견하는 일입니다. 칭의론의 근본 문법에 따르면, 죄인을 의롭다 하신 하나님의 '은혜'가 인간 속에서 계속 활동하며 왜곡된 자유의지를 치유한 결과로 그리스도인의 삶에서 드러나는 것이 '선행'입니다. 그리스도인의 선행이란 단지 인간이 노력을 짜내어 옳은 것을 선택하고 이를 의지적으로 실행해서 얻어내는 것이 아닙니다. 의로워진 죄인에게 선행이란, 나보다 더 크고 위대한 존재에 내가 은혜로 속했다는 겸손한 믿음이 주는 자유와 담대함 속에서 일상을 책임감 있게 충실히 살아가는 일입니다. 따라서 칭의론의 렌즈를 통해 드러나는 하나님의 목적은 단지 희망 없는 죄인을 은혜로 의롭다고 여기는 것에 머무는 것이 아니라, 그리스도를 뒤따라 하나님 나라의 정의와 평화를 삶으로 증언하는 그리스도인을 탄생시키는 데 있습니다. 아우구스티누스는 칭의론의 핵심을 다음과 같이 인상적으로 표현합니다. "**너 없이** 너를 창조하셨던 분이 **너 없이는** 너를 의롭게 하지 않으실 것이다!"[20]

　　이 지점에서 우리가 주목할 점은, 칭의론이 앞서 소개한 고대교회의 두 구원론과 동일한 은혜의 심층 문법을 공유하고 있다는 사실입니다. 구원을 '승리'로 보든 '신화'로 보든 '칭의'로 보든, 그 속에는 인간은 자신을 선물로 주시는 삼위 하나님의 **은혜로 구원**을 받는다는 공통된 주제가 흐릅니다. 유한하고 연약한 인간을 위해 하나님께서 자신을 십자가에 내어주심으로, 인류를 옭아매던 죄와 악과 죽음에서 승리를 거두셨습니다. 이로써 우리도 예수 그리스도처럼 선을 지향하며 삶을 살아갈 자유의 선물을 받게 되었습니다. 예수 그리스도가 자신의 영인 성령을 우리에게 선물로 주심으로써, 우리도 하나님을 '아빠 아버지'라고 부를 수 있게 되었습니다. 우리에게 요구되는 것은 예수 그리스도 안에서 성취되고 계시된 하나님의 조건 없는 구원을 믿음으로 받아들이고, 하나님의 은혜에 대한 반응으로 그리스도를 뒤따르는 삶을 '성령'의 도움으로 각자의 삶의 자리에서 살아가는 것입니다.

이쯤에서 구원론의 유형에 관한 논의를 일단락하겠습니다. 구원은 전적으로 하나님의 선물이기에 '값없는' 은혜지만, 이를 위해 그리스도께서 십자가를 지셨고 이에 상응하게 우리도 그리스도를 따르는 삶을 살아야 하기에 '값비싼' 은혜입니다.[21] 그러므로 구원을 이해하고 설명하는 중심 이미지는 구원론마다 차이가 있더라도, 그 핵심에는 값없는,free 하지만 값비싼costly 구원의 은혜가 십자가에서 나온다는 기쁜 소식이 있습니다. 이런 맥락에서 고대교회에서는 십자가가 죽을 수밖에 없던 인류에게 새 생명을 조건 없이 선물해 줄 뿐 아니라, 새 창조에 속한 자들이 예수 그리스도처럼 하나님의 뜻을 따라 살아가는 데 필요한 소중한 덕목도 가르쳐 준다고 믿었습니다. 중세 신학자 토마스 아퀴나스Thomas Aquinas, 1225~1274도 그리스도의 수난은 우리를 완전에 이르도록 교육하기에 충분하다는 아우구스티누스의 가르침에 의지해 십자가의 의미를 다음과 같이 해설합니다.

> 만약 당신이 **사랑의 모범**을 찾고 있다면, 요한복음 15:13 말씀처럼 어떤 사람이 자신의 친구를 위하여 자기 생명을 내놓는 사랑보다 더 큰 사랑은 없습니다. 바로 이것을 그리스도께서 십자가에서 행하

우리가 믿는 것들에 대하여

셨습니다.……만약 당신이 **인내의 모범**을 찾고 있다면 가장 탁월한 인내를 십자가에서 발견할 것입니다.……만일 당신이 **겸손의 모범**을 찾고 있다면 십자가에 달리신 분을 바라보십시오.……만일 당신이 **순종의 모본**을 찾고 있다면 죽기까지 아버지께 순종하신 그분을 따라가십시오.……만일 당신이 **땅에 속한 것들을 경멸하는 것의 모본**을 찾고 있다면 왕들의 왕이시며 통치하는 자들의 주ᅷ이신 그분을 따라가십시오.[22]

이처럼 구원론적 관점에서 볼 때, 십자가에서 고난과 죽음은 그리스도의 삶의 요약일 뿐 아니라, 우리를 죄의 권세에서 풀어 준 복음의 정수이자, 하나님의 은혜 속에서 살아가는 그리스도인의 삶을 위한 표본입니다. 사도신경을 비롯한 여러 고대 신경들은 성자 예수 그리스도에 관해 심혈을 기울여 묘사함으로써, 구원론적 다양성 중에도 하나의 초점, 즉 그분을 통해 선사되는 은혜를 바라보도록 우리의 시선을 이끕니다. 그렇다면 이쯤에서 그리스도로 말미암은 구원이 사도신경의 '죄의 용서'라는 조항과는 어떻게 연결되는지로 주제를 바꾸도록 하겠습니다.

"죄를 용서받는 것"

일반적으로 죄의 용서는 예수 그리스도의 구원 사역 다음에 곧바로 설명되는 것이 적절할 것 같습니다. 하지만 사도신경에는 거룩한 공교회에 대한 고백 이후 **죄의 용서**에 관한 조항이 배치되어 있습니다. 이러한 구조는 죄의 용서를 성례와의 밀접한 관련 속에서 파악하는 교회의 오랜 전통을 보여줍니다. 381년에 작성된 니케아-콘스탄티노폴리스 신경을 보면, '**죄를 용서**하는 **하나의 세례**를 믿습니다'라며 성례로서 세례와 죄의 용서가 더욱 단단히 결합되어 있습니다.[23] 그렇다면, 왜 우리는 교회론적 맥락, 특히 성례라는 주제와 관련하여 죄의 용서를 살펴보아야 할까요?

세례와 그리스도인의 삶

로마 가톨릭은 일곱 가지 성사(세례성사, 견진성사, 성체성사, 고해성사, 병자성사, 성품성사, 혼인성사)를 1215년 제4차 라테란 공의회 이후 공식적으로 인정해 오고 있습니다.[24] 이는 피조물이자 죄인으로서 인간이 탄생부터 죽음에 이르기까지 거치는 삶의 중요한 단계를 교회의 사목과 긴밀하게 연결한 것입니다. 반면에 종교개혁자 루터에 따르면, 성례는 한편으로는 그리스도의 '말씀'에 근거해야 하고, 다른 한편으로는 보이지 않는 하나님의 은혜를 '물질'을 통해 오감으로 지각하게 해야 합니다. 신약성경을 보면, 세례와 성찬과 죄의 고백은 우리를 죄에서 벗어나게 하는 그리스도의 은혜의 명령에 기초하고 있으며, 그런 의미에서 세 가지 모두가 성례의 조건 중 하나를 충족시킵니다.

> 회개하라. 하나님 나라가 가까이 왔다(막 1:15).
>
> 성부, 성자, 성령의 이름으로 세례 주라(마 28:19).
>
> 이것은 너희를 위하는 내 몸이니 이것을 행하여 나를 기념하라(고전 11:24).

우리가 믿는 것들에 대하여

이들 중 세례와 성찬은 물과 빵과 포도주라는 물질적 요소와 결합하고 있습니다. 세례와 성찬에서 그리스도의 말씀은 하나님께서 창조하신 물질과 결합함으로써, 보이지 않는 은혜를 오감을 통해 지각하게 합니다. 이때 예식에서 사용하는 물질은 그리스도께서 직접 경험하셨고 직접 제정하신 것들입니다. 세례와 성찬에서 물과 빵과 포도주는 '과거'에 그리스도께서 우리를 위해 하셨던 사역을 상기시키고, '현재' 성령 안에서 우리를 위해 현존하시는 그리스도를 가리키며, '미래'에 그리스도께서 성취하실 약속을 기다리게 합니다.

이처럼 성례로서 세례와 성찬은 죄에 묶여 있는 유한한 인간에게 한결같이 은혜를 베푸시는 환대의 하나님을 우리 몸의 감각을 통해 특별한 방식으로 보여줍니다. 하지만 죄의 고백에는 어떤 물리적 요인도 없었기에, 루터는 죄의 고백을 매우 중요시하면서도 성례에는 최종적으로 포함시키지 않았습니다.[25] 종교개혁자들은 루터처럼 세례와 성찬만 성례로 인정했고, 그 이후 대부분 개신교회에서 세례와 성찬 의식만 거행하게 되었습니다.

개신교에서 세례와 성찬 모두를 성례로 인정하고 중요시하지만, 여기서는 니케아-콘스탄티노폴리스 신경에 따라 '세례'를 중심으로 설명해 보고자 합니다(성찬은 앞서 교회론에서 '성도의 교제'를 설명할 때 간략히 다루었습니다). **죄 씻음의 의식인 세례**는 개인이 교회에 소속될 때 시행하는 공적 의식이자, 그리스도인으로서 삶의 시작입니다(행 22:16). 일평생 세례를 단 한 번 받는다지만 그 의미와 중요성은 세례식의 순간에만 머물지 않습니다. 독일의 루터교 신학자 볼프하르트 판넨베르크Wolfhart Pannenberg, 1928-2014가 이야기하듯, "그리스도교인의 삶은 분명 세례받는 것으로 시작됩니다. 하지만 세례를 받은 이는 일평생 자신이 세례 받았다는 사실을 거듭 새롭게 상기하면서 끊임없이 그것을 자신의 이야기로 만들어 가야 합니다."[26] 전 세계 수많은 교회에서 수세자는 공동체 앞에서 자신의 신앙을 사도신경으로 고백하고 세례를 받습니다. 하지만 신앙생활을 시작한 지 오래되지 않은 수세자가 그 순간 삼위일체 하나님의 존재와 활동에 관한 신경의 내용을 다 이해하고 있을까요? 신경의 모든 조항의 의미를 이해하는 것이 세례의 조건이라면, 이천여 년 그리스도교 역사에서 세례를 받은 사람은 단 한 명도 없었을 것입니다. 그렇다면 교회는 무엇을 근거로 신앙을 아직 잘 알지도 못하는 이들에게 세례를 허용하고, 그들을 교회의 일원으로 환대할까요?

예부터 지금까지 그리스도인은 '믿음'으로 세례를 받습니다. 본성상 믿음은 "이곳에서 나의 기쁨이 희망으로 커지고, 저곳에서는 실제로 충만"하리라는,[27] 즉 지금의 나는 불완전하지만 하나님께서 완성하실 미래를 지금 맛보며 성장하게 된다는 종말론적 문법 없이는 이해될 수 없습니다. 교회에 속해 있는 사람일이라 해도 누구 하나 예외 없이 그리스도교를 충분히 알지도 못하고 여전히 하나님의 뜻을 따르지 못하는 상태에 있지만, 하나님께서 조건 없이 주시는 은혜로 세례를 받고 그리스도인이 되었습니다. 이렇게 '이미' 그리스도인이 되었지만 '아직' 그리스도인이 되어 가는 이중적 정체성이 뿌리내린 삶의 자리 *Sitz im Leben*가 교회 공동체입니다. 따라서 공동체 안에서 일어나는 교제와 예배, 교육, 선교 모두 '지금의 희미한 상태가 아니라 얼굴과 얼굴을 맞대고 보는 것과 같은 그때'(고전 13:12)에 대한 희망의 빛 속에서

우리가 믿는 것들에 대하여

이해될 필요가 있습니다.

그리스도인은 삼위 하나님의 이름으로 세례를 받고 새로운 정체성과 성품을 형성하는 여정에 들어선 사람들입니다. 지난 이천여 년 동안 이러한 '되어감' 가운데 있는 수많은 사람이 서로 만나서 연결되고 자라나 세워진 것이 그리스도의 몸인 교회입니다(엡 4:16). 교회가 '죄 씻음을 받은' 거룩한 성도의 교제라고 하지만, 여전히 죄의 영향 아래에 있는 공동체인 만큼 '모호함'과 '성장통'이 있을 수밖에 없습니다. 이러한 종말론적 유보 상태를 부인하고 완벽한 개인으로서의 그리스도인 혹은 완벽한 사회로서의 교회를 현실에서 바라고 있다면, 그리스도교 신앙의 종말론적 문법이 아니라 도덕적 낙관주의나 진보주의적 역사관의 문법을 따르고 있을 가능성이 큽니다. 아직은 미숙한 신앙과 불완전한 교회이지만 하나님께서 온전히 하실 것이라는 꿈이 그리스도인을 그리스도인 되게 합니다. 그러므로 비극적 현실 속에서도 미래에 대한 희망을 품고 함께 성장하며 느끼는 소소한 '기쁨'을, 완벽을 추구하며 얻어낸 짜릿한 '성취'보다 소중히 여길 수 있는 것이 그리스도인다운 모습일지 모릅니다.

죄 용서와 그리스도인의 자격

'이미'와 '아직' 사이에 끼어 있는 삶이라는 것은 일반적 시공간에서는 어불성설일지 모릅니다. 하지만 이와 같은 신비한 시공간으로 우리를 끌어들이고 그 속에서 하나님과 타인과 교제하는 생명을 살게 하는 계기가 바로 '세례'입니다. 세례가 이렇게 특별한 의식인 만큼 세례의 중요성을 설명하고 강조하는 방식에도 초기교회 이래 '여러 견해'

가 공존할 수밖에 없었습니다. 하지만 그리스도의 몸도 성령도 믿음도 하나이듯 '세례도 하나'입니다(엡 4:4-5). 해석과 이론의 다양성은 있을 수밖에 없지만, 그리스도의 몸이자 성령의 전인 교회는 그러한 다양성을 인정하고 포용하는 공동체라는 것이 '죄의 용서를 위한 하나의 세례'라는 고대의 신앙고백에 압축적으로 나타납니다. 이 중요한 신앙의 조항을 잃어버릴 때 교회는 위기에 처하게 됩니다.

로마의 디오클레티아누스Gaius Aurelius Valerius Diocletianus, 244-311 황제는 303년부터 약 7년간 조직적으로 교회를 탄압했습니다.[28] 이후 황제가 바뀌고 그리스도교가 제국에 의해 공인되자, 박해 당시 신앙을 저버린 주교와 사제가 교회로 돌아오게 되었습니다. 이같이 혼란한 상황에서 북아프리카의 도나투스 마그누스Donatus Magnus, 약 270-355 주교는 배교했던 교회 지도자들이 집행한 사제 서품과 성찬은 무효라는 급진적 주장을 펼쳤고, 그 결과 카르타고를 중심으로 북아프리카에 도나투스를 따르는 꽤 큰 공격적인 분파가 형성되었습니다. 반면, 히포의 주교 아우구스티누스는 도나투스파의 극단주의에 대항하며 그리스도의 몸은 하나라는 공교회의 입장을 정립해 갔습니다. 그는 교회가 완전히 성화된 의인만 모인 것이 아니라, 죄의 문제로 여전히 씨름하며 하나님의 은혜가 필요한 죄인들이 모인 '혼합된 공동체'라고 주장했습니다. 그리고 다른 한편으로는 성례의 효력은 성례를 제정하신 '그리스도의 공로'에 있지 이를 집행하는 개개인의 영성이나 도덕성에서 나오지는 않는다고 결론 내렸습니다. 아우구스티누스가 볼 때, 신앙의 순수성이 아무리 중요하다고 해도 이를 열정적으로 추구하다가 교회가 분열될 지경에 이른다면, 이는 사랑이라는 하나님의 가장 큰 선물을 거부하는

우리가 믿는 것들에 대하여

것이기에 참 신앙이라고 할 수 없습니다. 이러한 극단적 분파주의에는 죄인을 조건 없이 용서하심으로 하나의 화해의 공동체를 만드는 하나님의 은혜라는 복음의 핵심마저 부정될 위험이 있습니다.

> 우리는 [배교했다 돌아온 사람들을 배제함으로써] 성례전을 그릇되게 거행하는 사람들……때문에 **추수한 곡식의 단일성이 무너질 것을 염려**하며 이 문제를 다룬다. 이런 사람들도 주님의 밭을 추수할 때까지는 어쩔 수 없이 우리 가운데 섞여 있게 된다. **그리스도의 단일성에서 분리되거나 갈라져 나가게 만드는 일은 참으로 엄청난 악**이다. 그리스도께서 당신의 소유를 이런 분리주의자에게도 베풀어 주신다거나……분리주의자가 그리스도 안에 뿌리를 두고 있다거나, 그리스도께서 분리주의자들의 원천이 되신다고 주장하는 것은 결코 용납할 수 없다.[29]

이처럼 아우구스티누스가 보기에는 신앙적으로나 도덕적으로 범하는 죄보다, 자신의 신앙만이 옳다는 독단에서 주님의 몸인 교회를 분열시키는 죄가 훨씬 더 큽니다.

이 논쟁은 이후 교회가 어떤 곳인지를 이해하는 데 결정적 영향을 끼쳤습니다. 즉 교회는 교리의 해석 차이나 도덕성 여부로 분열될 수 없는 주님의 몸으로서 '하나의 공동체'라는 입장이 역사에 등장했습니다. 그 하나됨은 인간이 인위적으로 만드는 것이 아니라, 한분 하나님의 외아들이신 예수 그리스도의 몸이 하나이고 교회에 현존하는 하나님의 성령이 하나라는 데서 나옵니다. 죄인을 용서하고자 인간이 되신 하나님의 아들의 몸이건만, 타자를 죄인으로 낙인찍으며 그 몸을 찢는다는 것은 아무리 완벽에 가까운 신학이 있고 아무리 순수한 의도를 가진다 해도 결코 정당화될 수 없습니다.

이와 유사한 맥락에서 1930년대 중반 독일에서 나치가 득세하며 개신교회 대다수가 히틀러를 지지하던 위험한 상황 속에서 본회퍼가 교회론 강의록에 적어둔 한 문장이 눈에 크게 들어옵니다. "[고대교회 교부들은] 이따금 밀과 가라지가 밭에서 함께 자라게 할지언정 밭을 뒤엎을 생각은 하지 않았다."[30] 친나치 신학자와 목사들에 대해 양심적인 목소리를 내면서도, 자신의 날 선 비판이 교회론의 핵심을 파괴하지 않게 하려는 본회퍼의 고민이 읽힙니다.

'죄의 용서를 위한 하나의 세례를 믿는다'라는 고백은, 그리스도의 몸인 교회에 들어오기 위해 특정한 신학에 동의하거나 윤리적으로 탁월해야 한다는 거짓 믿음에서 우리를 지켜줍니다. 죄를 용서하는 하나의 세례를 인정하고 그 세례를 받음으로써 교회의 일원이 되는 은혜의 특권은 인류 모두에게 주어졌습니다. 이로써 교회는 신학적으로 탁월하고 도덕적으로 흠 없는 사람이 모이는 엘리트 종교 집단이 되기를 거부했습니다. 그 대신 온 인류를 사랑하셔서 아들까지 이 땅에 보내셨던 하나님의 뜻을 따라 신분과 성별과 나이와 업적과 기질과 성품의 차이를 묻지 않고 하나님의 자비가 필요하다는 이유로 모든 이를 환대하는 공동체가 되기로 했습니다. 교회는 서로 간의 불일치와 오해, 심지어 개개인의 도덕적 실패까지 짊어지고 가는 공동체가 되기로 했습니다. 이는 '거룩한' 공교회로서 매우 큰 위험을 무릅쓰는 선택이기도 했습니다. 하지만 그것은 성경을 통해 증언되었고, 실제 그리

우리가 믿는 것들에 대하여

스도인들이 경험하기도 했던 하나님 은혜의 급진성에 부합하는 결정이기도 했습니다.

또한 죄인을 교회의 일원으로 환영하면서 '죄의 용서를 위한 하나의 세례'만 인정한 것은, 교회가 세례 이후에도 죄의 중력에 여전히 끌리고 있는 서로의 잘못을 용서하는 공동체가 될 것을 요구합니다(엡 4:32, 골 3:13). 그런 의미에서 루터는 참 교회의 모습으로 죄를 참회하고 서로 용서하는 것을 꼽기도 했습니다.[31] 하지만 우리가 놓치면 안 될 것은, 인간이 있는 곳은 어디나 갈등과 분열과 폭력이 있을 수밖에 없다는 사실입니다. 즉 교회 안에서뿐 아니라 교회 밖에도 개인적·사회적 죄가 만연하기에, 교회와 사회 모두 하나님의 치유가 필요합니다. 따라서 세상을 하나님과 화해케 하시고 서로 용서하라 명령하신 그리스도를 뒤따라(고후 5:19, 마 6:12), 교회는 내적으로는 상호 용서를 실천하고 외적으로는 현실 세계의 평화와 화해를 위한 촉매가 될 필요가 있습니다. 하나님께서 폭력적 세상에서 신자들을 불러내어 교회를 세우신 이유가 자기들끼리 용서하며 사랑 넘치는 공동체를 만들기 위함이 아니요, 교회를 깨어진 세상으로 다시 보내서서 인류가 더욱 풍성하고 번영된 삶을 살게 하기 위함이라는 것을 명심할 필요가 있습니다.

이 장을 마무리하도록 하겠습니다. 신구약 성경에 구원론적 이미지가 다채롭게 있는 만큼, 그리스도교 신학은 상호 보완적 역할을 하는 여러 구원론을 발전시켜 왔습니다. 구원을 설명하는 방식은 다르더라도, 그리스도교 구원론이 공통되게 지향하는 현실적 목표가 있습니다. 그것은 바로 영원한 성자께서 성부의 뜻에 순종하여 세상에 보내지셨듯,*missio* 구원의 은혜를 받은 그리스도인도 하나님의 구원 의지에 따라 세상에 화해의 증인으로 보내지는 파송입니다. 하나님의 아들이신 예수 그리스도가 성부를 사랑하고 이웃을 사랑하셨듯, 우리도 사랑에 자유로운 존재가 되는 것입니다.

그리스도인이 실천하는 이웃 사랑은 일반적 의미에서의 타자에 대한 친절이나 호의와는 현상적으로 비슷해 보일지 모릅니다. 하지만 그 내적 동기는 노골적이지 않더라도 근본적으로 구원론적입니다. 이것은 단지 이웃을 전도해서 그리스도인으로 만들자는 말이 아닙니다. 그리스도인은 타자의 존엄과 가치를 구원론적 문법에 따라 인식하기에 차별화된 이웃 사랑을 실천한다고 할 수 있습니다. 일례로 20세기 영국의 작가 C. S. 루이스C. S. Lewis, 1898-1963는 '신화'라는 구원론적 주제를 이웃 사랑과 그리스도인의 삶에 다음과 같이 적용합니다.

> **신이나 여신이 될 사람들과 어울려 산다**는 것은 보통 일이 아닙니다.……평범한 사람은 없습니다. 우리가 대화를 나누는 이들은 그저 죽어서 사라질 존재가 아닙니다. 국가, 문화, 예술, 문명과 같은 것들은 언젠가 사라질 것이며 그것들의 수명은 우리 개개인에 비하면 모기의 수명과 다를 바 없습니다. 그러나 우리가 농담을 주고받고, 같이 일하고, 결혼하고, 무시하고, 이용해 먹는 사람들은 **불멸의 존재**들입니다. 불멸의 소름 끼치는 존재가 되거나 영원한 광채가 될

이들입니다. 그렇다고 우리가 언제나 엄숙해야 한다는 뜻은 아닙니다. 우리는 **놀 줄 알아야** 합니다. 하지만 우리의 유쾌함은 처음부터 서로를 진지하게 받아들이는 사람들이 나누는 유쾌함입니다.[32]

구원론은 죄인인 내가 '구원받았다'라는 감탄에서 끝나지 않고 '지금 여기서 구원받은 삶은 무엇인가'에 대한 질문과 결합됩니다. 앞서 말했듯, 이것은 우리를 구원하시는 하나님의 은혜에 대한 급진적 강조가 '사건으로서 구원'과 '과정으로서 구원'이라는 두 측면을 강조하도록 이끌기 때문입니다. 이 지점에서 구원론에 관한 우리의 성찰은 자연스럽게 다음 단계로 넘어갈 수밖에 없습니다. 그것은 바로 구원의 완성이 이루어질 마지막 때, 곧 종말에 관한 질문입니다.

적용과 토론을 위한 질문

1. 인간이라면 누구나 죄의식을 느낀다고 생각하나요? 죄책은 개인의 삶과 사회의 유지와 발전에 긍정적인 역할을 할 수 있을까요?

2. 고대의 신경과 각 교단의 신앙고백의 관계를 여러분은 어떻게 이해하고 있나요? 서로 다른 신앙고백을 가진 여러 교단이 하나의 그리스도교라 말할 수 있을까요?

3. 구원을 '승리'로 이해한다는 것은 일상적 삶에 대한 우리의 태도를 어떻게 변화시킬 수 있을까요? '승리'로서 구원론이 지나치게 강조될 때 생길 수 있는 문제는 없을까요?

4. '신화'(deification)로서 구원론에 대해 어떤 느낌이 드나요? 신화 교리를 처음 접한 개신교인은 감동부터 거부감까지 매우 다양한 반응을 보입니다. 여러분은 어떤가요? 신화라는 개념이 그토록 중요하다면, 개신교에서는 왜 그만큼 강조되지 못했을까요?

5. '칭의'는 개신교의 구원 이해에 있어 핵심적 언어입니다. 칭의를 자신의 말로 다른 이에게 설명할 수 있나요? 이때 가장 어려운 점은 무엇인가요?

6. 고대 신경에서 죄 용서와 세례가 결합된 것에 대해 어떻게 생각하나요? 이러한 믿음이 오늘날 개신교회에서 이루어지고 있는 세례 의식과 잘 부합되나요?

6장

종말

나는 전능하신 아버지 하나님, 천지의 창조주를 믿습니다.

나는 그의 유일하신 아들, 우리 주 예수 그리스도를 믿습니다.

그는 성령으로 잉태되어 동정녀 마리아에게서 나시고,

본디오 빌라도에게 고난을 받아 십자가에 못 박혀 죽으시고,

장사된 지 사흘 만에 죽은 자 가운데서 다시 살아나셨으며,

하늘에 오르시어 전능하신 아버지 하나님 우편에 앉아 계시다가,

거기로부터 살아있는 자와 죽은 자를 심판하러 오십니다.

나는 성령을 믿으며, 거룩한 공교회와 성도의 교제와

죄를 용서받는 것과 **몸의 부활과 영생을 믿습니다.** 아멘.

유럽의 오래된 성당에 가보면 세상의 마지막 때 예수 그리스도께서 다시 오시며 일어날 최후의 심판에 관한 벽화나 천장화를 종종 볼 수 있습니다. 이런 그림들에는 악인을 향한 심판 장면이 매우 생생하고 무섭게 그려진 경우가 많습니다. 이처럼 종말을 극단적으로 묘사했던 이유 중 하나는, 당시 글을 읽지 못했던 교육 수준이 낮은 일반인들의 불안을 자극하고 경각심을 불러일으켜 신앙생활을 더 충실히 하도록 유도하려는 것이었습니다. 하지만 그리스도교 예술의 역사에서 최후의 심판이 경악스럽게만 묘사된 것은 아닙니다. 독일 남부 지역에 18세기 중반에 세워진 비이스^{Wies}에 있는 순례 성당의 천장화가 대표적 예입니다.

로코코 양식으로 지어진 가장 아름다운 성당으로 손꼽히는 비이스 성당 천장화에는 영광의 광채를 발하며 재림하시는 예수 그리스도가 무지개 위에 앉아 계십니다. 그림 전체의 밝고 푸르고 따스한 색조는 마음속 이상향에 대한 아련한 동경마저 불러일으킵니다. 심판자 예수께서 십자가 이면으로 직접 가리키시는 신비롭고 부드러운 빛을 보노라면, 마지막 심판 때 궁극적으로 체험하게 될 것은 하나님의 자비일 것이라는 희망의 자국이 마음에 새겨지는 것 같습니다. 미켈란젤로가 바티칸의 시스티나 성당 벽에 그려 놓은 역동적인 최후의 심판 앞에 섰을 때와는 달리, 비이스 성당에 들어온 순례객은 최후의 심판 장면이 자아내는 온화하고 안정적인 느낌에 지친 몸과 마음이 위로받았을 것 같습니다. 스위스 출신의 가톨릭 신학자 한스 큉[Hans Küng, 1928-2021]은 그림 속 심판자께서 앉으신 무지개에 주목하며 성경의 중요한 주제를 상기합니다. "사실 무지개는 노아의 홍수 이래로 용서와 화해의 표지요, 온 피조물과 맺으신 하느님 계약의 상징이며, 아브라함과의 계약 그리고 모세를 통한 이스라엘 민족과의 계약에 앞서는 인류와의 계약의 표지이다." 비이스 성당 천장화는 최후 심판을 하시는 분은 인류를 환영하고 자신의 약속에 신실한 분이라는 성경의 반복된 가르침을 재확인합니다.

최후의 심판을 시각화한 예술 작품에도 여러 해석이 공존하듯, 종말에 관한 그리스도인의 생각도 역사 속에서 다양한 모습으로 발전해 왔습니다. 이러한 다양성은 무엇보다도 성경이 인류의 궁극적 미래를 단 하나의 고정된 방식으로만 묘사하고 있지 않기에 발생합니다. 하지만 사람들은 흔히 하나의 주도적 심상을 가지고 마지막 때를 상상하거나, 본인이 이해하기 쉽게 종말론적 사건들의 선후를 자의적으로 설정하기도 합니다. 예를 들자면, 요한계시록에는 적그리스도나 휴거 개념이 등장하지 않지만, 시한부 종말론자들은 요한계시록의 복잡한 상징적 서사 속에 적그리스도의 등장과 휴거를 끼워 넣는 무모한 시도를 합니다. 이러한 설명 방식의 깔끔함이 요한계시록 본문의 복잡성과 모호함보다 더 매력적으로 느껴질 수 있습니다. 하지만 이런 식의 접근은 성경의 전체적 맥락에서 벗어난 왜곡된 종말론적 상상력에 사로 잡히게 할 위험이 있습니다. 이와 같은 문제의식과 함께, 이번 장에서는 성경적 종말론의 핵심 주제이자 사도신경의 마지막 두 조항인 **몸이 다시 사는 것**과 **영원히 사는 것**을 중심으로 그리스도교 종말론을 간략히 살펴보도록 하겠습니다. 그러나 더욱 균형 잡힌 종말 이해를 위해 **마지막의 의미**와 **구원의 범위** 등의 신학적 주제도 이들과 함께 다루도록 하겠습니다.

마지막에 관한 믿음

일상에서 우리는 많은 마지막을 경험합니다. 학생은 졸업과 함께 학위 과정에서 공부를 마무리합니다. 산해진미가 쌓여 있더라도 결국 숟가락을 내려놓고 식사를 끝내야 합니다. 오랜 기간 삶을 나누어 깊은 정이 들었던 사람이나 동물과도 언젠가는 헤어집니다. 아름다운 음악을 들으며 시간을 초월한 듯한 느낌에 푹 빠졌다가도, 연주가 끝나면 일상적 시간 의식이 되돌아옵니다. 성경이 어제나 오늘이나 내일이나 우리에게 말을 건네는 영원한 하나님의 말씀일지라도, 정경으로서 성경에는 마지막 장이 있어야 합니다. 이처럼 세계 내 모든 존재와 활동은 필연적으로 끝이 있습니다. 우리는 끝에 새로운 시작을 잇대면서 삶을 이어 가고, 문화를 발전시키고, 때로는 성공을 때로는 실패를 맛봅니다. 이처럼 인간은 다양한 형태의 '마지막'을 계속해서 경험하며 희로

애락을 느끼며 살아가는 존재입니다.

성경의 마지막에서 성경적 마지막으로

그리스도교는 마지막에 대한 관심이 큰 종교입니다. 그 이유로 우선 창조 교리를 들 수 있습니다. 창조론은 세계가 영원한 것이 아니라 시작이 있다고 알려 줍니다. 세계는 본래 없다가 생겨난 것이기에 어떤 식으로든 끝나게 마련입니다. 또한 그리스도교 신앙은 공의로운 하나님의 명령에 상응하게 살 것을 요구합니다. 이러한 높은 윤리적 기대치는 하나님의 뜻과 대비되는 현실의 추악함을 역사의 마지막 때 하나님께서 심판하고 바로잡으실 것이라는 희망을 불러일으킵니다. 게다가 그리스도교의 경전인 신구약 성경의 배치도 한몫합니다. 성경은 세계가 존재하게 된 내력을 알려 주는 창세기에서 시작하여, 세계가 어떻게 끝날지에 관한 요한계시록으로 마무리됩니다. 즉 시작과 끝이 있고 그 가운데서 여러 인물이 등장하고 다양한 사건이 벌어지는 '극'drama과 같은 형식을 갖추고 있다는 점에서, 성경은 마지막에 대한 관심을 고취하기에 좋은 구조입니다.[2]

실제 그리스도교의 종말론을 공부하기 위해 많은 사람들이 성경의 마지막 책이자 세상의 마지막에 관한 책인 요한계시록을 읽습니다. 마치 대다수의 교리 입문서나 조직신학 개론서 마지막 장에 종말론이 있는 것과 구조적으로 비슷하기도 합니다. 성경의 여러 책 중 종말론적 요소가 유독 강한 요한계시록은 로마 제국의 핍박 아래서 배교의 압박과 혼합주의의 유혹으로 고통받던 초기 그리스도인들을 위해 기록되었습니다. 하지만 요한계시록처럼 고도의 상징적 기법으로 전쟁과 핍박과 심판의 주제를 활용하는 '묵시적'apocalyptic 양식이 고통스럽고 막막한 현실에 대비되는 종말론적 미래를 표현하는 유일한 방법은 아니었습니다.[3]

　1세기에 기록된 신약성경의 서신서나 복음서도 고대 유대교의 묵시적 세계관 속에서 기록되었습니다. 하지만 이들은 묵시문학적 요소를 사용하더라도 그리스도론적으로 재해석했습니다. 그러므로 예수 그리스도의 생애와 사역과 밀접하게 관련된 하나님 나라와 죽은 자의 부활, 새로운 창조, 하나님의 심판 등 몇몇 선별된 개념이 종말론적으로 중요한 역할을 합니다. 사도신경 역시 핍박의 상황을 배경으로 형성된 신앙고백입니다. 사도신경 공인본의 토대가 되었던 원시교회의 신앙고백문이 발전하고 정착하던 2세기 말경에는 교회에 대한 로마제국의 박해가 여러 차례 일어났습니다. 하지만 여기서는 요한계시록과 같은 고도의 상징 대신 '몸이 다시 사는 것'과 '영원한 삶'이라는 두 조항으로 종말론의 핵심을 구성합니다.[4] 폭력적 상상력이나 과도한 두려움, 혼란스러운 해석을 유발할 수 있는 묵시적 언어와 이미지 대신, 사도신경은 그리스도인이 되는 데 부활의 첫 열매인 예수 그리스도를 뒤따라 부활하는 것과, 그분을 통해 선물로 주어지는 영원한 생명을 믿는 것이 중요하다는 사실을 다시 한번 확인하게 해줍니다.

　물론 요한계시록이 엄연히 신약성경에 마지막 책으로 들어와 있는 만큼 그 중요성을 무시하는 것은 부적절합니다. 하지만 요한계시록만 가지고 그리스도교 종말론을 구성하려 해서도 안 됩니다. 요한계시록이 성경의 마지막 책으로서 다른 책과 차별화되는 독특한 위치와 신학은 마땅히 인정을 받아야 하지만, 종말 신앙은 성경 전체에 흐르는 하나님의 미래에 대한 희망과 사도신경이 잘 요약한 삼위일체 하나님의 존재와 사역이라는 큰 틀 안에 있음을 명심해야 합니다. 역사적으로도 4세기 초 신약성경에 들어갈 27권의 책이 정해지기 전까지, 복잡한 상징을 과도하게 사용해 의미가 불분명한 요한계시록이 정경적 위상을 가질 수 있을지를 놓고 부정적 의견을 가진 신학자와 교회 지도자가 꽤 있었습니다.[5] 종교개혁자 중에도 대표적으로 루터가 요한계시록은 의미도 불분명하고 성령의 영감으로 기록되었다는 증거도 보이지 않는다며 자신은 이 책을 받아들일 수 없다고까지 했습니다. 실제 교회사에서도 신구약 성경이 증언하는 복음의 전체적 맥락에서 벗어나 요한계시록을 해석하다 여러 이단이 발생했던 것을 볼 수 있습니다.

이러한 이유로, 우리의 종말론적 신앙이 성경 전체 혹은 삼위 하나님에 대한 신앙이 아닌 요한계시록에만 지나치게 의존하여 형성되는 것을 경계할 필요가 있습니다. 요한계시록으로 대표되는 성경의 묵시문학에 나온 몇몇 종말론적 주제를 떼어 내어 독자적으로 발전시키려다 삼위 하나님에 대한 올바른 믿음마저 압도하게 해서도 안 됩니다. 요한계시록의 난해하고 복잡한 본문만으로 채워지지 않는 논리 구조나 마지막 때의 연대기를, 성경의 다른 책에 있는 종말론적 주제로 억지로 메우려는 것은 더더욱 안 됩니다.[6] 이런 문제의식을 갖고 성경에서 말하는 '마지막'의 의미를 살펴보면서 종말론적 희망의 본질을 탐구해 보도록 하겠습니다.

궁극적 마지막에 관하여

종말론은 한마디로 '마지막'에 관한 교리입니다. 그러나 이것은 우리

우리가 믿는 것들에 대하여

가 시간 속에서 경험하는 많은 것들의 끝^{end}과는 질적으로 다른 '궁극적인 마지막'^{the End}에 관한 교리입니다. 20세기 초반에 바르트는 그 마지막을 다음과 같이 설명합니다. "신약성경이 선포하는 종말은 어떤 시간적인 사건이 아니다.……신약성경의 종말은 정말로 마지막을 뜻한다. 1,900년 역사의 의미가 줄어드는 정도가 아니라 그야말로 무無가 될 수밖에 없는 **완전한 마지막**이다. 그것의 가까움 혹은 먼 것과 관련해서는, **이미 아브라함이 그날을 보고 기뻐했을 정도**로[요 8:56] 완전한 마지막이다."⁷ 종말은 우리가 속해 있는 역사가 흘러가다 도달하게 될 끝이 아니라, 하나님께서 주도적으로 가지고 오셔서 완성하실 궁극적 마지막입니다. 종말을 다른 유한한 것들의 마지막처럼 이전부터 있던 것이 끝나는 것으로 이해하다가는 이 엄청난 사건의 참뜻을 놓쳐 버립니다. 그렇다면 우리는 종말을 어떻게 이해해야 할까요?

마지막을 뜻하는 영어 단어 end(그리스어로는 *telos*)에는 '목적'이라는 뜻도 있습니다. 즉 우리는 종말을 단지 역사의 마지막에 관한 예고가 아니라, 삼위 하나님이 이루실 역사의 궁극적 '목적'에 관한 교리로 이해해야 합니다. 인간이 아닌 하나님이 역사의 주인이시라는 겸손한 고백은, 역사의 최종 목적을 인간이 결정하거나 성취할 수 있다는 낙관론의 마성적 힘에서 자유롭게 해줍니다. 성경의 하나님은 이스라엘과 약속하시고 그 약속에 신실하신 분입니다. 이로써 하나님의 약속은 역사의 '목적'이 되고, 약속을 실현하고자 하는 하나님의 활동은 역사의 '동력'이 됩니다. 그런 의미에서 성경적으로 가치 중립적인 물리적 시간이란 없습니다. 시간은 언제나 하나님의 약속과 하나님의 성취 사이의 긴장이 자아내는 역동적 의미로 채워져 있습니다.⁸ 역사의 마지막에 죽음이나 공허가 아니라 시간의 주이자 예수 그리스도의 아버지이신 자비로운 하나님께서 인류를 기다리신다는 것은, 시간적 존재로서 겪는 허무함이나 두려움에서 우리를 해방해 줄 희망의 근거가 됩니다.

성경을 보면, 역사에 자신을 붙들어 매신 하나님은 백성들과 함께, 백성들을 위하여, 백성들을 통하여 약속을 이루어 가십니다. 그렇기에 신앙의 눈을 가진 사람에게는 현실의 부조리함과 하나님의 약속 사이의 모순이 더욱 두드러져 보이게 마련입니다. 하지만 동시에 신앙은 지금 우리가 경험하는 역사에는 궁극적 의미가 내재할 수 없다는 것도 알려 줍니다. 따라서 그리스도교 신앙은 하나님께서 성취하실 역사의 마지막에 대한 희망으로 유령처럼 이 땅을 떠도는 각종 거짓 희망에 대한 '비판'이기도 합니다. 그리고 신앙은 현실 앞에서 소극적 혹은 절망적 태도를 넘어서서, 하나님께서 약속하신 미래를 앞당겨 맛보고 증언하는 삶을 지향하게 합니다.[9] 이러한 방식으로, 신앙은 역사 속으로 뚫고 들어와 현실을 변혁하는 '하나님의 미래'를 향한 종말론적 희망으로 채워집니다. 이는 '의인은 믿음으로 말미암아 살리라'(롬 1:17)라고 말했던 바울이 희망을 곧 구원을 위한 덕목으로 강조했던 것만 보아도 알 수 있습니다.

> 우리가 **소망으로 구원**을 얻었으매 **보이는 소망이 소망이 아니니** 보는 것을 누가 바라리요. 만일 우리가 보지 못하는 것을 바라면 참음으로 기다릴지니라(롬 8:24-25).

우리가 믿는 것들에 대하여

신약성경에서 믿음을 유독 강조하는 또 다른 책인 히브리서도 로마서와 비슷하면서도 다른 방식으로 단어를 조합하여 믿음과 희망 사이의 긴밀한 관계를 묘사합니다.

> 믿음은 **바라는 것들의 실상**이요 **보이지 않는 것들의 증거니**
> (히 11:1).

이 구절에서 한국어로 '실상'으로 번역된 단어는 실체, 토대, 본질 등의 뜻을 지닌 그리스어 '휘포스타시스'*hypostasis*입니다.[10] 믿음은 아직 오지 않은 미래가 '실체'로 우리에게 주어진 것입니다. 미래는 아직 오지 않은 시간이 아니라, 현실 속에 들어와 현존하는 실체입니다. 따라서 미래는 다가올 미래에 상응하게 우리를 바꾸기에 변혁적 힘을 가집니다.[11] 믿음은 우리의 소원을 미래라는 미지의 스크린에 투사하고 그것을 현실화하려고 분투하는 것이 아닙니다. 보이지 않는 것을 향한 마음의 강한 확신을 유지하려는 의지도 아닙니다. 이런 식으로 믿음을 이해하게 되면 하나님의 미래는 나의 주관적 갈망 내지는 노력에 좌우되어 버리기 때문에 엄밀한 의미에서 희망할 만한 것이 되지 못합니다. 우리의 믿음이 확고부동한 확신이라면, 그 단단함은 우리 마음이 강해서가 아니라 우리가 믿어야 할 하나님의 신실한 약속이 결코 취소될 수 없다는 사실에서 나옵니다. 따라서 종말론적 희망은 단지 '미래가 어떻게 될 것이다'라는 예언, 혹은 '이런 미래가 오면 좋겠다'라는 소원과는 다릅니다. 하나님의 미래는 실체로서 이미 역사 속에 현존합니다.

종말론적 희망의 내용

믿음과 희망은 일반적 언어 사용에서는 그 의미가 다르겠지만, 그리스
도교 신앙의 문법 속에서는 서로 긴밀히 결합되어 있습니다.[12] 종말은
현실 속에 들어와 있지만, 결코 현실로 환원되지 않는 미래입니다. 그
렇다면 여기서 이러한 종말론적 믿음의 틀을 꽉 채워 주는 놀라운 희
망의 내용은 무엇일까요? 성경에도 나와 있는 신자들의 본향인 천국일
까요, 아니면 다른 무엇일까요? 천국을 해석하거나 그 중요도를 매기
는 방식은 사람마다 다르지만, 천국 교리는 원시 그리스도교 이래 지
금까지 쭉 내려오고 있습니다. 3세기 중반 로마 제국에서 전염병으로
대다수가 죽음의 위협에 노출되는 끔찍한 상황을 마주했을 때, 카르타
고의 주교 키프리아누스는 그리스도인의 본향은 천국임을 상기하며
죽음도 꺼트리지 못할 그리스도교적 희망의 강렬함을 보여줍니다.

> 예수께서는 이제 곧 자신이 제자들을 떠나게 된다는 말을 듣고 슬
> 퍼하는 제자들에게 "너희가 나를 사랑한다면, 내가 아버지께로 가
> 는 것을 기뻐했을 것이다"라고 말씀하십니다. 이 말씀은 우리가 아
> 끼고 사랑하는 사람이 **세상을 떠날 때면 슬퍼하기보다 기뻐해야 한
> 다**는 것을 가르칩니다.……사랑하는 친구들이여, 우리는 세상을 단
> 넘한 사람들이요, 이곳에서 **잠시 동안 나그네와 순례자로 살고 있다**
> 는 사실을 잊지 말고 기억해야 합니다.……우리 가운데 낯선 나라
> 에 살면서 고향으로 돌아가기를 서두르지 않을 사람이 누가 있겠습
> 니까? 친지들에게 돌아가길 서두르면서 속히 사랑하는 이들을 품을
> 수 있게 순풍이 불어오기를 바라지 않는 사람이 누가 있겠습니까?[13]

이처럼 그리스도교 신앙은 현실 너머의 피안으로서 '천국'이라는 가르침을 내포합니다. 하지만 종말론적 희망을 죽음 이후 누릴 내세의 복락에 관한 기대로 한정해서는 안 됩니다. 키프리아누스는 천국을 가고 싶은 본향으로 묘사하지만, 정작 신구약 성경을 통틀어서 보더라도 천국에 대해서는 아주 절제된 묘사만 제시될 뿐입니다. 다른 종교에서 가르치는 내세의 아름답고 생생한 모습과 비교할 때 다소 건조하다고 느껴질 수도 있습니다. 일례로 이슬람교 꾸란에 나오는 종말론도 그리스도교의 가르침과 유사하게 말세의 징조, 예수의 재림, 부활, 최후 심판, 천국과 지옥에 관한 묘사가 나옵니다. 각론으로 들어가면 꾸란과 신약성경의 종말론이 여러 모로 다르겠지만, 특히 천국의 모습에서 큰 차이가 있습니다. 꾸란의 천국에는 시내가 흘러 물이 넘치고, 우유와 술과 꿀과 과일이 가득합니다.[14] 하지만 신약성경은 이처럼 구체적이고 감각적인 이미지를 사용해 천국을 세부적으로 묘사하지 않고, 시각적 심상에 상대적으로 덜 호소하는 '하나님과의 연합'을 강조합니다.

그렇다면 신약성경에는 왜 천국에 대한 감각적인 묘사가 절제되어 있을까요? 이에 대한 정확한 답을 성경 자체로부터 얻을 수는 없겠지만, 내세에 대한 이러한 단출한 묘사가 가지는 심리적·교육적 효과는 분명합니다.[15] 만약 천국에 대한 묘사가 너무 화려하여 거기에 관심이 쏠려 버린다면, 정작 하나님이 아닌 천국에 있는 다른 무언가가 우리가 갈망하는 핵심 대상이 되어 버릴 위험이 있습니다. 이런 경우 신앙이 하나님과의 인격적 관계가 아니라, 천국에서 누릴 보상을 중심으로 형성되어 버립니다. 그러므로 구약성경 저자들의 내세에 대한 침묵과 신약성경 저자들의 절제된 묘사는, 신앙의 핵심에 절대자이신 하나님과의 인격적 관계가 놓여 있다는 것을 받아들이도록 마음을 훈련하는 방식이라고도 할 수 있습니다.

특별히 사도신경의 종말론에는 부활 개념이 핵심적 위치에 놓여 있습니다. 부활은 죽음 이후에 대한 호기심과 두려움으로 범벅이 된 혼란한 상상력을 정화하고, 우리의 관심을 '예수 그리스도를 죽음에서 일으키신' 하나님께로 돌리게 합니다. 많은 사람의 종교심이 죽은 후 낙원에 가서 행복을 누리는 것에 맞추어져 있을 때, 부활 사건은 인류의 궁극적 목표는 죽음도 끊지 못할 하나님의 사랑 속에서 영원한 교제의 생명을 얻는 것임을 계시합니다. 이러한 희망은 죽음에서 일으켜 세워진 예수 그리스도께서 승천하셔서 하나님과 교제를 나누시는 것에서 확증됩니다. 아담 이후 하나님과 인간 사이에는 '죽음'이라는 넘지 못할 골이 놓이게 되었지만, 죽음을 이긴 부활하신 그리스도께서 인류를 이끌고 성부 오른편으로 가십니다. 이로써 피조물인 인간도 성부와의 교제에 참여할 수 있게 하셨습니다. 승천하신 그리스도가 있는 하나님 우편은 인간을 교제의 생명 속으로 환영하시려고 하나님께서 우리를 향해 열어두신 공간입니다. 그런 의미에서 그리스도의 부활은 죽음이라는 두껍고 두려운 암흑의 벽을 뚫고 '나는 너의 하나님이다'라는 빛의 말씀을 우리에게 비추어 준 사건입니다. 이로써 죽음조차 하나님과 우리 사이의 '나-너'의 인격적 관계를 파괴할 수 없음이, 죽음 이후 그리스도인이 경험할 진정한 피안은 단지 천국이 아닌 '하나님' 자체이심이 알려지게 됩니다. 이것이 그리스도교의 종말론적 희망의 핵심 내용입니다.

사도신경은 '천국'이나 '하나님 나라' 같은 신약성경의 단어를 사

우리가 믿는 것들에 대하여

용하지 않습니다. 어떤 이는 이러한 종말론적 개념의 부재가 사도신경의 한계라고 비판합니다. 하지만 앞서 강조했듯, 종말론적 의미와 상징이 풍성한 세례식에서 사용했던 신앙고백인 만큼 사도신경에서 종말론적 정취를 느낄 수 있어야 그 뜻을 제대로 이해했다고 할 수 있습니다. 사도신경은 하나님 나라 혹은 천국마저 넘어선 우리의 궁극적 희망이신 하나님께서 직접 성취하실 미래를 '부활'과 이에 뒤따르는 '영생'으로 설명합니다. 그렇다면 부활을 통해 종말을 생각하는 것이 어떤 식으로 미래에 대한 차별화된 가르침으로 이어지는지부터 살펴보겠습니다.

"몸이 다시 사는 것"

사도신경에 직간접적으로 가장 많이 언급되는 주제는 무엇일까요? 그것은 바로 '죽음'입니다. 유한한 존재로서 우리는 죽을 수밖에 없고, 죄인으로서 우리는 죽음을 두려워합니다. 하지만 그리스도의 부활은 죽음에 대한 승리이자, 죽을 수밖에 없는 육체적 존재인 인간의 영원한 생명을 위한 승리입니다. 우리는 미래의 부활이 어떤 방식으로 이루어질지는 정확히는 알지 못합니다. 바울도 그리스도의 부활이 없다면 우리의 선포도 믿음도 다 헛것이라고 할 정도로 부활을 중요시했지만, 상징과 비유를 통해 부분적으로만 설명하고 있습니다(고전 15장). 하지만 신약성경이 분명히 알려 주는 것은 부활이 두 번 있다는 사실입니다. 첫 번째가 1세기에 있었던 그리스도의 부활이고, 두 번째는 미래에 일어날 죽은 자의 부활입니다.

부활이라는 계시

만약 예수 그리스도의 부활이 죽음으로부터 하나님의 승리라면, 그분이 다시 살아나신 것만으로 충분하지 왜 다른 사람들의 부활까지 일어나야 할까요? 단지 최후 심판 이후 천국에서 보상을 누리거나 지옥에서 벌을 받으려면 몸이 필요해서 죽은 자가 부활하는 것이 아닙니다. 부활이 중요한 것은 죽음도 삼키지 못했던 성육신한 성자의 생명과 영광에 우리도 참여하게 하려는 성부의 뜻이 몸의 부활을 통해 실현되기 때문입니다. 이러한 종말론적 희망의 내용을 바울은 고린도전서 15:20-23에서 단계적으로 설명합니다.

> 그러나 이제 **그리스도**께서 죽은 자 가운데서 다시 살아나사 **잠자는 자들의 첫 열매**가 되셨도다(20절).
> 사망이 한 사람으로 말미암았으니 **죽은 자의 부활도 한 사람으로** 말미암는도다. 아담 안에서 모든 사람이 죽은 것 같이 **그리스도 안에서 모든 사람이 삶**을 얻으리라(21-22절).
> 그러나 각각 자기 차례대로 되니 먼저는 **첫 열매인 그리스도**요 다음에는 그가 **강림하실 때에 그리스도에게 속한 자**요(23절).

바울의 논의를 요약하자면, 1세기에 일어난 그리스도의 부활은 미래에 일어날 부활을 미리 앞당겨 보여주고, 인류의 영원한 생명의 근거가 되며, 종말론적 미래의 내용을 결정하는 역사적인 사건입니다. 바울이 다른 편지에서 피조물의 모든 실재를 예수 그리스도 중심으로 설명하듯, 여기서는 역사의 궁극적 운명을 그리스도의 부활이라는 관점에서 해석합니다. 이러한 가르침에 비추어 볼 때, 현재 우리는 '이미' 일어난 부활과 '장차' 일어날 부활 사이를 살아갑니다. 우리는 부활하신 예수 그리스도를 말씀과 성례를 통해 '기억'함으로써, 그분이 다시 오실 때 죽은 자들이 부활하며 완성될 하나님의 미래를 '기대'합니다. 따라서 종말에 관한 우리의 신학적 상상력은 부활에 대한 기억과 기대라는 두 축의 긴장 속에서 형성되어야 합니다. 보다 구체적으로는 1세기에 역사 속에서 일어난 부활, 특히 예수께서 무덤에서 일어나셔서 승천하실 때까지 '40일의 역사'로부터 미래에 있을 부활에 대한 희망을 꿈꾸어야 합니다.

예수 그리스도는 부활 후 40일간 하나님이 인류를 어떻게 대하시는 분인지를 결정적으로 보여주셨습니다. 한마디로 말하면, 부활의 실제 역사 동안 팔레스타인에서 사람들이 만났던 부활의 주님은 '환대의 하나님'이셨습니다.[16] 억울한 죄목을 뒤집어쓰고 사형 선고를 받은 예수 그리스도는 제자들에게까지 배신당하며 외로이 십자가에서 마지막 숨을 거두셨습니다. 하지만 하나님은 그분을 죽음에서 일으키심으로 그분이 하나님의 아들이심을, 그리고 이 땅에서 하나님 나라를 외치시던 그분의 활동이 하나님 자신의 사역이었음을 공개적으로 인정하십니다. 부활하신 하나님의 아들은 자신을 배신했거나 죽음으로 내몰던 이들을 찾아가 복수하지 않으셨습니다. 그분은 무력감과 죄책감에 억눌려 음지로 숨었던 제자들을 찾아가셨습니다. 그들을 찾아가셔서 평화를 비셨지(눅 24:36, 요 20:19), 그들의 잘잘못을 따지거나 배신을 심판하지 않으셨습니다. 믿음 없음을 꾸짖을 때도, 지금 눈앞에서 일어난 부활을 믿게 하시려 했지 과거를 책망하지는 않으셨습니다(막

16:14).

부활하신 하나님의 아들은 예루살렘을 등지고 떠난 낙심한 제자들을 직접 멀리까지 찾아가셨습니다. 한 번은 엠마오로 가던 제자들을 만나셨고(눅 24:13-31), 다른 한 번은 갈릴리까지 가서 고기를 낚던 베드로를 포함한 제자들을 만나셨습니다(요 21:1-23). 두 만남의 공통점은 제자들의 쪼그라들었던 마음이 주님께서 베푸신 '음식'을 받아먹으며 희망으로 다시 확장되었다는 데 있습니다. 그 결과 엠마오로 갔던 제자들도, 갈릴리로 낙향했던 베드로도 스승이 정치범으로 몰려 처형당했던 위험한 도시 예루살렘으로 다시 돌아가 부활을 증언할 정도로 삶의 태도가 바뀌었습니다.

부활하신 예수께서 제자들에게 음식을 먹이시는 환대의 장면은 예언자들이 꿈꾸었던 주님의 날을 배경으로 볼 때 그 의미가 더 두드러집니다. 대표적으로 이사야는 회복의 은혜를 잘 차려진 식탁의 주인 host이 베푸는 환대hospitality로 묘사합니다.

> 만군의 여호와께서 이 산에서 만민을 위하여 기름진 것과 오래 저장하였던 포도주로 **연회를 베푸시리니** 곧 골수가 가득한 기름진 것과 오래 저장하였던 맑은 포도주로 하실 것이며 또 이 산에서 모든 민족의 얼굴을 가린 가리개와 열방 위에 덮인 덮개를 제하시며 **사망을 영원히 멸하실 것이라**. 주 여호와께서 모든 얼굴에서 눈물을 씻기시며 자기 백성의 수치를 온 천하에서 제하시리라. 여호와께서 이같이 말씀하셨느니라(사 25:6-8).

이 성경 구절을 보면 '하나님의 환대'와 '죽음에서 승리'라는 두 주제가 먼저 결합되고 그다음에 백성의 회복이 선포됩니다. 이와 유사하게, 죽음을 이기신 주님이 40일간 우리와 같은 시공간을 공유하며 계시하신 것도 하나님과 인간의 화해에 대한 '관념'이 아니었습니다. 오히려 부활의 40일 동안 그분은 직접 팔레스타인 이곳저곳을 거니시며 제자들을 환영하고 음식을 함께 드셨습니다. 제자들은 부활 이전에도 종종 주님과 식사를 했겠지만, 지금은 자신들 앞에서 빵을 먹고 계신 분이 그저 유력한 메시아 후보가 아닌, 하나님께서 죽음에서 일으키신 하나님의 아들이라는 놀라움과 감격 속에서 주님의 환대에 응답했습니다.

부활의 역사에서 죄인을 용서하고 환영하고 회복시키면서 새로운 존재로 빚으시는 인격적인 하나님이 계시되었습니다. 구약의 예언자들이 선포했던, 백성에게 잔칫상을 차려 주고 눈에서 눈물을 닦아 주시리라던 하나님이 1세기 팔레스타인에 부활한 인간의 몸으로 실제 등장하셔서 제자들과 함께 먹고 그들에게 평화를 주셨습니다. 이러한 놀라운 부활 사건의 경험이 제자들의 삶을 바꾸었고, 이로부터 교회의 역사가 시작되었습니다. 그러므로 부활이 주는 희망이 단지 우리가 죽지 않고 다시 살아나리라는 것에 그쳐서는 안 됩니다. 부활은 우리를 환대하시는 하나님께서 실제 역사 속에 계시하셨기에, 40일 동안 보이셨던 하나님의 모습이 우리의 종말론적 희망의 패턴을 형성해야 합니다. 그런데 부활하신 예수께서 길을 걷고 빵을 먹고 하실 수 있었던 것은, 그분의 부활이 '몸의 부활'이었기 때문입니다.

몸의 부활과 새 창조

부활 이후 예수 그리스도에 대한 복음서의 묘사를 보면 '몸'에 대한 강조가 두드러집니다. 이것은 물질을 악하거나 열등한 것으로 보고 예수 그리스도를 영적인 구원에만 묶어두려고 했던 고대 지중해 세계의 이단에 대한 반발이기도 합니다. 하지만 부활의 첫 열매인 예수 그리스도의 부활이 몸의 부활이었다는 것은 종말론적 신앙에서 매우 중요한 의미를 가집니다.

신약성경은 몸과 관련하여 두 단어를 두드러지게 사용합니다. 그리스어로 sarx가 죄의 유혹과 시간의 파괴성을 각인한 피조적 '육신'이라면, soma는 영혼과 조화를 이룬 부활의 썩지 않을 '몸'입니다. 고린도전서 15장에서 바울은 몸의 부활을 설명할 때, sarx가 아니라 soma를 반복하며 사용합니다. 반면 사도신경의 그리스어 번역본은 '몸의 부활'에 관한 조항에서 sarx를 사용합니다.[17] 그렇기에 한국어로 '몸의 부활' 대신 '육신의 부활'을 믿는다고 번역하면 사도신경 원문의 의미를 더 잘 살릴 수 있습니다. 혹자는 이 지점에서 사도신경이 성경적 부활 이해에서 벗어났다고 비판하기도 합니다.[18]

사실 그리스어 사도신경이 왜 '몸의 부활' 대신 '육신의 부활'을 사용했는지는 정확히 알 길이 없습니다. 하지만 고대 그리스도인이 부활을 설명할 때, 꼭 바울의 그리스어 용례를 따랐던 것은 아닙니다. 게다가 요한은 성육신을 설명할 때 '영원한 하나님의 아들'과 '어둠 속에 있는 인류' 사이의 급진적 연대를 강조하고자 '말씀이 육신sarx이 되었다'고까지 말합니다(요 1:14). 이에 비추어 추정하자면, '육신의 부활'은 피조물로서 우리가 겪는 죽음에의 위협, 부패할 운명, 죄에 대한 유혹 모두가 육신과 함께 죽어야 함을, 그리고 우리의 전 존재가 죽음으로부터 일으켜져야 함을 강조할 수 있습니다. 또한 *sarx*가 단지 한 개인의 육신이 아니라 인류 전체가 처한 보편적 곤경과 한계를 보여주기도 한다는 점에서, '육신의 부활'은 개인뿐 아니라 사회적으로도 인간의 가장 추악하고 소외되고 뒤틀리고 억압된 모습까지 다 하나님의 은혜에 포괄된다는 것을 알려 줍니다. 이것은 초기교회 신학자들이 하나님의 영원한 말씀이 (죄의 근원인 자유의지를 포함한) 인간성 전체를 남김없이 취하신 것은, '취해지지 않은 것은 치유될 수 없기 때문'이라고 설명한 것과 비슷한 논리입니다.[19] 이처럼 육신의 부활은 우리가 첫 아담의 창조와 타락 이후부터 계속 이어져 내려오는 인간의 조건에서 해방되어, 둘째 아담의 생명에 참여함으로써 새로운 창조에 들어서는 사건입니다.

부활의 '몸'이냐 '육신'이냐를 따지는 것보다 더 중요한 문제가 있습니다. 복음서를 보면 부활한 그리스도의 출현을 묘사하는 여러 장면에 반복되는 패턴이 있습니다. 몸이 부활했음에도 불구하고 제자들은 스승을 단번에 알아보지 못했습니다(눅 24:31, 요 20:14-15, 19). 부활하신 그리스도는 다른 여느 인간과 다름없이 음식을 먹고 소화하는 몸을 가졌지만(눅 24:32), 문을 꼭 닫아 놓았던 방 한가운데 신기하게 들어와 계셨습니다(요 20:19, 26). 부활의 힘은 생기가 모두 빠져 버린 몸을 죽음에서 일으킬 정도로 강력했지만, 그리스도의 옆구리의 창 자국과 손바닥의 못 자국은 이상하게도 치유되지 않았습니다(눅 24:40, 요 20:27). 이처럼 복음서는 그리스도의 부활을 증언할 때 몸의 연속성과 불연속성을 반복적으로 가리킵니다. 이는 우리가 종말을 이해하는 데 매우 중요한 지침을 줍니다.

몸이 다시 살아났다는 점에서 부활 이전과 이후에는 '동일성'이 있습니다. 하지만 그 몸은 물리적으로는 설명하기 힘든 방식으로 나타났고, 제자들이 그 모습을 곧바로 알아보지 못할 만큼의 '차이'도 있었습니다. 부활 이전과 이후에 일어난 '연속성 속의 변화'를 바울은 '입음'이라는 유비로 설명합니다. "이 썩을 것이 반드시 썩지 아니할 것을 입겠고 이 죽을 것이 죽지 아니함을 입으리로다"(고전 15:53). 이를 조금 더 명확히 설명하는 데, 부활 이전과 이후 '몸'은 같으나 '몸의 속성'에는 변화가 있다고 했던 토마스 아퀴나스의 표현이 도움이 될 수 있습니다.[20] 부활에서 몸에 새겨지고 몸을 통해 형성된 개개인의 고유한 정체성은 사라지지 않을 것이므로, 우리는 부활 이후에도 자기를 인식하고 어떻게든 서로를 알아볼 수 있을 것입니다. 하지만 몸의 속성이 변하였기에 부활한 몸은 부패하지 않을 것이며, 몸에 저장되고 각인된 폭력적 기억과 왜곡된 개성은 치유될 것이며, 심지어 '하나님의 천사들과 같이' 영광스럽게 변모할 것입니다(마 22:30).

부활 이전과 이후의 연속성과 불연속성은 인류와 세계의 희망이 포괄적으로 제시된 새 하늘과 새 땅을 이해할 때도 중요한 통찰을 줍니다. "또 내가 새 하늘과 새 땅을 보니 처음 하늘과 처음 땅이 없어졌고 바다도 다시 있지 않더라"(계 21:1). 이 말씀은 자칫 종말이 옛 창조를 철저히 파괴하는 사건이라는 인상을 줄 수 있습니다. 실제 일부 극단적 종말론자들은 계시록에 나온 우주적 전쟁의 이미지까지 동원해 이전 세계가 소멸되고 나면 새 하늘과 새 땅이 완성된다고 주장하기도 합니다. 하지만 이러한 믿음은 성경적이지 않을뿐더러, 지금 우리가 사는 현실인 하나님의 창조에 대해 부정적인 생각을 조장함으로써 복음의 본질을 심각하게 훼손합니다.[21] 태초에 하나님께서 천지를 창조하시고 '좋다'라고 감탄하신 만큼, 우리가 속한 창조 세계는 인간의 불순종과 저항이 있더라도 완벽하지는 않지만 '여전히' 좋은 창조입니다.

부활 이전과 이후의 몸이 동일성이 있음에도 불구하고 속성의 변화가 있듯, 새 하늘과 새 땅은 그리스도의 부활을 통해 변모한 창조로 보아야 마땅합니다. 하나님의 새로운 창조는 성령께서 피조 세계 안에서 더는 함께 탄식하고 괴로워하지 않으시는, 즉 옛 창조가 허무에 굴복하지 않는(롬 8:21, 23) 죽음에서 해방된 영광의 세계입니다. 이처럼 새 하늘과 새 땅은 옛 창조를 대체하거나 보완한 것이 아니라, 삼위 하나님의 종말론적 활동으로 이루어지는 '창조의 완성'입니다.[22] 우리는 이러한 종말론적 믿음을 1세기에 일어난 예수 그리스도의 부활이라는 관점을 통해서만 얻을 수 있습니다. 인간의 지식과 이해력 너머에 있는 하나님의 미래를 앞당겨 희망하는 것이 그리스도인의 삶이라면, 우리는 모든 죽은 자의 부활의 첫 열매인 예수 그리스도의 부활이라는 구체적 지점으로부터 종말을 상상하는 법을 익혀야 합니다.

누구까지 구원받을 것인가

사도신경에 나오지는 않았지만 지나칠 수 없는 주제 하나를 간략하게 다루도록 하겠습니다. 그것은 그리스도의 은혜로 '누구까지 구원받을 것인가'라는 문제입니다. 성경은 최후의 심판으로 의인과 악인이 나뉘고, 의인에게는 하나님의 복이 악인에게는 형벌이 내린다고 가르칩니다. 그렇기에 전통적으로 그리스도교에는 의인이 갈 천국과 악인이 속한 지옥에 관한 교리가 발달했습니다. 하지만 사실 천국이냐 지옥이냐보다 더 근원적인 질문은, 1세기에 있었던 십자가와 부활 사건이 누구에게까지 구원의 효력을 끼치는가 하는 문제입니다.[23]

그런데 이 주제에 대해 본격적으로 논하기 전에 명심해야 할 점이 있습니다. 구원은 우리가 생전에 선행이나 믿음으로 투자한 것을 이후에 보상으로 받는 것이 아니라, 전적으로 하나님께서 조건 없이 '선물'로 주시는 것입니다. 게다가 하나님께서 이루실 궁극적 미래의 모습은 역사 속 인간에게는 가려져 있습니다. 따라서 구원의 문제를 다룰 때 자기의 현재 생각과 입장에 오류가 있을 수 있을 가능성을 겸손하고 정직하게 인정할 수 있어야 합니다. 또한 구원에 관한 신학적 논의를 실제 주위 인물에 적용하면서, 내가 타인의 구원 여부를 아는 전능자처럼 생각하고 행동하는 것도 매우 경계해야 합니다.

구원에 관한 성경의 두 가르침

'누구까지 구원받을 것인가'라는 문제에 대해 답할 때 가장 어려운 점은 성경에 충돌하는 듯한 가르침이 공존한다는 데 있습니다. 한편으로 성경은 세상을 향한 하나님의 보편적인 구원 의지를 알려 줍니다. 다른 한편으로 성경은 역사적 인물인 예수 그리스도를 통해 구원이 이루어진다고 함으로써 구원의 범위를 한정합니다. 대표적인 신약성경 몇 구절을 비교해 보겠습니다.

주의 약속은 어떤 이의 더디다고 생각하는 것 같이 더딘 것이 아니라. 오직 너희를 대하여 오래 참으사 **아무도 멸망치 않고** 다 회개하기에 이르기를 원하시느니라(벧후 3:9).

예수께서 이르시되 내가 곧 길이요 진리요 생명이니 **나로 말미암지 않고는** 아버지께로 올 자가 없느니라(요 14:6, 행 4:2 참고).

이 둘을 종합하면, 하나님께서는 모두가 구원받기를 원하시지만, 실제로는 그리스도를 통해서만 죄인은 구원을 받습니다. 일반적 논리로는 이해하기 힘들고 이론적으로 둘을 조화시키기도 거의 불가능합니다. 인류 전체의 구원을 원하는 분이 전능하고 선하신 하나님이라면 구원의 문을 누구에게나 제약 없이 활짝 열어 주실 것 같습니다. 하지만 성경은 하나님께로 돌이키지 않는 사람에 대한 형벌을 언급하고 있고, 예수께서도 지옥에 대해 여러 번 말씀하셨습니다.[24] 하나님의 구원 의지의 '보편성'과 그리스도를 통한 구원의 '특수성'이 모두 성경에 있는 만큼, 둘 사이에서 발생하는 긴장을 무너뜨리지 않을 방법이 필요합니다. 그런데 바울은 놀라운 방식으로 두 주제를 함께 녹여냅니다.

하나님은 **모든 사람**이 구원을 받으며 진리를 아는 데에 이르기를 원하시느니라. 하나님은 **한 분**이시요 또 하나님과 사람 사이에 **중보자도 한 분**이시니 곧 사람이신 **그리스도 예수**라(딤전 2:4-5).

바울은 모든 사람을 향한 하나님의 구원 의지를 예수 그리스도의 '중보자'로서의 직무와 연결합니다. 바로 이 지점에서부터 구원의 범위에 관한 논의를 전개할 필요가 있습니다. 중보자로서 그리스도의 역할은 이중적입니다.[25] '계시의 중보자'로서 그분은 인류에게 가려졌던 하나님의 참 모습을 계시하십니다(요 14:9). '구원의 중보자'로서 그분은 인류를 위하여 자신을 희생 제물로 바치셨고, 또한 죄인을 위해 지금도 하나님 우편에서 간구하십니다(히 7:25, 9:28).

우선 '계시의 중보자'로서 그리스도부터 살펴보기로 하겠습니다. 예수 그리스도를 통해 알려진 하나님은 영원부터 '아버지'이신 분, 곧 자기를 타자에게 선물로 조건 없이 주시는 '사랑' 그 자체이십니다. 또한 종말의 미래를 1세기 역사 속에서 보여준 그리스도의 부활 덕분에, 최후의 심판이 인간을 용서하고 용납하기 원하시는 '환대의 하나님'의 심판이라는 것도 알 수 있습니다. 우리는 이러한 급진적 사랑의 관점에서 하나님의 공의와 같은 다른 신적 속성들도 재해석할 수 있어야 합니다. 예를 들자면, 인간의 법철학이나 사법 체계에서 사용하는 정의 개념을 가지고 최후 심판에서 우리의 잘잘못을 판단할 하나님의 공의를 이해하려 해서는 안 됩니다.[26] 실정법의 요구나 대중의 도덕적 기대를 만족시키는 사람은 간혹 있을 수 있어도, 완벽히 '공정한' 정의의 기준을 충족할 정도로 흠도 티도 없이 살아낼 사람은 없습니다.[27] 그렇기에 무서운 것 하나 없이 사는 것 같은 악인과 달리, 오히려 성인이라 불리는 사람일수록 하나님을 두려워하는 것을 볼 수가 있습니다.

하나님은 공의로 우리를 심판하시겠지만, 예수 그리스도를 통해 알려진 신적 정의는 그분의 무한한 사랑을 죄로 물든 세계에서 현실화하는 결정적 방식입니다. '지금 여기'서 죄인인 우리를 의롭다고 여겨주시는 하나님의 은혜가 '최후 심판' 때도 적용되지 않는다면, 그 누구도 하나님의 저주를 피할 길이 없습니다. 따라서 (칭의론 교리를 다룰 때 살펴봤듯) 예수 그리스도의 복음이 알려 주는 하나님의 은혜의 급진적이면서도 영원한 본성에 따라 구원을 이해해야 합니다. 구원의 범위에 대해 논할 때, 공의와 사랑의 관계에 관한 일반적 형식논리에 지나치게 묶이는 것은 부적절합니다.

물론 이제 곧 살펴볼 구원의 범위를 놓고는 신학자마다 교단마다 다른 견해를 보여 왔습니다. 종말 이전을 살아가는 우리로서는 이에 대한 정확한 답을 얻기는 힘들겠지만, 중보자이신 예수께서 자비의 하나님을 계시하셨다는 가장 중요한 전제를 놓친 채 논의가 추상적으로 흘러가게 해서는 안 됩니다. 우리를 심판하실 정의의 하나님은 옳고 그름을 가르겠지만, 그 목적은 하나님의 자비의 실현일 것입니다. 그때에는 인간으로서는 예측할 수 없는 방식으로 하나님의 정의와 자비가 만나고 입을 맞출 것입니다. 그렇기에 '누구까지 구원받을 것인가'라는 쉽지 않은 질문은, 인류의 구원을 위해 성육신하고 돌아가신 분의 입에서 지옥에 관한 말씀이 나왔다는 맥락 속에서 던져지고 답을 찾아가야 합니다.

오직 그리스도와 오직 믿음

다음으로 '구원의 중보자'로서 예수 그리스도에 대해 살펴보겠습니다. 1세기 그리스도인들이 동시대를 살았던 갈릴리 출신의 한 유대인을 구원자로 믿는 순간부터, 그리스도교는 그 사람을 통한 구원이 시공간을 넘어 누구에게까지 영향을 끼칠 것인가 하는 문제를 떠안게 되었습니다. 그리스도교 구원론을 유형화해 보자면, 한쪽 끝에는 모든 사람이 결국에는 구원받으리라는 **만인구원론**, 다른 쪽 끝에는 구원받을 사람들을 하나님께서 영원부터 정해 놓으셨다는 **예정론**이 있습니다. 그리고 두 입장 사이에는 하나님의 은혜에 대한 반응으로 **그리스도를 믿는 사람**이 구원을 받는다는 다소 포괄적인 견해가 있습니다. 설명의 편의를 위해 구원론을 크게 셋으로 유형화했지만, 유형 간에 겹치는 영역도 분명 있고, 각 유형 안에도 내적 다양성이 있음을 유념해야 합니다. 이 책에서는 '누구까지 구원받을 것인가'란 질문에 대한 그리스도교의 여러 전통적 입장을 소개하는 데 주안점을 두었으므로, 세 유형 중 어느 것이 가장 설득력 있는지는 논증하지 않도록 하겠습니다.

단순화된 설명 방식이기는 하지만, **만인구원론**과 **예정론**의 경우 구원의 범위에 대한 답이 어느 정도 정해져 있습니다(전자에서는 모두가, 후자에서는 하나님께 구원으로 선택받은 사람만 구원받습니다). 따라서 지금부터는 원시 그리스도교 이래 많은 사람들이 지지했던 **그리스도를 믿음**으로 구원받는다는 입장의 하위 범주를 분석하겠습니다. 하나님의 뜻에 따라 중보자 그리스도는 '모두'를 위해 십자가를 지셨고, 구원은 이를 '믿는 사람'에게 주어집니다. 그런데 이 역시도 누군가는 믿음을 가지고 싶어도 상황상 그럴 수 없다는 또 다른 문제를 일으킵니다. 여기서는 논의의 편의를 위해 '비의도적으로' 믿음이 없는 사람과 '의도적'으로 믿음이 없는 사람의 경우를 구분하고, 거기서부터 실마리를 차근차근 찾아보도록 하겠습니다.

첫째, 예수 그리스도가 구원의 중보자이기 때문에, 그분에 대한 **의식적이고 인격적인 믿음**이 있어야만 구원을 받습니다. 그런 의미에서 첫째 범주에 따르면 자신이 의도적으로 복음을 거부하든, 비의도적으

우리가 믿는 것들에 대하여

로 복음을 접하지 못하든 상관없이, '믿음이 없는 사람에게는 구원이 없다'는 결론이 나옵니다. 가장 논리적으로 깔끔한 설명 방식이라고도 할 수 있지만, 사실 '영원한' 하나님의 구원 의지가 '역사적' 사건인 십자가와 부활과 어떻게 연결되느냐는 신앙의 핵심 문제를 비껴가고 있습니다. 그렇기에 적지 않은 사람들이 영원과 역사의 간격 속의 신비를 성급하게 닫아 버리는 이러한 구원론적 입장에 만족하지 못했습니다. 그 대신 그리스도를 구주로 고백할 수 없었던 사람들의 구원에 관해서도 성경과 교회 전통을 통해 질문을 던졌습니다.

둘째는 '비의도적'으로 그리스도에 대한 **믿음을 가지지 못한 사람들**의 구원 가능성에 관한 범주입니다. 인간은 자신의 탄생 시점과 장소를 결정할 수 없습니다. 따라서 하나님은 모든 사람을 구원하고자 하시지만, 1세기에 일어난 십자가 사건을 접할 수 없는 환경에서 태어난 사람이 분명히 있습니다. 이러한 사실은 복음을 전 세계에 전파하려는 동력을 만들면서 그리스도의 승천 이후부터 그리스도교를 선교적 종교로 만들었습니다. 하지만 선교가 한꺼번에 전 세계 방방곡곡에서 단번에 이루어지지도 않고, 무엇보다도 사람들의 인생은 선교가 완성될 때까지 버티기에는 너무 짧습니다. 게다가 선천적 정신질환이나 갑작스러운 사고로 뇌에 문제가 생기는 등 자신의 의지적 결단으로 세례를 받지 못한 채 살다가 세상을 떠나는 사람도 우리 주위에 분명히 있습니다. 이러한 이유로 복음을 접하지 못하는 상황이거나, 의식적으로 신앙고백을 하기 힘든 사람들의 구원 문제도 심각하게 다룰 수밖에 없습니다.

이 곤란한 문제를 마주하고, 하나님의 보편적 구원 의지를 강조하면서 '비의도적'으로 그리스도에 대한 믿음이 없는 이들의 구원 가능성을 조심스레 긍정한 사람들도 있습니다. 우선 일부 신학자에 따르면 창조주 하나님께서 만드신 자연과 역사에는 창조주의 흔적, 곧 하나님에 관한 암묵적 지식이 남겨져 있습니다. 그리스도를 모르더라도 일부 경건한 사람은 **창조 세계의 계시**를 통해 그리스도인과 같은 믿음의 삶을 간접적으로 살 수 있습니다. 예를 들자면, 영국의 감리교 운동의 선구자 존 웨슬리John Wesley, 1705-1791는 그리스도교의 계시가 고유하고 결정적임을 강조하면서도, 창조 세계에서 하나님을 만날 가능성이 있기에 복음에 무지할 수밖에 없던 이들이라도 구원에서 무조건 배제된다고는 할 수 없다고 생각했습니다.[28]

또한 다른 신학자들은 창조 속 계시라는 모호한 지점이 아니라, 다음의 성경 구절에 주목했습니다. "이를 위하여 죽은 자들에게도 복음이 전파되었으니 이는 육체로는 사람으로 심판을 받으나 영으로는 하나님을 따라 살게 하려 함이라"(벧전 4:6). 이들은 이 난해한 본문을 하나님의 보편적 구원 의지와 연관 지어, 그리스도를 모르고 죽을 수밖에 없는 이들에게도 **사후에 복음이 전파**될 가능성이 있다고 주장했습니다.[29] 고대의 익명의 설교가가 작성한 성토요일 설교문 중에서 이 주제가 강하게 드러난 부분을 인용해 보겠습니다.

하나님께서 육신을 이고 오셨는데, 지옥이 그분을 삼켰습니다.……
그분은 우리의 첫 선조인 아담을 마치 **잃은 양인 것처럼** 찾아 나섰습니다. 죽음의 그늘과 어둠에 사는 사람들을 방문하기를 간절히 원하신 그분—그들의 하나님이면서 하와의 아들입니다—은 사로잡혀 있는 아담과 그와 함께 묶인 하와를 풀어 주고자 찾아가셨습니다.……"나는 네 하나님이다. 너를 위해 내가 네 아들이 되었다.…… 잠자는 자여, 내가 명하노니 일어나라. 나는 너를 지옥에 갇힌 자로 짓지 않았다. 내가 죽은 자들의 생명이니, 죽은 자들 가운데서 일어나라! 일어나라, 나의 씨여! 일어나라, 내 형상*eikon*대로 지음 받은 나의 형체*morphe*여!"[30]

복음에 충실했고 성경의 권위를 존중하는 이들 신학자가 구원에 관해 이처럼 도발적 생각을 내놓았던 것은 '영원한' 하나님의 인류를 향하신 선한 뜻이 그분이 창조하신 세계의 '역사적' 조건에 제한될 수 없기 때문입니다.

셋째, 예수 그리스도의 복음을 접하고도 '의도적으로' 하나님의 사랑을 **부정하고 거부**하는 사람들이 있습니다. 앞서 설명한 첫째 범주에 따르면, 이들은 자신의 자유의지를 가지고 은혜를 거부한 사람이기에 구원 가능성이 전혀 없습니다. 하지만 셋째 범주는 '영원하고 전능한' 하나님의 구원 의지와 '유한하고 나약한' 인간의 의식적 판단이 개개인의 운명에 끼치는 영향력을 같은 수준에 놓을 수 없다고 봅니다. 이러한 맥락에서, 그리스도인은 모든 사람이 구원을 받는다는 교리적 확언은 피해야 하지만, 하나님의 은혜로 **모든 이의 구원을 희망**하며 기도해야 한다고 주장합니다. 물론 성경에 보면 하나님을 거부하는 사람들이 받을 저주에 관한 언급도 있고, 예수께서도 이런 사람에 대한 심판과 형벌을 분명하게 말씀하셨습니다. 하지만 무시무시한 경고 이면에는 '예수 안 믿으면 지옥 간다'라는 객관적 정보를 전달하려는 의도가 아니라, '집 나간 아들이 돌아오길 기다리는 아버지'와 같은 자비의 마음이 있습니다(눅 15:11-32). 화해자 예수 그리스도가 계시하신 것은, 집 떠난 아들을 환영하느라 두 팔을 펼친 늙은 아버지처럼 십자가에서 두 팔 벌려 인류를 환대하시는 하나님 아버지의 무한한 사랑입니다.

따라서 이 입장에 따르면, 형벌, 지옥에 관한 신약성경의 가르침도 잃어버린 한 마리의 양을 찾는 하나님의 보편적 구원 의지라는 더 큰 틀 속에서 이해되어야 하며, 독립적인 교리처럼 다루어져서는 안 됩니다. 폰 발타사르가 경고했듯이 지옥이나 영원한 형벌을 하나님의 구원 의지에서 떼어 내어 확고부동한 사실처럼 이야기하는 사람은, '나는 저주받을 무리에 속하지 않았다'라는 관찰자 시점 또는 우월의식을 가지고 타인의 운명과 고통을 대하고 있을 가능성이 큽니다.[31] 이처럼 공감 능력이 떨어지는 마음이 형성한 신의 이미지는 예수 그리스도의 하나님이 아니라, 피의 복수를 철저히 요구하는 냉정한 심판자입니다. 이와 반대로, 그리스도인은 하나님께서 직접 성취하실 최종 미래의 구체적 모습에 대해서는 겸허히 우리의 무지를 인정해야 합니다. 성경의 경고에 따라 모든 사람이 무조건 구원받을 것이라고 '단정'할 수는 없더라도, 하나님의 보편적 구원 의지에 따라 모두가 구원받기를 '희망'하고 기도하고 행동해야 합니다. 이러한 견해는 하나님의 영역인 구원의 신비에 대한 지나친 이론화를 지양하고, 이 문제를 목회적이고 선교적으로 접근해야 한다는 도전을 던집니다.

결론적으로 정리하자면, '만인 구원론과 예정론 사이에도 크게 세 가지 구원론의 유형을 나눠볼 수 있습니다(그리스도에 대한 믿음이 없

우리가 믿는 것들에 대하여

이는 누구도 구원받지 못한다. 비의도적으로 믿음이 없는 경우 구원 가능성이 있다. 의도적으로 믿음이 없는 사람일지라도 하나님의 구원 의지에 따라 그의 구원을 희망해야 한다). 물론 이러한 입장은 이중 예정론을 강하게 주장하는 교회나 만인구원론을 믿는 사람들의 구원론과는 차이가 있습니다. 이처럼 교리적 불일치가 있을 때 각론의 차이를 따져볼 수 있겠지만, 예수 그리스도께서 계시하신 가장 근원적 질문인 '하나님은 누구시고 무엇을 원하시는가'로부터 새롭게 생각해 볼 필요도 있습니다. 또한 어떤 유형의 구원론이든 '중보자이신 예수 그리스도에 대한 믿음'의 생동성을 잃어버린다면, 그것은 인간의 최종 운명에 관한 추상적인 결정론 혹은 하나님의 사랑을 자기 식대로 해석하는 자의적인 원리로 변질될 수 있음도 명심해야 합니다.

각 사람의 구원 여부나 구원의 최종 상태는 우리에게 완전히 알려지지 않았으며, 또 그 파편적 지식이 담고 있는 신비는 너무 깊어 제대로 이해하기도 힘듭니다. 하나님께서 모두를 구원하기 원하신다는 것, 하지만 생애 끝까지 그리스도를 받아들이지 않는 사람이 있다는 것, 이 둘 중 하나만 우리 취향에 따라 취사선택할 수는 없습니다. 하지만 우리 앞에 두 실재가 있다고 하여, 언제나 둘의 균형을 정확하게 맞추어야 하는 것은 아닙니다. 오히려 우리에게는 그리스도께서 보여주신 하나님의 사랑, 곧 인류를 향한 조건 없는 은혜에 더 큰 희망을 거는 '비대칭성의 모험'이 요구됩니다. 비록 구원의 범위 문제는 교단의 공식 입장과 개인의 신념이 크게 작용하는 신학적 주제이지만, 인류를 향한 하나님의 뜻에 우리가 참여하여 기도하고 실천해야 한다는 점에는 전 세계 그리스도인 모두가 뜻을 모을 수 있을 것 같습니다.

"영원히 사는 것"

사도신경의 마지막 믿음의 조항은 '영원히 사는 것'입니다. 하지만 성경 자체가 영원한 생명에 대해 그렇게 자세한 정보를 제공하지 않기에, 영원에 대한 설명은 상당 부분 추론이나 상상에 의지할 수밖에 없습니다. 많은 사람들이 영원을 우리의 유한한 시간 경험을 비워 낸 추상화된 관념, 곧 탈시간성 혹은 시간의 끝없는 지속으로 인식합니다. 하지만 이런 식으로 영원 개념에 접근하다 보면 '우리를 위해' 직접 시간적 존재가 되신 영원한 하나님에 대해 오해하게 됩니다. 사도신경에서 영원한 생명을 이해하는 데 도움이 될 만한 실마리를 찾는다면, 영생에 관한 조항이 '몸의 부활' 다음에 온다는 사실입니다. 그러므로 우리는 다시 몸의 부활에서부터 논의를 진행하도록 하겠습니다.

교제의 삶으로서 영원한 생명

신약성경에 따르면, 죽은 자의 부활은 승천하신 예수 그리스도께서 다시 오실 때 일어납니다. 재림으로 번역되는 *parousia*는 성경 다른 곳에서는 '도착', '현존' 등의 일반적 의미로 쓰입니다(마 24:27, 고전 16:17, 고후 10:10 비교). 이와 관련하여 구약성경부터 발견되는 흥미로운 주제는 하나님의 '오심'이 세상에 대한 '심판'과 종종 결부된다는 점입니다. 신약성경에서도 그리스도의 '다시 오심'과 '최후의 심판'이 연결됩니다(마 25:31-46, 요 5:27-29, 고후 5:10, 벧전 4:5, 계 20:11-15 등). 그리고 신구약 성경 전체는 세상을 심판하실 분인 주 예수께서 속히 오시라는 간절한 간구로 마무리됩니다(계 22:20).

우리가 믿는 것들에 대하여

심판은 선과 악을 구분하고 나눔으로써 이루어집니다. 아무도 밟지 않은 순백의 눈밭처럼 흠 없이 순결한 사람은 세상에 없습니다. 더 정밀하게 조사받고 더 공정하게 판단받을수록 평소에는 인지하지 못하던 잘못까지 드러나며 두려움과 죄책감이 생기게 마련입니다. 이처럼 심판은 두렵고 꺼림칙한 것이고, 특히 하나님 앞에서 자신이 순결하다고 주장할 만한 사람은 없을 텐데도, 성경에 따르면 의로운 재판관이신 하나님의 심판을 온 우주가 기다리고 즐거워하기까지 합니다 (시 9:8-12; 35:24; 67:4; 72:2; 76:9; 82:2-3; 96:12-13 등 참고). 이처럼 하나님의 심판이 궁극적으로 공포가 아니라 기쁨의 근원이 된다는 주장은 놀랍지 않을 수 없습니다. 피조물이 하나님의 오심을 감히 갈망할 수 있는 것은 하나님의 심판이 우리의 선악 기준이나 옳고 그름의 판단으로는 온전히 정의할 수 없는 심층적 문법을 지녔기 때문입니다. 그렇다면 그 심층적 문법은 어떻게 알아낼 수 있을까요?

본회퍼는 『그리스도론』*Christologie*에서 신학에서 '누구'who라는 질문이 '어떻게'how라는 질문보다 선행해야 한다고 말했습니다. "우리가 '당신은 누구입니까'라고 묻는다면, 이것은 순종하는 아담의 언어로 말하는 것이다. 그러나 우리는 타락한 아담의 '어떻게'로 사고한다."[32] 본회퍼의 말처럼 우리가 교리를 다루면서 언어와 논리의 혼동이 온다면 '누구'의 질문 없이 개별적 사안을 '어떻게' 다룰 것인지부터 고민했기 때문일지도 모릅니다. 최후 심판에 있어서도 우리는 누가 심판하는지부터 물어야 합니다. 사도신경은 우리의 심판자가 '전능하신 하나님 우편에 앉아 계시다가 거기로부터 오실 분'이라고 설명합니다. 최후의 심판을 수행하실 이는 자신을 타자에게 선물로 주시는 성부의 사랑으로부터 태어나셨습니다. 그리고 자신을 남김없이 선물할 수 있는 능력인 전능하신 하나님 오른편에 계십니다(막 16:19, 히 10:12).[33] 이처럼 최후 심판은 본성상 사랑이신 분이 심판자이시기에 근원적으로 자비의 심판입니다.

하지만 최후 심판이 모두가 결국에는 좋게 끝날 것이라는 값싼 낙관론과 혼동되어서는 안 됩니다. 복음서는 하나님 우편에 앉으신 분의 심판을 묘사할 때 심판관이 누구인지 알려 주고는, 심판이 '어떻게' 이루어질지가 아니라 '무엇에 관한' 것일지에 초점을 맞춥니다(마 25:31-46). 마태복음에 따르면, 심판에서 중요한 것은 **자비를 베푸는 자**인가 여부입니다. "내가 주릴 때에 너희가 먹을 것을 주었고 목마를 때에 마시게 하였고 나그네 되었을 때에 영접하였고 헐벗었을 때에 옷을 입혔고 병들었을 때에 돌보았고 옥에 갇혔을 때에 와서 보았느니라"(마 25:35-36). 이 본문을 피상적으로 읽으면 마치 인간이 선한 행위를 얼마나 했느냐로 구원받는 것처럼 생각될 수 있습니다. 하지만 구원은 결코 우리가 쌓은 '공로의 총량'으로 이루어지지 않습니다. 여기서 중요한 것은 우리도 삼위 하나님처럼 타자와 온전히 '사랑을 주고받는 존재'로 거듭났는지 여부입니다. 만약 하나님과 교제를 '영원히' 나눌 수 있는 사랑의 존재가 되지 못한다면, 혹은 소유나 지배가 아니라 사랑의 나눔에서 행복을 누리지 못한다면, 부활과 영생은 지복 至福이 아니라 끝없이 지속되는 무의미와 권태로 들어가는 문이 될 것입니다.

이는 앞서 언급했던 신약성경의 천국 이미지가 상대적으로 빈약한 이유와도 연결될 수 있을 것 같습니다. 그리스도교의 천국이 얼마나

밋밋했는지 중세의 한 민담에서도 천국의 무미건조함을 다음과 같이
묘사합니다.

> 사실 말이지 천국에서 보여줄 것이라고는
> 줄지어 서 있는 식물 말고 무엇이 있는가?
> ……게다가 사람들도 많지 않으니
> 엘리야와 에녹 말고 누구와
> 말을 나눌꼬? 그들이 비록 좋은 사람들이지만
> 그 외에 아무도 없지 않은가.[34]

이 민담은 잘 먹고 잘사는 수도사들을 풍자하려는 목적으로 쓰였던 만
큼, 여기 나오는 천국에 대한 묘사를 지나치게 진지하게 받아들일 필
요는 없습니다. 고단한 삶을 꾸려 가던 중세인들에게 이상향이란 먹을
것이 풍족하고 각종 쾌락을 즐길 수 있는 곳이었습니다. 따라서 '좋은
사람'과 인격적 관계를 맺는 것 외에 현실보다 더 나을 것 없는 천국은
매력적이지 않은 곳처럼 그려집니다. 그런데 기지 넘치는 풍자 속에
그리스도교적 영원한 생명의 참 의미가 흐릿하게나마 비치고 있습니
다. 그것은 죽음 이후 상태를 '관계 중심적'으로 파악하는 것입니다.

인간의 판단력과 상상력은 죽음의 경계를 넘어서지 못합니다. 따
라서 우리에게 가용한 모든 자원을 끌어 쓴다 하더라도 죽음 너머의
상태를 제대로 짐작할 수는 없습니다. 모호한 영원 개념을 가지고 영
생을 추측하다 보면 '영원히 사는 것'의 의미마저 왜곡하게 됩니다. 따
라서 인간으로서 가장 확실히 영원한 삶을 믿는 방법은 '영생'에 관한

추상적 개념이 아니라 '영원하신 분'의 생명에 주의를 기울이는 것입니다. 삼위 하나님의 영원한 생명^{life}은 성부와 성자와 성령 사이의 교제하는 삶^{life}입니다. 정교회 신학자 존 지지울러스$^{John\ Zizioulas,\ 1931\ -}$의 말처럼, 삼위일체론의 빛 아래서 "존재는 생명을 의미하고, 생명은 **친교**^{communion}를 의미"합니다.[35] 따라서 '죽음 너머'에서 우리는 단지 끝없이 지속되는 삶을 누리는 것이 아니라, 하나님과 영원한 교제로 초청되어 그분의 사랑과 생명을 나눕니다. 하나님께서는 우리가 장차 선물로 받게 될 영원한 생명을 '지금 여기서'도 맛보고 준비할 수 있도록 우리를 성도의 교제인 교회로 부르십니다.

그리스도교는 종말론적 종교이지만, 종말의 미래를 지금 맛보며 산다는 의미에서 현실을 매우 중요시합니다. 우리가 지금 여기서부터 하나님을 향유하는 법을 지긋이 익혀나가야, 그때 거기서 '하나님을 영화롭게 하고 영원토록 하나님을 즐거워하는' 존재로 있게 될 것입니다.[36] 단순히 신앙생활을 잘하면 생전에 복을 받는다는 의미가 아닙니다. 죽음 이전과 이후 사이에 '인과관계'가 있어, 여기서 어떻게 살았는지에 따라 내세에서 보상 혹은 형벌이 정해지기 때문도 아닙니다. 오히려 그리스도교 신앙에서 현실은, 한편으로는 하나님께서 온 세상의 풍요를 위해 오늘 우리에게 허락하신 '선물'이라는 점에서, 다른 한편으로는 영원한 교제의 생명이라는 선물을 누리기 위한 '교육 혹은 훈련의 기간'이라는 점에서 중요합니다. 보상 없이도 선을 행하고 타자를 사랑할 수 있는 사람으로 변화되지 못한다면, 결국 삼위 하나님과의 교제로부터도 기쁨을 누리지 못할 것입니다. 믿음과 희망과 사랑으로 욕망이 교육되지 않은 사람에게 영원한 생명이 조건 없이 주어

우리가 믿는 것들에 대하여

진다 해도, 그는 (중세인들의 풍자를 패러디하자면) '삼위 하나님이 비록 좋은 신이지만 그 외에 아무것도 없지 않은가'라며 푸념하게 될지도 모릅니다.

하나님의 영광을 바라보기

존 던의 시적 표현에 따르면, 지금 우리 상황은 거룩한 방에 들어가 연주하고자 문 앞에서 악기를 조율하고 있는 연주자와 비슷합니다. 처음에는 끽끽 소리만 나고 재미도 없습니다. 하지만 점차 정제된 소리가 나고, 결국 방에 들어가 성도의 찬양에 합류하여 아름다운 화음을 만들며 기쁘게 연주할 것입니다.[37]

우리는 성령을 통해 인류의 대표이신 그리스도 안에서 삼위 하나님의 교제에 참여함으로써, 부활 이후 누리게 될 영생을 오늘도 맛보고 살아갑니다. 부활과 영생은 인간을 변모시키며 이전에 없는 새로운 차원의 행복의 문을 열어줄 것입니다. 그 절정은 하나님을 직접 보고 지극한 행복을 누리는 일입니다. 앞서 언급한 구절이지만, 바울은 마지막 때 우리의 불완전한 앎이 어떤 식으로 변할지 다음과 같이 설명합니다. "우리가 지금은 거울로 보는 것 같이 희미하나 그 때에는 **얼굴과 얼굴을 대하여 볼 것**이요 지금은 내가 부분적으로 아나 그 때에는 주께서 나를 아신 것 같이 **내가 온전히 알리라**"(고전 13:12). 그런데 여기서 종말론적 지식과 함께 또 다른 중요한 종말론적 주제가 제시됩니다. 그것은 바로 하나님과 '마주 봄'입니다.

구약성경은 '하나님의 얼굴을 보는 자는 죽는다'라고 단호하게 경고합니다(출 33:20 등). 어떤 인간도 바라보지 못한 성부 하나님이지만, 영원부터 성부의 품 안에 있던 성자는 아버지의 얼굴을 보았습니다(요 1:18). 하나님의 아들은 성육신하셔서 제자들에게 '나를 본 자는 아버지를 보았다'라고도 말씀하셨고(요 14:9), '마음이 청결한 자는 하나님을 볼 것'이라고 가르치셨습니다(마 5:8), 달리 말하면, 지존하신 창조자 하나님을 보면 죽는다는 옛 경고가 변화하여, 그리스도의 말씀에 따라 하나님의 얼굴을 보는 것이 제자됨의 종말론적 목표이자 특권이 되었습니다. 결국 바울에 따르면, 마지막 때가 오면 마치 영원한 성자처럼 변모된 그리스도인도 전능한 성부 하나님의 얼굴을 마주 보게 됩니다. 이처럼 그리스도교 종말 신앙의 놀라움은 무엇보다도 하나님 자신이 우리의 피안이 되신다는 데 있습니다.

이런 맥락에서, 그리스도인은 희망 속에서 '지금은' 보이지 않는 것의 실상인 믿음으로 하나님과 교제를 나누고(히 11:1-6), '마지막 때에는' 하나님의 얼굴을 직접 마주하며 영원한 기쁨을 향유하는 존재라고 정의할 수도 있습니다. 어떤 매개도 없이 하나님의 얼굴을 마주 보는 것을 천국에서 누리게 될 최고의 행복이라는 의미에서 '지복직관'至福直觀, visio Dei이라고 부릅니다. 물론 물리적 세계를 지각하는 현재의 시력을 계속해서 가지고 있다면 영이신 하나님을 볼 수 없습니다. 하지만 부활로 몸의 속성이 변모되면 우리는 하나님의 아름다우심을 지각할 수 있게 될 것입니다. 모든 아름다움의 근원이신 아름다움 그 자체를 마주 봄으로써 우리 존재 전체가 다른 것에 비할 바 없는 참 행복으로 채워지게 될 것입니다. 물론 '하나님을 보다'라는 종말론적 주제를 개신교회가 가톨릭이나 정교회에 비해 덜 강조하기는 합니다. 하지만 개신교의 중요한 역사적 신앙고백에서도 지복직관 개념을 발견

우리가 믿는 것들에 대하여

할 수 있습니다. 예를 들어 「웨스트민스터 신앙고백」 32조 1항 '죽은 후의 상태'에 따르면, 사람이 죽으면 몸은 흙이 되어 부패해도, 영혼은 썩지 않고 마지막 날을 기다리게 됩니다. 이 중간기에 의인의 영혼은 죽자마자 거룩하게 되어 하늘로 가서 하나님의 빛나고 영광스러운 '얼굴'을 보게 됩니다.[38]

이처럼 그리스도교 종말론은 하나님의 영광을 반영하며 영광에 둘러싸인 인간의 궁극적 모습을 놀라운 방식으로 보여줍니다. 하지만 우리가 예수 그리스도 안에서 영생을 누리고 하나님을 보는 행복을 누린다고 해도 하나님과 인간 사이의 '무한한 질적 차이'가 사라지는 것은 아닙니다. 우리가 아무리 삼위 하나님의 영원한 교제에 참여한다고 해도, 우리는 여전히 피조물입니다. 우리가 아무리 성자와 같은 영광을 누린다고 해도, 우리는 양자의 영인 성령을 통해 하나님의 자녀가 됩니다. 그렇기에 우리가 영생을 누리며 하나님을 보고 최고의 기쁨을 누리더라도, 그 행복은 전적으로 하나님의 선물로 주어지는 것입니다. 영생을 얻더라도 우리는 하나님의 은혜에 전적으로 의지하는 존재일 것입니다.

이러한 복합적 주제를 단테는 『신곡』 천국 편에서 절묘하게 시각화합니다. 천국의 마지막 여정에서 보게 된 삼위 하나님의 영광에 대한 묘사는 아마 인류 문학사상 가장 아름답게 형상화된 지복직관의 장면이라 해도 과언이 아닐 것입니다. 그중 일부를 소개하도록 하겠습니다.

그 숭고한 빛의 깊고 밝은

본질 속에서 세 개의 색을 지닌 세 개의 원들이

하나의 차원으로 내게 나타났다.

첫 번째 원은 다음 원을 무지개가 겹쳐

비추는 듯했고, 세 번째 원은 다른 두 원들에게서

똑같이 숨을 받은 불꽃과도 같았다.

아, 말이란 얼마나 약하며, 내 생각에 얼마나

미치지 못하는가! 내가 본 것이 그러하니 그저

'아무것도 아니다'라고 말해야 하리라.[39]

천국에서 삼위 하나님을 마주한 단테의 입에서 터져 나온 탄성처럼, 유한한 인간이 영원의 신비를 정확하게 인식하고 표현할 수 있는 언어와 논리를 완벽히 소유하거나 익힐 수는 없습니다. 따라서 영원을 무리하게 우리 식대로 개념화하려는 강박은 버려야 합니다. 하나님이 가져오실 마지막에 관한 무지를 솔직히 인정하더라도, 우리가 지금까지 다루었던 종말론적 논의가 모두 흘러들어 와 '지복직관' 교리에서 아름다운 결론을 맺는 것 정도는 볼 수 있습니다. 마지막 때 우리는 추상적인 영원한 삶이 아니라, 영원한 하나님의 교제의 생명에 참여할 것입니다. 그때 우리는 다른 피조물로 보상받고 기뻐하는 것이 아니라, 하나님의 얼굴을 바라봄으로써 최고의 행복을 누릴 것입니다. 그때는 "다시는 사망이 없고 애통하는 것이나 곡하는 것이나 아픈 것이 다시 있지" 않을 것입니다(계 21:4). 이는 우리가 구질구질한 현실을 벗어나 유토피아에 들어갔기 때문이 아니라, 진선미의 영원한 근원 되신 삼위 하나님의 교제 안에서 영원한 안식을 누릴 것이기 때문입니다.

❖

종말론에 관한 설명을 마무리하도록 하겠습니다. 사도신경은 '부활과 영생을 믿는다'로 그리스도교의 희망을 요약합니다. 그런데 니케아-콘스탄티노폴리스 신경은 종말에 관한 조항에서 '믿다'가 아닌 다른 동사를 사용합니다. 그것은 '기다린다'*prosdokó*입니다. 고대교회의 두 신경의 마지막 조항을 겹쳐 놓으면, 믿음과 희망의 관계가 보다 입체적으로 드러납니다. 그리스도인은 교리를 단지 머리로만 이해하고 믿는 것이 아니라, 하나님의 오심과 함께 그 믿음의 내용이 온전히 드러나고 성취되기를 고대합니다. 삼위 하나님의 존재와 활동에 대한 믿음에서 분리된 희망은 그저 우리의 공상이 부풀려 놓은 유치한 미래상이 되기 십상입니다. 하나님의 미래에 대한 기대 없이 현시점의 문제에만 시선이 고착되면 믿음은 미래를 향해 자라지 못하고 생기를 잃게 됩니다. 그런 의미에서 믿음 없는 희망은 공허하며 희망 없는 믿음은 무력합니다.

참 희망으로 채워진 신앙은 하나님의 때가 오기를 수동적으로 기다리게 만드는 것이 아니라, 우리를 하나님의 미래를 향해 부드럽고 강하게 끌어당깁니다. 부활의 첫 열매이신 그리스도와 함께 하나님의 미래가 역사 속에서 실재가 된 만큼, 종말에 대한 믿음은 하나님의 미래를 지금 여기서 앞당겨 살게 함으로써 주류 문화가 추구하는 이상적 삶과는 궤를 달리하는 모험의 여정을 떠나게 합니다. 하지만 하나님의 미래는 전적으로 새롭기에 우리에게는 낯설 수밖에 없고, 그 미래가 실현되는 과정에서 우리의 욕망이 만든 익숙한 희망의 거품이 터져나가며 고통스러울 수도 있습니다. 요한계시록 수용사를 연구한 티모시 빌Timonthy Beal, 1963-이 사용한 언어를 빌리자면, 종말론은 언제나 "제자리에 있지 않은 것 같은 느낌, 계속되는 낯선 느낌"을 불러일으키며 현실의 허상을 탈피하게 하는 힘이 됩니다. 이로써 종말 신앙은 그리스도인이 삶의 안정과 풍요를 지상 과제로 삼는 사람들 속에서 "망명자이자 불청객, 내부의 타자"로 현존하게 합니다.[40]

종말론이 가진 이러한 역동성과 이질성 덕분에 그리스도교 신앙은 지난 이천여 년 동안 다양한 문화와 체제 및 사상과 영향을 주고받으면서 어느 것에도 동화되지 않았습니다. 물론 신앙의 종말론적 본성을 망각할 때 교회는 특정 이데올로기나 이익 집단, 생활 형태와 자신을 동일시하려는 유혹을 강하게 받기도 했습니다. 하지만 다양한 해석과 적용의 도전에도 불구하고 종말론은 계속해서 그 생명력을 유지하며, 주님이 다시 오실 날까지 '교회가 교회 되게' 하는 중요한 동력이 될 것입니다. 예배나 개인 신앙생활에서 사도신경을 통해 부활과 영생에 대한 신앙을 고백함으로써, 우리는 이 담대하고 역동적인 미래에 대한 희망을 품고 현실의 논리에 순응하기를 거부해 온 불온한 성도의 교제의 일부가 됩니다.

적용과 토론을 위한 질문

1. 인터넷에서 비이스 성당 천장화를 검색해 봅시다. 천장화를 감상하며 가장 인상적인 부분은 무엇인가요?

2. 최근 영화에 인류의 미래를 어둡게 그리는 '묵시적' 작품들이 적지 않습니다. 그중 기억나는 작품이 있나요? 거기서 인류의 미래를 비극적으로 만든 사건은 무엇인가요?

3. 그리스도교는 마지막 때를 어떻게 묘사하나요? 이러한 마지막에 대한 이해가 우리의 일반적인 시간 의식 혹은 미래에 대한 상상과 어떻게 다른가요?

4. 신약성경에서 종말은 때로 무시무시한 모습으로 묘사됩니다. 이처럼 공포를 유발하는 교리는 그리스도교에 대한 호감도를 떨어트린다고 생각하는 사람도 있고, 오히려 전도를 위해 꼭 필요하다고 말하는 사람도 있습니다. 여러분은 어떻게 생각하시나요?

5. 사도신경은 어디서 죽음에 대해 직간접적으로 언급하고 있나요? 반면 왜 부활이 우리의 종말 이해의 핵심에 위치해야 할까요?

6. 그리스도교의 종말론에서 '지복직관' 곧 하나님 얼굴을 바라보기를 강조하면, 마지막 때나 현실에 대한 우리의 이해에 어떤 변화가 생기나요?

결론. 아멘, 그리고 다시 '믿음'에 대하여

니고데모라는 이름의 바리새인이 밤중에 예수 그리스도를 찾아왔습니다. 예수께 크게 감명을 받은 듯, 그는 '당신은 하나님에게서 온 랍비'라고 말합니다. 이에 예수께서 니고데모에게 하신 말씀을 요한복음 3:3은 다음과 같이 들려줍니다.

> **아멘 아멘**^{Amēn amēn} 네게 이르노니 사람이 거듭나지 아니하면 하나님의 나라를 볼 수 없느니라.[1]

하나님의 아들 입에서도 나온 '아멘'은 어떤 단어일까요? '아멘'은 원래 '참으로 그러하다, 진실하다, 그대로 될 것이다' 등의 뜻을 가졌습니다.[2] 이 단어는 구약성경 여러 곳에서 확증, 동의, 갈망 등을 표현할 때 사용되었습니다. 아브라함 유일신교에 속한 유대교와 그리스도교와 이슬람교 신자들은 아멘을 입에 올리면서 경전 낭송이나 기도를 끝내곤 합니다. 흥미롭게도, 하나님 말씀인 성경의 마지막 책 요한계시록은 '아멘'으로 끝을 맺습니다. 사도신경의 마지막 단어도 '아멘'입니다. 고대교회에서 형성된 에큐메니컬 신경 중 오직 사도신경만 아멘으로 마무리됩니다.[3] 그렇다면 사도신경 끝에 '아멘'을 쓴다는 것은 무엇을 의미할까요? 단지

우리가 믿는 것들에 대하여

신경이 담고 있는 신앙고백 내용에 동의한다는 뜻일까요?

초기교회 이래 '사도신경으로' 신앙고백하고 세례를 받는다는 것은 사도신경의 시적 언어에 스며 있는 종말론적 희망에 따라 이 땅에서 살아가기로 결단하는 일입니다. 앞선 장에서 언급했듯이, 그리스도교 신앙은 본성상 철저하게 종말론적입니다. 교회는 종말론적 사건인 부활이 1세기 초 예루살렘에서 일어났기에 역사 속에 등장했습니다. 예수 그리스도의 부활은 장차 있을 부활의 첫 열매라는 점에서 그리스도교는 종말론적 갈망에 흠뻑 젖어 있습니다. 종말론적 신앙이란 우리가 태어나면서 자연스럽게 속한 일상적 시간 대신, 예수 그리스도에게 속하여 지금 여기서부터 하나님의 미래를 살아간다는 것을 의미합니다. 그리스도인이 되고자 받는 세례는 그리스도와 함께 현실이 된 새 창조에 속한 새로운 존재가 되었음을 보여줍니다.

또한 사도신경으로 '신앙고백하고' 세례를 받는 것은 그리스도교 신앙 자체의 종말론적 구조를 보여줍니다. 앞서도 언급했지만, 셀 수 없이 많은 사람들이 사도신경과 함께 세례를 받았음에도 지금껏 사도신경의 의미를 통달함으로써 세례의 자격을 획득한 사람은 단 한 명도 없었습니다. 단지 여전히 진리를 모르고 죄에서 벗어나지 못했지만, 창조하고 구원하고 거룩하게 하는 삼위 하나님의 은혜로 내가 조건 없이 용납되었을 뿐입니다. 지금은 '희미하고 부분적'으로만 안다는 것조차 '나의 신앙'으로는 잘 인지되지 않지만, '얼굴과 얼굴을 맞대고 볼' 그때에는 온전히 알게 될 것이라는 '교회의 희망'에 믿음으로 접붙여져 나의 존재를 세례의 물에 맡길 뿐입니다(고전 13:12).

사도신경의 첫 단어 '나는 믿습니다'^Credo 처럼, 마지막 단어 '아멘'*Amēn*도 근원적으로 종말론적입니다. 우리가 아멘이라고 말하는 것은 자신의 이해력이나 의지로 신경의 내용이 참되다는 확신을 했기 때문이 아닙니다. 오히려 사도신경의 조항들을 따져보면 모두가 성경에서 상식에 어긋난 것들만 일부러 선별한 것 같습니다. 물리적 세계를 보이지 않는 누군가가 의도적으로 만들었다는 것도, 남성의 정자 없이 성령으로 여성의 난자가 수정되었다는 것도, 로마 정부가 죽였던 정치범이 알고 보니 만물이 존재하기 전부터 있었던 신이었다는 것도, 죽은 자가 살아나고 하늘로 올라갔다는 것도, 말 많고 탈 많고 서로 경쟁하기까지 하는 교회들이 하나의 참된 교회라는 것도, 물과 빵과 포도주가 죄를 사하고 영원한 생명을 준다는 것도, 곧 온다고 해놓고 지난 이천 년 넘게 오지 않았던 한 사람이 언젠가 오리라는 것도 맨 정신만으로 믿기가 불가능해 보입니다.

사도신경 조항들을 입에 올리고서 마지막에 아멘, 곧 '참으로 그러합니다'라고 말하는 것은 인간의 일반적인 지성과 경험으로 허락하기는 몹시 힘든 일입니다. 이런 맥락에서 보면, 약 이천 년 동안 수많은 그리스도인들이 사도신경으로 진실하게 신앙고백을 했다는 것 자체가 기적입니다. 하지만 그 기적은 하나님의 은혜로 우리가 부활하고 승천하신 예수 그리스도의 인간성에 참여했기에 실제 이루어졌습니다. 참 인간이자 인류의 대표이신 예수 그리스도께서 우리보다 먼저 아멘이라고 말씀하셨습니다. 심지어 성경은 그분 자체를 아멘이라고 소개합니다(계 3:14). 성부 우편에 계신 그리스도께서 아멘이라고 하실 때, 우리의 아멘이 성부께로 들어 올려졌습니다. 이로써 아버지와 하나이신 그리스도의 중보로 우리의 어설픈 고백의 언어마저 삼위 하나님의 대화 속에 오가는 유의미한 사랑의 언어로 변모했습니다.[4] 우리는 이러한 삼위 하나님의 은혜를 신뢰함으로써 아멘이라고 말할 '담대함'을 얻습니다. 자가당착적이고 불완전한 우리의 아멘마저 예수 그리스도의 아멘에 참여하고 있다는 것, 이것이 바로 믿음마저 그리스도 안에서 하나님께서 주시는 선물인 이유입니다.

우리의 약함과 실패마저 언제나 용납하고 감싸 안는 하나님의 은혜는, 비유를 들자면 중력과 반대로 작용하는 부력과 유사합니다. 중력의 끌어당기는 힘에서 결코 벗어날 수 없는 인간일지라도, 물에서는 몸에 힘만 빼면 뜰 수 있습니다. 부력에 몸을 자유로이 맡길 때 우리는 중력을 거스르며 수면 위에서 안식할 수 있습니다. 유한성과 죄가 우리를 중력처럼 잡아당길 때도, 우리의 존재 전체는 우리가 의식을 하든 못하든 바다처럼 넓고 깊은 하나님의 은혜에 지탱되고 있습니다. 이러한 하나님의 은혜의 신비를 폰 발타사르는 다음과 같이 묘사합니다.

> 우리의 찬양과 감사, 예배가 우리의 존재에서 오롯이 나오는 것은 아닙니다.……우리가 존재하기 이전 하나님의 마음속 생각 덕분에 우리의 존재 자체가 우리에게 주어졌습니다.……우리가 하나님 말씀을 묵상할 때, 이 중요한 진리에 스스로 사로잡히게 해야 합니다. 그 진리란 말하자면, 우리에게 익숙한 피조된 존재와 본질 그리고 일상의 세계 모두가 끝없이 깊은 [바다] 위의 배와 같이……성부 하나님의 무한한 사랑 위로 항해하고 있다는 사실입니다.[5]

사도신경은 삼위 하나님의 사랑을 받는 인간이 이토록 경이로운 존재임을 우리에게 알려 주는 고대의 문서입니다. 사도신경 조항 하나하나 입에 올리면서 우리는 삼위 하나님의 은혜의 문법에 따라 생각과 행위를 재구성해 갑니다. '아멘'으로 사도신경을 끝맺으며 하나님께서 완성하실 미래에 대한 갈망을 품고서 오늘의 세상을 바라보고 그 속에서 진실하게 살겠다고 담대히 선언합니다. 그렇기에 사도신경은 그 고풍스러운 언어 속에 인간성의 혁명 선언문이라 불릴 법한 급진적인 메시지를 품고 있습니다.

실제 고대 그리스도인들은 사도신경을 자신의 신앙고백으로 삼음으로써, 세례를 받고 '세상을 이기신'(요 16:33) 예수 그리스도를 따라 세상을 변화시켰습니다. 그들은 삼위 하나님이 하시는 일에 '뒤따라' 아멘이라고 응답하며, 은혜의 문법에 따라 세상을 이해하고 그 속에서 살았습니다. 인간의 존엄에 대한 자각이 일어나는 곳, 폭력이 지배하는 곳, 문명이 발전하는 곳, 타락한 정치가 우상의 탈을 쓰고 숭배받는 곳, 사상의 도약이 진행 중인 곳, 과학기술의 발달로 오히려 비인간화 현상이 만연해진 곳, 개인적·집단적 용서가 일어나는 곳, 배고픔과 목마름이 사라지지 않는 곳 등 역사의 다양한 희비극 지점에서 그리스도인들은 삼위일체 하나님에 대한 믿음을 가지고 거기에 현존했습니다. 엘리트 기획자들이 만든 프로그램이나 빈틈없이 잘 짜인 기독교 세계관이 없었을 때도, 그리스도인은 사도신경이 알려 주는 하나님을 주라 고백하면서 자비와 순종과 용서로 세상을 변화시켰습니다.

이 같은 신학적 논리와 역사적 사실에 미루어 보면, 사도신경은 '내가 삼위일체 **하나님을** 믿는다'만이 아니라, 오히려 '삼위일체 하나님께서 **나를** 믿으신다'라는 것을 역으로 알려 주는 것 같습니다. 대개

우리가 믿는 것들에 대하여

우리는 사도신경으로 하나님에 대한 올바른 지식을 믿게 된다고 생각합니다. 하지만 사도신경이 알려 주는 하나님은, 자기 마음도 스스로 통제하기 어려워하는 인간을 조건 없이 믿어 주시는 기이한 분입니다. 완전한 존재가 무로부터 나온 인류와 교제하기 원하셨습니다. 창조주에게 저항하고 서로 폭력을 행사하는 인간을 위해 영원한 존재가 죽음까지 경험하셨습니다. 영광의 존재가 죄로 일그러진 피조물을 용서와 부활과 영생을 통해 영광스러운 존재로 만드셨습니다. 그러고는 우리에게 하늘 뜻 이 땅에서 이루어질 하나님 나라를 갈망하며, 지금 여기서 하나님 나라를 살아내라고 하십니다. 이를 위해 자기중심적이고 나약한 인간을 부르셔서 공동체를 만드시고, 그것을 자신의 몸으로 삼으십니다.

인간에 대한 보통 믿음이 아니고서야 하나님께서 어떻게 우리를 이렇게 대하실 수 있을까요? 하나님이 인간에게 보이신 놀라운 신뢰에 과연 우리가 부합할 수 있을까요? 하지만 인류의 대표이자 '성육신한 아멘'(계 3:14)이신 예수 그리스도께서 '우리를 위해' 성부께 이미 응답하셨습니다. 그리고 아들의 영이신 성령께서는 우리도 그분처럼 성부를 '아바 아버지'라고 부르게 하십니다(갈 4:6). 이러한 경이로운 은혜에 대한 반응으로 우리에게 요구되는 것은, 각자의 개성과 고유한 목소리로 진실하게 '나는 믿습니다'Credo라고 말하는 것입니다. 이로써 우리는 우리로서는 알지도 맛보지도 소유하지도 못할 영원한 생명의 신비로 들어가게 됩니다. 우리는 사도신경과 함께 이 놀라운 복음을 익혀 갑니다. 우리를 위한 하나님이 누구신지 알아가는 만큼, 아멘이신 그리스도처럼 하나님의 뜻을 이 땅에 겸손하면서도 담대히 번역하게 됩니다. 삼위 하나님의 교제로부터 흘러나오는 은혜 덕분에, 우리는 서툴기는 하지만 예수 그리스도를 따르는 그리스도인의 삶을 세상 한복판에서 살아갑니다. 그리고 성부 우편에서 우리를 위해 중보하시는 그리스도처럼, 우리도 타자를 위해 기도하는 존재로 변모하게 됩니다. 이때 우리의 간구가 어떠해야 할지를 그리스도인의 믿음과 삶의 기준인 성경의 마지막 문장이 간단명료하게 알려 줍니다.

"주 예수의 은혜가 모든 자들에게 있을지어다. 아멘"(계 22:21).

— Symbolum Apostolorum

Credo in Deum Patrem omnipotentem,

Creatorem coeli et terrae;

Et in Iesum Christum,

Filium eius unicum, Dominum nostrum,

qui conceptus est de Spiritu Sancto,

natus ex Maria Virgine,

passus sub Pontio Pilato,

crucifixus, mortuus, et sepultus,

descendit ad inferna, tertia die resurrexit a mortuis,

ascendit ad coelos,

sedet ad dexteram Dei Patris omnipotentis,

inde venturis est iudicare vivos et mortuos;

Credo in Spiritum Sanctum,

sanctam Ecclesiam catholicam,

sanctorum communionem,

remissionem peccatorum,

carnis resurrectionem, et vitam aeternam.

Amen.

— 사도신경 | 새번역

나는 전능하신 아버지 하나님,
천지의 창조주를 믿습니다.
나는 그의 유일하신 아들,
우리 주 예수 그리스도를 믿습니다.
그는 성령으로 잉태되어
동정녀 마리아에게서 나시고,
본디오 빌라도에게 고난을 받아
십자가에 못 박혀 죽으시고, [음부에 내려가사]
장사된 지 사흘 만에 죽은 자 가운데서 다시 살아나셨으며,
하늘에 오르시어
전능하신 아버지 하나님 우편에 앉아 계시다가,
거기로부터 살아있는 자와 죽은 자를 심판하러 오십니다.
나는 성령을 믿으며,
거룩한 공교회와
성도의 교제와
죄를 용서받는 것과
몸의 부활과 영생을 믿습니다.
아멘.

우리가 믿는 것들에 대하여

— The Apostles' Creed | Book of Common Prayer, 1662

I believe in God the Father Almighty,

Maker of heaven and earth;

And in Jesus Christ

his only Son our Lord,

Who was conceived by the Holy Ghost,

Born of the Virgin Mary,

Suffered under Pontius Pilate,

Was crucified, dead, and buried,

He descended into hell; The third day he rose again from the dead,

He ascended into heaven,

And sitteth on the right hand of God the Father Almighty;

From thence he shall come to judge the quick and the dead.

I believe in the Holy Ghost;

The holy Catholick Church;

The Communion of Saints;

The Forgiveness of sins;

The Resurrection of the body, And the life everlasting.

Amen.

I believe in God, the Father almighty,

creator of heaven and earth.

I believe in Jesus Christ, his only Son, our Lord.

He was conceived by the power of the Holy Spirit

and born of the virgin Mary.

He suffered under Pontius Pilate,

was crucified, died, and was buried.

He descended to the dead.

On the third day he rose again.

He ascended into heaven,

and is seated at the right hand of the Father.

He will come again to judge the living and the dead.

I believe in the Holy Spirit,

the holy catholic Church,

the communion of the saints,

the forgiveness of sins,

the resurrection of the body,

and the life everlasting. Amen.

주

서문

1 아이리스 머독, 『종(鐘)』, 이명섭 옮김 (서울: 삼성출판사, 1982), 20. 원문을 현행 한글 맞춤법에 맞게 각색했다.

2 Tyrannius Rufinus, *Commentarius in symbolum apostolorum*, 2 참고.

3 사도신경의 라틴어 원문은 '나는 믿습니다'를 뜻하는 현재 능동태 직설법 1인칭 단수 형 동사 Credo로 시작한다. 사도신경 우리말 번역은 여러 가지가 있지만, 그중 "나는 믿나이다"로 시작하는 성공회 번역을 제외하고는, 가톨릭과 개신교의 번역 모두 동사 '믿다'를 문장 마지막에 둔다.

서론. 믿음에 대하여

1 고대인들이 정경을 결정하는 데 있어 성경 코덱스의 무게와 크기와 가격이라는 물리 적·경제적 요인을 무시할 수 없었다. 본문 전체가 보전된 가장 오래된 불가타 번역 성 경은 8세기에 만들어진 아미아티누스 사본이다. 2천 쪽이 넘는 이 사본은 무게가 약 34kg, 높이는 약 49cm, 너비가 약 34cm, 두께가 약 18cm이다. 티머시 빌, 『계시록과 만나다: 천상과 지상을 비추는 괴물』, 강성윤 옮김 (서울: 비아, 2022), 171, n.1 참고.

2 Kýrillos A Ierosolýmon, *Katéchéseis*, V.12. 한국어 번역은 다음에서 인용했다. 헨리 비텐슨, 『후기 기독교 교부』, 김종희 옮김 (서울: 크리스챤다이제스트, 1997), 62. 번역 서에는 5.14로 잘못 표기되어 있다.

3 반면 동방정교회는 공의회를 통해 공인된 니케아 신경을 예배 중에 사용한다. 사도신 경, 니케아 신경, 아타나시우스 신경를 초기교회가 받아들인 공교회의 규범적 신앙고 백이라는 의미에서 에큐메니컬 신경이라고 부른다. 개신교에서 주로 사도신경을 인정 하는 것 같지만, 성공회 기도서나 루터교 예식서에는 에큐메니컬 신경들이 포함되어 있다.

4 필립 샤프, 『신조학』, 박일민 편역 (서울: 기독교문서선교회, 1984), 19. 강조는 필자의 것.

5 이현우, 『아주 사적인 독서』 (파주: 웅진지식하우스, 2013), 130.

6 G. K. 체스터턴, 『정통』, 홍병룡 옮김 (서울: 상상북스, 2010), 32. 강조는 필자의 것.

7 체스터턴, 『정통』, 35. 강조는 필자의 것.

8 예수 그리스도께서 가르치신 기도에는 복수로서 '우리'가 사용되고 있고(마 6:9-13),

니케아 신경 그리스어 본문도 '우리는 믿습니다'를 뜻하는 복수형 동사 *pisteúome*로 시작된다.

9   Augustinus, *Expositio in psalmos*, CXXIII.1. 본문은 다음 영어 번역본에서 중역했다. https://www.ccel.org/ccel/schaff/npnf108.ii.CXXIII.html (2022.3.30. 최종접속).

10 Anselmus, *Proslogion*, XXVI. 우리말 번역은 다음에서 인용했다. 캔터베리의 안셀무스, 『모놀로기온 & 프로슬로기온』, 박승찬 옮김 (서울: 아카넷, 2002), 231.

11 개역개정 성경에서 '영적 예배'로 번역된 '로기케 라트레이아'(*logike latreia*)는 신적 이성이 그 안에서 작용하는 인간 이성에 적합한 예배를 뜻한다. Hermann Strathmann, "latreia", in *Theological Dictionary of the New Testament: Abridged in One Volume*, ed. Gerhard Kittel, Gerhard Friedrich, and Geoffrey W. Bromiley, trans. Geoffrey Bromiley (Grand Rapids: William B. Eerdmans, 1985), 504 참고.

12 Martin Luther, *Der Große Katechismus*, 2.1-2. 장, 절, 항은 독일어 원본에 없지만 많은 현대 판본에서 사용되기에 참고용으로 표기했다. 이하 루터의 『대교리문답』의 직접 인용은 다음 번역본에서 하기로 한다. 마르틴 루터, 『대교리문답』, 최주훈 옮김 (서울: 복 있는 사람, 2017), 201.

13 Augustinus, *Enchiridion*, 5. 이하 본서는 인용 시 다음 번역본을 사용하기로 한다. 아우구스티누스, 『고백록과 신앙편람』, 원성현 외 옮김 (서울: 두란노아카데미, 2011), 492. 강조는 필자의 것.

14 이는 아우구스티누스 저작 곳곳에 나타나는 중요 주제이다. 대표적으로 다음을 보라. Augustinus, *De vera religione*, xli.77. (『참된 종교』 분도출판사)

15 루터는 단지 사도신경만이 아니라 시편이나 복음서나 서신서와 같은 성경 본문과 주기도문과 십계명을 가지고 기도할 것을 권장한다. 마르틴 루터, 『마르틴 루터의 단순한 기도』, 김기석 옮김 (서울: IVP, 2020), 11.

1장. 하나님

1   Jean Calvin, *Institutio Christianae Religionis*, 1.3.1. (『기독교 강요』 생명의말씀사)

2   엔도 슈샤쿠, 『침묵』, 공문혜 옮김 (서울: 홍성사, 1982), 181.

3   '종교적 인간'이라는 표현은 종교학자 미르체아 엘리아데(Mircea Eliade, 1907-1986)가 처음 사용한 것으로 알려져 있다. 이 개념의 뿌리는 고대 로마의 철학자 키케로(Marcus Tullius Cicero, BC 106-43)에게로 거슬러 간다. 하지만 엘리아데는 '종교적 인간'이란 표현을 주조하며 이 개념의 함의를 종교사적으로 풀어낸다. 특별히 비종교적 인간마저 종교적 인간의 산물이라는 도발적 통찰은 눈여겨볼 만하다. 미르체아

엘리아데, 『성과 속: 종교의 본질』, 제2판, 이동하 옮김 (서울: 학민사, 2001), 13-17.

4 Étienne Gilson, *God and Philosophy*, 2nd ed. (New Haven: Yale University Press, 2002), 63-72. (『철학자의 신』 도서출판100 출간 예정).

5 이에 대한 간결하지만 밀도 있는 논의로는 다음을 참고하라. 폴 카페츠, 『그리스도교의 신: 역사적 개관』, 김지호 옮김 (고양: 도서출판100, 2021), 13-17.

6 고대 근동의 다양한 신에 관해서는 다음 책의 6-9장을 참고하라. 강승일, 『신의 얼굴을 그리다』 (서울: CLC, 2018). 책의 4장은 구약성경에 나오는 가나안의 신에 관한 고대 근동학적 연구 결과도 간략하게 소개하고 있다.

7 이사야는 고난의 종의 노래를 네 번 제시한다(사 42:1-4; 49:1-6; 50:4-9; 52:13-53:12). 종의 노래는 이스라엘의 자기 이해뿐만 아니라 장차 오실 메시아의 사역을 이해하는 데 중요한 역할을 한다.

8 대표적으로 기원전 5-6세기에 활동한 크세노파네스(Xenophanes)는 가축이 손이 있다면 신을 가축 모양으로 그렸을 것이라 풍자했다. Xenophanes, *Fragments*, ed. and trans. Arthur Fairbanks, 5-6. https://www.uvm.edu/~jbailly/courses/11Presocratics/Xenophanes%20Fragments.html (2022.3.19. 최종접속).

9 Hómēros, *Iliás*, XIX, 270-274. 다음 한국어 번역본에서 인용했다. 호메로스, 『일리아스』, 개정판, 천병희 옮김 (서울: 단국대학교출판부, 2001), 432.

10 복음서에 기록된 삼위일체 하나님이 계시되는 또 다른 중요한 사례는 변화산 사건이다(막 9:7).

11 Augustinus, *De Trinitate*, 8.10.14. (『삼위일체론』 분도출판사)

12 한스 우르스 폰 발타사르, 『신앙고백: '사도신경' 묵상』, 장홍훈 옮김 (대전: 대전가톨릭대학교출판부, 2006), 24-25. 강조는 필자의 것.

13 Augustinus, *De civitas Dei*, I. Praefatio. 참고.(『신국론』 분도출판사)

14 J. M. 로호만, 『사도신경 해설』, 오영석 옮김 (서울: 대한기독교출판사, 1984), 57. 강조는 필자의 것.

15 신경의 한국어 번역은 다음에서 인용했다. "아타나시우스 신경," *Christian Reformed Church*, https://www.crcna.org/welcome/beliefs/creeds/athanasian-creed?language=ko (2022.3.19. 최종접속).

16 Gregorius Nyssenus, *Oratio catechetica magna*. XXIV. 본문 인용은 다음 영역본에서 중역했다. Gregory of Nyssa, *Dogmatic Treatises, etc.* (trans. Philip Shaff, *NPNF*, II/5, 492). https://www.ccel.org/ccel/schaff/npnf205.xi.ii.xxvi.html (2021.12.19. 최종접속). 강조는 필자의 것.

17 존재자 사이의 차이를 대립과 갈등으로 보는 '폭력적 존재론'과 이에 대한 대안으로서 삼위일체론적 문법에서 나오는 평화의 존재론은 다음을 참고하라. 제임스 K. A. 스미스, 『급진 정통주의 신학』, 한상화 옮김 (서울: CLC, 2011), 97, 262-265.

18 칼 바르트, 『교의학 개요: 사도신경에 담긴 기독교 진리』, 신준호 옮김 (서울: 복 있는 사람, 2015), 84.

19 바르트, 『교의학 개요』, 84.

20 Étienne Gilson, *The Unity of Philosophical Experience*, rev. ed. (San Francico: Ignatius, 1999), 255. 강조는 필자의 것.

21 알렉산더 슈메만, 『세상에 생명을 주는 예배』, 이종태 옮김 (서울: 복 있는 사람, 2008), 20-21.

22 라이너 마리아 릴케, 『젊은 시인에게 보내는 편지』, 김지혁 옮김 (서울: 고려대학교출판부, 2006), 15.

2장. 예수 그리스도

1 프랜시스 영, 『신경의 형성: 신경은 어떻게 신경이 되었는가?』, 강성윤·민경찬 옮김 (서울: 비아, 2022), 40.

2 325년에 작성된 니케아 신경은 다음 번역본을 인용했다. 알리스터 맥그래스 편, 『신학이란 무엇인가 Reader』, 김기철 옮김 (서울: 복 있는 사람, 2021), 65. 강조는 필자의 것.

3 "말씀이 육신이 되어 우리 가운데 거하시매"(요 1:14, 개역개정)에서 '거하시매'로 번역된 동사 *eskēnōsen*의 어원에는 천막을 뜻하는 *skéné*가 들어있다.

4 인류의 대표로서 그리스도가 인류를 위해 성부께 드리는 대리적 예배와 기도에 관해서는 다음 책 2장을 참고하라. 제임스 토런스, 『예배, 공동체, 삼위일체 하나님』, 김진혁 옮김 (서울: IVP, 2022).

5 Martin Luther, *Der Große Katechismus*, 2.26. 루터, 『대교리문답』, 209-210. 강조는 필자의 것.

6 이에 대한 개괄적 소개로 다음 책을 보라. 래리 허타도, 『아들을 예배함: 초창기 기독교 예배 의식 속의 예수』, 마이클 버드 편, 손동민 옮김 (서울: 이레서원, 2019). 특별히 4장과 5장을 참고하라.

7 한스 콘첼만, 『신약성서신학』, 김철손 외 옮김(서울: 한국신학연구소, 1982), 102-104.

8 신경의 한국어 번역은 다음에서 인용했다. "아타나시우스 신경," *Christian Reformed Church*, https://www.crcna.org/welcome/beliefs/creeds/athanasian-creed?language=ko (2021.12.21. 최종접속). 강조는 필자의 것.

9 Irenaeus. *Adversus Herereses*, III.22.4. (trans. Alexander Roberts and William Rambaut, *ANF*, I), https://www.newadvent.org/fathers/0103322.htm (2021.12.22. 최종접속). 본문 인용은 영역본에서 중역했고, 강조는 필자의 것이다.

10 예배의 본질이 하나님 우편에 계신 그리스도가 성부께 드리는 송영의 '예전적 아멘'인 것과 마찬가지로, 마리아를 포함한 인류의 순종은 우리를 위한 영원한 성자의 순종에 대한 '아멘'으로 볼 필요가 있다. 그리스도가 하신 일에 대한 반응으로서 우리의 '아멘'에 관해서는 다음 책을 보라. 토런스, 『예배, 공동체, 삼위일체 하나님』, 17.

11 로호만, 『사도신경 해설』, 106.

12 이진수, "빌라도의 고백," 「허호익 교수의 신학마당」, http://theologia.kr/board_season/66806 (2021.12.22. 최종접속). 원 대본의 일부를 필자가 현행 한글 맞춤법에 맞게 개정했다.

13 바르트, 『교의학 개요』, 174.

14 바르트, 『교의학 개요』, 175-176.

15 국가는 인간적인 자원을 활용함으로써 하나님이 주신 권세를 정의와 평화를 보호하기 위해 사용해야 한다는 국가관은 히틀러에 반대했던 독일 고백교회가 채택한 「바르멘 신학선언」 5항의 중요 주제이다.

16 도로시 세이어즈, 『기독교 교리를 다시 생각한다』, 홍병룡 옮김 (서울: IVP, 2009), 30.

17 "미국 장로교 간추린 신앙고백," 미국 장로교 총회, 『신앙고백서』, 공식 한국어 번역판 (루이즈빌: 미국장로교 총회 사무국, 2007), 11.2.

18 일례로 「하이델베르크 요리문답」 37문은 사도신경의 '고난을 받으사'의 의미를 묻고 있다. 이에 대한 답은 그리스도는 '생애 전체'를 걸쳐 우리를 위해 고난을 받으셨고, 특히 삶의 최후 기간에 인류 죄에 대한 하나님의 진노를 짊어지셨다고 설명한다.

19 Jean Calvin, *Instruction et Confessione de Foy*, XX. 이하 본서는 다음 한국어 번역본에서 인용하기도 한다. 존 칼빈, 『기독교 강요 요약』, 이형기 옮김 (고양: 크리스챤다이제스트, 1986), 58. 강조는 필자의 것.

20 비록 good과 holy의 일반적 용례에 있어 의미의 차이가 있지만, Good Friday에서 good은 '거룩한 혹은 순수한'이란 의미이다.

21 Platon, *Phaidon*, 118. 본문은 다음 번역본에서 인용했다. 플라톤, 『플라톤의 대화』, 최명관 옮김 (서울: 종로서적, 1981), 217.

22 위르겐 몰트만, "그리스도의 십자가로부터 희망의 탄생," 윤철호 편역, 『현대 신학자들의 설교』 (서울: 한들, 2011), 114-115.

23 스탠리 하우어워스, 『십자가 위의 예수』, 신우철 옮김 (서울: 새물결플러스, 2009), 76

24 한국 개신교 역사상 최초의 사도신경은 언더우드가 1894년에 간행한 찬양가에 실렸고 여기에는 그리스도의 음부강하가 포함되어 있다. 하지만 1897년 감리교 선교사들이 펴낸 찬미가에서 이 조항이 빠져 있는데, 이것은 18세기 감리교회의 창시자 존 웨슬리가 만든 「25개조 신조」에 이 구절이 없기 때문이다. 이러한 이유로 1908년 장로교와 감리교와 성결교 세 교단이 합동으로 펴낸 찬송가에도 그리스도의 음부강하가 생략되었고, 한국 개신교는 그 이후 음부강하 문구가 없는 사도신경 번역을 사용해 왔다. 다음을 참고하라. 손은실, "부록," 토마스 아퀴나스, 『사도신경 강해설교』, 손은실 옮김 (서울: 새물결플러스, 2015), 274-280.

25 Calvin, *Institutio*, 2.16.8. (『기독교 강요』 생명의말씀사)

26 Calvin, *Instruction*, XX. 칼뱅, 『기독교 강요 요약』, 58-59.

27 힐다 스미스, "갈릴리의 목수," 김희보 편역, 『기독교 명시선』 (서울: 대한기독교서회, 1969), 26. 이 선집에 실린 번역을 필자가 현행 한글 맞춤법에 맞게 개정했다.

3장. 사람

1 데이비드 벤틀리 하트, 『바다의 문들』, 차보람 옮김 (서울: 비아, 2021), 156.

2 스탠리 그렌츠, 『조직신학: 하나님의 공동체를 위한 신학』, 신옥수 옮김 (서울: 크리스챤다이제스트, 2003), 274. 강조는 필자의 것.

3 앤터니 티슬턴, 『조직신학: 진리 성경 역사 해석』, 박규태 옮김 (서울: IVP, 2018), 223-225 참고.

4 다마스쿠스의 요한네스를 다음 책에서 재인용했다. 존 메이엔도르프, 『비잔틴 신학: 역사적 변천과 주요 교리』, 박노양 옮김 (서울: 정교회출판사, 2010), 91.

5 초기 그리스도교 이래 인간에 대한 보편적 존중의 근거를 하나님 형상에서 찾곤 했다. 인간에 관한 관심이 고조되던 근세 초기에 활동하던 종교개혁자들의 작품에서 인간 존엄과 하나님 형상이 매우 인상적인 방식으로 결합하기도 했다. 대표적으로 다음을 보라. Calvin, *Institutio*, 2.1.3.

6 Ernest Renan, *Vie de Jésus* (Paris : Michel Lévy, 1863). (『예수의 생애』 도서출판 창).

7 Friedrich Nietzsche, *Der Antichrist : Fluch auf das Christentum* §29. (『안티크리스티』 아카넷)

8 Iris Murdoch, "On 'God' and 'Good'," in *The Sovereignty of Good* (Abingdon: Routledge, 2001), 51 참고. (『선의 군림』 이숲)

9 폴 틸리히, "실존주의와 정신분석학의 신학적 의미," 『문화의 신학』, 남정우 옮김 (서

우리가 믿는 것들에 대하여

울: 대한기독교서회, 2002), 130-131.

10 요제프 랏씽어, 『그리스도 신앙 어제와 오늘』, 장익 옮김 (왜관: 분도출판사, 1975), 242-243. 본문에는 오늘날 가톨릭에서 사용하는 음역인 라칭어로 표기한다.

11 그런 의미에서 그리스도의 부활은 "죽은 이들을……끌어 올려 함께 데리고 가심을 의미"한다. 폰 발타사르, 『신앙고백』, 49.

12 암브로시우스가 만들었다고 전해지는 라틴 찬양의 영어 번역을 우리말로 번역했다. 원문은 다음에서 참고했다. https://www.catholicculture.org/culture/liturgicalyear/prayers/view.cfm?id=1298 (2022.3.20. 최종접속)

13 Dante Alighieri, *Inferno*, XXXIV.112-115. 다음 한국어 번역본에서 인용했다. 단테 알리기에리, 『신곡: 지옥편』, 박상진 옮김 (서울: 민음사, 2007), 353.

14 「제네바 요리문답」(문 81), 「웨스트민스터 대요리문답」(문 54), 「하이델베르크 요리문답」(문 50) 등 개신교의 여러 신앙고백과 요리문답도 성부 오른쪽을 문자주의적으로 해석하는 것을 경계한다. 이하 성부 오른편을 '선물' 개념과 연관하여 해석하는 것은 Tyrannius Rufinus, *Commentarius in symbolum apostolorum*, 21과 폰 발타사르, 『신앙고백』의 통찰을 빌려왔다.

15 Thomae de Aquino, *Expositio in Symbolum Apostolorum*, 87. 이하 이 책의 인용은 다음 번역본에서 하기로 한다. 토마스 아퀴나스, 『사도신경 강해설교』, 손은실 옮김 (서울: 새물결플러스, 2015), 177.

16 Calvin, *Instruction*, XX. 칼뱅, 『기독교 강요 요약』, 59.

17 로완 윌리엄스, 『인간이 된다는 것: 몸, 마음, 인격』, 이철민 옮김 (서울: 복 있는 사람, 2019), 146, 148. 강조는 필자의 것.

18 Augustinus, *De doctrina christina*, 1.35. (『그리스도교 교양』, 분도출판사)

19 이하 내용의 일부는 다음 글의 내용을 각색한 것이다. 김진혁, "죄론에 대한 비조직적 단상," 「복음과 상황」 371 (2021), 22-32.

20 파울 알트하우스, 『교의학 개론: 조직신학 입문』, 윤성범 옮김 (서울: 대한기독교서회, 1953), 210.

21 이러한 이유로 종교개혁 성서해석학의 기본 원리인 성서의 '문자적 의미'가 고대교회의 해석학인 '신앙의 의미' 곧 '신앙의 잣대'의 빛 아래서 해석에 의해 보충될 필요가 있다. 이에 대한 복음주의 신학 내부의 논의로 다음을 참고하라. 케빈 밴후저, 『교리의 드라마』, 윤석인 옮김 (서울: 부흥과개혁사, 2017), 115-118.

22 여기서는 바르트의 통찰을 응용하여 죄론을 전개했다. 바르트는 죄는 독립적 자리를 가지는 것이 아니기에, 예수 그리스도 안에서 계시된 하나님의 긍정의 반대로만 이해

될 수 있을 뿐이다. 칼 바르트,『교회 교의학: 화해에 관한 교의』VI/1, 김재진 옮김 (서울: 대한기독교서회, 2017), 229-231.

23 여기서 언급되는 죄의 세 가지 형태에 관해서는 다음을 참고하라. 바르트,『교회 교의학』VI/1, 234-237.

24 Augustines, *De peccatorum meritis et remissione*, 3.14. 참고.

25 Dante Alighieri, *Paradiso*, VII.25-27. 이마미치 도모노부,『단테「신곡」강의』, 이영미 옮김 (서울: 안티쿠스, 2008), 473에서 재인용.

26 체스터턴,『정통』, 44.

27 존 번연,『죄인의 괴수에게 넘치는 은혜』, 고성대 옮김 (파주: 크리스천다이제스트, 2016), 23.

28 Tyrannius Rufinus, *Commentarius in symbolum apostolorum*, 32.

29 Augustinus, *Enchiridion*, 53. 아우구스티누스,『고백록과 신앙편람』, 533.

4장. 성령과 교회

1 이후 381년에 채택된 니케아-콘스탄티노폴리스 신경은 성령의 신성을 설명하는 문구가 첨부되고, 교회와 죄의 용서와 몸의 부활과 영생에 관한 조항이 뒤따른다.

2 바르트,『교의학 개요』, 219. 강조는 필자의 것.

3 이는 니케아-콘스탄티노폴리스 신경의 성령론을 인용한 것이다. 성령이 '성부로부터 나오시고'라는 구절은 한편으로는 성령이 '성부에게서 태어나신' 성자와는 다르게 발현하지만, 다른 한편으로는 성부께서 만드신 피조물과는 달리 영원한 하나님임을 보여준다. '성부와 성자와 더불어 예배와 영광을 받다' 역시 유일신론적 문법에 따라 성부 성자 성령이 모두 신성을 가지신 분임을 보여준다.

4 폰 발타사르,『신앙고백』, 60.

5 폰 발타사르,『신앙고백』, 62.

6 콜린 건턴,『하나 셋 여럿: 현대성의 문제와 삼위일체 신학의 응답』, 김의식 옮김 (서울: IVP, 2019), 234. 강조는 필자의 것.

7 바르트,『교회 교의학』IV/1, 1193, 1258.

8 로호만,『사도신경 해설』, 173. 강조는 필자의 것.

9 토런스,『예배, 공동체, 삼위일체 하나님』, 13 참고.

10 현대인 사이에서 성차별에 대한 민감성이 증대되며, 고대에 기록된 성경과 교리가 지나치게 남성중심적인 언어를 사용한다는 비판이 자주 일어난다. 그런데 히브리어가 포함된 셈어에서 영은 여성형 명사이다. 그런 의미에서 성령론을 통해 탈남성주의적

우리가 믿는 것들에 대하여

신론을 전개하는 움직임도 있다(곧 키프리아누스의 사례에서 보겠지만 넓게, 보아 성령론에 속하는 교회론에서도 여성적 이미지가 전통적으로 사용되었다).

11 Thaschus Caecilius Cyprianus, *De catholicae ecclesiae unitate*, 5-6. 인용은 다음 번역본을 사용했다. 키프리아누스, 『보편교회의 일치』, 『초기라틴신학』, 이상훈·이은혜 옮김 (서울: 두란노아카데미, 2011), 159.

12 그 외에도 종교의 창시자, 상징체계와 의례, 경전과 교리를 포함한 가르침 등을 종교를 구성하는 요소로 거론하기도 한다.

13 이하 거룩한 교회와 성도의 교제는 다음 글을 발전시킨 것이다. 김진혁, "조직신학으로 본 공동체," 『그말씀』 381 (2021), 110-123.

14 Augustinus, *Confessiones*, VIII.2.3. 이하 아우구스티누스의 『고백록』은 다음 번역본에서 인용했다. 어거스틴, 『고백록』, 선한용 옮김 (서울: 대한기독교서회, 2003), 249.

15 엄밀히 말하자면 catholic을 '보편적'(universal)으로 번역하는 것은 부적절하다. catholic은 '통일성'과 '다수성'을 포괄하기에, 동방정교회의 경우 catholic을 보편적으로 번역하는 것에 비판적 태도를 취한다. 하지만 이 글에서는 개신교회의 일반적 용례에 따라 catholic을 보편적으로 표현했다. 다음을 참고하라. 블라디미르 로스끼, 『동방교회의 신비신학에 대하여』, 박노양 옮김 (서울: 한국장로교출판사, 2003), 214.

16 Kýrillos A Ierosolýmon, *Katēchēseis*, XVIII.23-26. 맥그래스, 『신학이란 무엇인가 Reader』, 826에서 재인용.

17 Ben Myers, *The Apostles' Creed* (Bellingham: Lexham, 2018), 104. (『사도신경』 솔라피데)

18 대표적으로 종교개혁 당시 루터파가 작성한 「아우크스부르크 신앙고백」 7항을 보라.

19 라틴어 *sanctorum*은 남성 혹은 중성의 복수 속격이다. 그렇기에 *sanctorum communio*는 인격적 의미에서 '거룩한 자들의 교제'가 될 수도 있고, 비인격적 의미에서 '거룩한 것들의 교제(나눔)'로도 번역될 수 있다.

20 Martin Luther, *Der Große Katechismus*, II.51. 루터, 『대교리문답』, 221.

21 디트리히 본회퍼, 『나를 따르라』, 김순현 옮김 (서울: 복 있는 사람, 2016), 125. 강조는 필자의 것.

22 김선영, 『믿음과 사랑의 신학자 - 마르틴 루터』 (서울: 대한기독교서회, 2014) 참고.

23 Augustinus, *Confessiones*, I.6.8. 참고.

24 디트리히 본회퍼, 『성도의 교제: 교회사회학에 대한 교의학적 연구』, 유석성·이신건 옮김 (서울: 대한기독교서회, 2010), 60-65 참고.

25 Donald McKim, "communion of saints," in *Westminster Dictionary of Theological*

Terms (Louisville: Westminster John Knox Press, 1996), 55.

26 이는 동방정교회 교회론의 두드러진 주제이지만, 현대 서방신학에도 큰 영향을 끼쳤다. Veli-Matti Kärkkäinen, *An Introduction to Ecclesiology* (Downers Grove: IVP Academics, 2002), 17-25.

27 C. S. 루이스, "내부 패거리," 『영광의 무게』, 홍종락 옮김 (서울: 홍성사, 2019), 141-157.

28 윌리엄 윌리몬, 『오라, 주님의 식탁으로』, 정다운 옮김 (서울: 비아, 2021), 225-226. 강조는 필자의 것.

29 로호만, 『사도신경 해설』, 196. 강조는 필자의 것. 라우렌시오의 일화도 로호만의 책을 통해 알게 되었음을 밝힌다.

5장. 죄 사함

1 Ludwig Wittgenstein, "A Lecture on Ethics," in *Philosophical Occasions*, 1912-1951, ed. James Klagge and Alfred Nordmann (Indianapolis and Cambridge: Hackett Publishing Co., 1993), 42 참고.

2 John Donne, "Bartter My Heart, Three Person'd God (Holy Sonnet XIV)." 필자의 번역.

3 한국 루터교회의 경우 성경은 '규범의 규범'(*norma normans*)으로서 신학의 자료 중 최고 권위를 가진다는 의미에서 '경'자를 붙이고, 사도신경의 경우에는 '규범으로 규범된 규정'(*norma normata*) 중 하나이기에 사도신조라고 부른다. 다음의 참고하라. 루터, 『대교리문답』, 119, 옮긴이주 1.

4 따라서 종교개혁 이후 만들어진 신앙고백문의 경우 아우크스부르크, 제네바, 웨스트민스터 등과 같이 종교개혁운동의 중심지였던 서유럽의 실재 도시명이 신앙고백의 이름에 종종 사용된다. 물론 고대교회에서도 니케아, 콘스탄티노폴리스 등 공의회가 열렸던 지중해 일대의 도시명을 신경 이름에 사용했다.

5 Irenaeus, *Adversus Herereses*. II.20.3. 본문 인용은 다음 영역본에서 중역한 것이다. https://www.newadvent.org/fathers/0103220.htm (2022.3.29. 최종접속)

6 맥그래스, 『신학이란 무엇인가』, 751-752 참고.

7 인간의 본성은 하나님의 선한 창조이기에 죄에도 불구하고 여전히 좋은 것이고, 그런 의미에서 인간이 자신의 피조적 본성의 일부인 죽음마저 두려워하는 것은 죄 때문이다. 죄는 삶의 마지막에 암흑 같은 죽음이 아니라 자비로운 하나님이 계심을 가려버린다. 칼 바르트, 『교회 교의학 III/2』, 오영석·황정욱 옮김 (서울: 대한기독교서회,

2017), 593-643.

8 여기서는 죽음이 가진 부정적 결과에 집중했지만, 사실 죽음은 이중적 성격을 가진다.
   한편으로 죽음은 '삶의 완성'이지만, 다른 한편으로 '죄의 결과'이기도 하다. 성경은 죽
   음마저 하나님의 통치 아래 있으며, 죽음의 세력은 예수 그리스도의 죽음과 부활로 이
   미 깨어졌음을 알려 준다. 이에 관해서는, 김균진, 『죽음의 신학』 (서울: 대한기독교서
   회, 2002), 201 이하 참고.

9 Athanasius, *De incarnatione Verbi Dei*, 20 참고. (『하나님의 성육신에 관하여』 죠이
   북스)

10 Candida R. Moss, *The Other Christs: Imitating Jesus in Ancient Christian
   Ideologies of Martyrdom*, (Oxford: Oxford University Press, 2012-), 87-88 참고.

11 *Martýrion tou Agíou Polykárpou*, 1.1-1.2. 다음 한국어 번역본에서 인용했다. "스미
   르나 교회가 필로메리온 교회에 보낸 서신에 따른 스미르나의 감독 폴리카르포스의
   순교," 『초기 기독교 교부들』, 김선영 옮김 (서울: 두란노, 2011), 201-202. 강조는 필
   자의 것.

12 Publius Ovidius Naso, *Metamorphoses*, XV. 843-849. 다음 한국어 번역본에서 인용
   했다. 오비디우스, 『변신 이야기』 개정판, 천병희 옮김 (파주: 숲, 2017), 688.

13 Irenaeus, *Adversus Haereses*, V. pre. 한국어 번역은 다음 책에서 인용했다. 헨리 비
   텐슨, 『초기 기독교 교부』, 박경수 옮김 (서울: 크리스챤다이제스트, 1997), 111. 아
   타나시우스도 『말씀의 성육신에 관하여』에서 '하나님이 인간이 되신 것은 인간이
   신이 되게 하기 위해서'라는 유명한 말을 남긴 것으로 알려져 있다. Athanasius, *De
   Incarnatione Verbi Dei*, 54.

14 '만들어지지 않으시고 나시다'(begotten, not made)라는 고대교회의 신경의 표현을
   활용해 성자와 피조물의 차이를 재치 있게 설명한 사례로 다음을 참고하라. C. S. 루이
   스, 『순전한 기독교』, 장경철·이종태 옮김 (서울: 홍성사, 2001), 244-246.

15 Athanasius, *Contra Arianos*, II.68.70. 한국어 번역은 다음 책에서 인용했다. 헨리 비
   텐슨, 『초기 기독교 교부』, 박경수 옮김 (서울: 크리스챤다이제스트, 1997), 396-397.
   강조는 필자의 것.

16 루이스가 말했듯 그리스도교는 결국에는 평안을 이야기하더라도, 그 시작에는 낭패감
   혹은 죄책감이 있다. 루이스, 『순전한 기독교』, 65.

17 교부 시대부터 중세까지 신앙은 세 단계로 구분되었고, 그중 마지막 단계가 가장 궁극
   적 형태로 이해되었다. ① *crede Deum*(하나님이 존재하심을 믿다), ② *crede Deo*(하
   나님께서 말씀하시는 것을 믿다), ③ *credere in Deum*(하나님을 전적으로 신뢰하다).

현대 개신교 신학자들이 이런 식의 도식화를 따르지는 않더라도 이와 비슷하게 신앙을 이해하기도 한다.

18 루터가 독일어로 출판한 *Von der Freiheit eines Christenmenschen*(1520)을 확장한 라틴어판 *De Libertate Christiana*을 중역한 다음 책에서 인용했다. 마르틴 루터, "그리스도인의 자유," 『루터 저작선』, 존 딜렌버거 편, 이형기 옮김 (서울: 크리스챤다이제스트, 1997), 103-104. 강조는 필자의 것.

19 신학적으로 조금 더 정확하게 설명하자면, 아우구스티누스는 인간을 구원하는 하나님의 은혜를 선행(prevenient), 작용(operative), 협력(cooperative) 은혜로 나누어 설명한다. 우선 선행은총이란 인간의 회심 전에도 주어진 은혜이다. 작용은혜란 인간의 자유의지가 치유하도록 작용하는 (사건으로서 구원을 일으키는) 은총이다. 협력은혜는 인간이 완전에 이르도록 인간과 함께 일하는 하나님의 은혜이다. 이 셋은 사실 하나님의 은혜를 설명하고자 인간의 시간 의식에 따라 구분한 것이다.

20 아우구스티누스의 설교 일부를 다음 책에서 재인용했다. Alister E. McGrath, *Iustitia Dei: A History of the Christian Doctrine of Justification*, 3rd ed. (Cambridge: Cambridge University Press, 2005), 42. 강조는 필자의 것.

21 본회퍼, 『나를 따르라』, 28-51 참고.

22 Thomae, *Expositio in Symbolum Apostolorum*, 61-65. 토마스 아퀴나스, 137-143. 강조는 필자의 것.

23 참고로 교회론 자체가 없는 325년의 니케아 신경에는 '죄의 용서'가 나오지 않는다.

24 『가톨릭 교회 교리서』, 1210 참고.

25 1520년에 루터는 로마 가톨릭의 성사신학(또는 성례신학)을 비판하는 "교회의 바빌론 포로"에서 (가톨릭의 고해성사는 거부하지만) 복음에 입각한 진정한 '참회'를 세례와 성찬과 함께 세 가지 성례적 표지로 언급한다. 중세 가톨릭을 비판했던 루터의 개혁 운동에 동조한 목사들 사이에서도 곧 각종 혼란과 부패가 만연한 것을 보게 된 루터가 1529년에 초판을 출간한 『대교리문답』에서도, 십계명과 사도신경과 주기도와 성례(세례와 성찬)에 관한 설명을 하면서 참회로 책을 끝맺고 있다.

26 볼프하르트 판넨베르크, 『조직신학 서론』, 박정수 옮김 (서울: 비아, 2020), 8.

27 Anselmus, *Proslogion*, XXVI. 안셀무스, 『모놀로기온 & 프로슬로기온』, 232.

28 죄의 용서를 위한 하나의 세례와 공동체를 엮는 방식은 Myers, *The Apostles' Creed*, 115 참고.

29 Augustinus, *Contra Cresconium*, IV.21. 26. 한국어 번역은 다음에서 인용했다. 맥그래스, 『신학이란 무엇인가 Reader』, 923-924. 강조는 필자의 것.

30 본회퍼의 "성직과 교회" 강의안을 다음에서 재인용했다. 에버하르트 베트게, 『디트리히 본회퍼: 신학자-그리스도인-동시대인』, 김순현 옮김 (서울: 복 있는 사람, 2014), 651.

31 Luther, *Der Große Katechismus*, 루터, 『대교리문답』, 222-22 참고.

32 C. S. 루이스, "영광의 무게," 『영광의 무게』, 홍종락 옮김 (서울: 홍성사, 2008), 33-34. 강조는 필자의 것.

6장. 종말

1 한스 큉, 『사도신경: 현대인을 위한 사도신경 해설』, 이종한 옮김 (왜관: 분도출판사, 1999), 222.

2 성경과 신학을 '극'(drama)이라는 관점에서 볼 것을 제안하는 흥미로운 시도로 다음을 보라. 밴후저, 『교리의 드라마』, 94-107.

3 신구약 성경 내의 종말론적 다양성에 관한 대략적 개괄로 다음 책을 참고하라. 안토니 A. 후크마, 『개혁주의 종말론』 류호준 옮김 (서울: 기독교문서선교회, 1986), 13-38.

4 공인된 사도신경의 본문을 루피누스의 저작에 실려 있는 고대 로마신경과 비교해 보면, 일부 조항은 초기 로마신경에는 없었던 것을 알 수 있다(예를 들면 천지의 창조자, 그리스도의 음부행, 성도의 교제 등). 부활과 영생에 관한 조항은 루피누스의 해설에도 등장한다. 반면 325년에 작성된 니케아 신경은 종말에 관한 언급이 전혀 없다.

5 교회의 역사에서 요한계시록의 정경으로 위상에 대한 찬반 논의는 다음을 참고하라. 티머시 빌, 『계시록과 만나다』, 강성윤 옮김 (서울: 비아, 2022), 24-27.

6 요한계시록 속 장대한 종말론적 풍경에 들어있다고 많은 사람이 생각하는 '휴거'(살전 4:15-17)와 '적그리스도'(요일 2:18, 요이 1:7)는 정작 요한계시록에 나오지 않는다.

7 칼 바르트, 『로마서』, 손성현 옮김 (서울: 복 있는 사람, 2017), 986. 강조는 필자의 것.

8 물론 성경 내에도 다양한 시간에 대한 이해가 공존한다. 이처럼 약속과 성취 구조에 따라 과거와 현재와 미래를 이해하는 것은 구약성경의 신명기적 역사관에 강하게 나타난다. 한스 발터 볼프, 『구약성서의 인간학』, 문의석 옮김 (왜관: 분도출판사, 1976), 158-161.

9 위르겐 몰트만, 『희망의 신학: 그리스도교적 종말론의 근거와 의미에 대한 연구』, 이신건 옮김 (서울: 대한기독교서회, 2002), 118-121.

10 휘포스타시스(*hypostasis*)는 어원적으로 '아래에 서 있다'라는 뜻이다. 이 단어는 '기초, 토대, 실상' 등의 원래 의미도 있지만, '실현, 계획, 착수, 마음 상태' 등의 뜻도 파생되었다. 휘포스타시스의 의미의 다양성 때문에 히브리서 11:1의 믿음 개념에 관한 여

러 해석이 공존하게 되었다. 조재천, 『히브리서』 (서울: 홍성사, 2016), 179 참고.

11 2007년에 발표한 베네딕토 16세의 회칙 「희망으로 구원된 우리(Spe salvi)」, 8 참고.

12 칼뱅도 히브리서 11:1을 해설하며 믿음과 희망이 함께 엮어져 있음을 강조한다. 믿음 과 희망이 연결되는 근거는 하나님의 자비이다. Calvin, *Institutio*, 3.2.41.-3.2.43.

13 Thaschus Caecilius Cyprianus, *De mortalitate*, VII. 25. 맥그래스 편, 『신학이란 무엇 인가 Reader』, 1085-1086에서 재인용. 강조는 필자의 것.

14 꾸란 47:15; 55:68; 56:17-21; 76:5 등을 참고.

15 이와 비슷한 맥락에서 왜 고대 이스라엘의 신앙에서 내세 교리가 발전하지 않았는지 에 관한 논의로 다음을 참고하라. C. S. 루이스, 『시편 사색』, 이종태 옮김 (서울: 홍성 사, 2004), 61-65 참고.

16 고대교회의 신학자는 십자가와 부활을 하나님의 환대의 관점에서 해석하곤 했다. 일 례로 아우구스티누스는 십자가의 그리스도가 창에 찔린 자국이 부활 후에도 아물지 않은 것을 두고, 그 상처는 인류를 그리스도의 몸으로 환영하기 위해 열려있다고 해석 한다. Augustinus, *De civitas Dei*, XV. 26.

17 라틴어도 이에 해당하게 *carnis resurrectionem*를 사용한다. 이것은 초기 세례의식문 이 정착한 로마신경과 이후 사도신경에 나타나는 용례이다.

18 다음 책은 사도신경 그리스어 본문이 '육신(*sarx*)의 부활'이라고 하더라도 부활한 몸 은 죄에 취약한 육신(*sarx*)보다는 자기 정체성을 가진 전인적인 몸(*soma*)으로 이해해 야 한다고 주장한다. 랏쎙어, 『그리스도 신앙 어제와 오늘』, 284-285. 반면 다음 책은 사도신경이 육신의 부활이라고 함으로써 구원의 지평이 더 포괄적으로 드러난다고 긍 정적으로 평가한다. 로호만, 『사도신경 해설』, 217-219.

19 대표적으로 나지안조스의 그레고리오스(Gregorius Nazianzenus)가 말씀이 자유의지 를 빼고 인간의 육신을 취했다고 주장하는 아폴리나리우스주의에 반대하며 썼던 논 리이다. 이에 대해 그가 썼던 편지 본문은 다음을 참고하라. https://www.newadvent. org/fathers/3103a.htm (2022.4.9. 최종접속)

20 Thomae, *Expositio in Symbolum Apostolorum*, 146. 토마스 아퀴나스, 『사도신경 강 해설교』, 243.

21 예를 들면, 사회적 관심이 강했던 영미권 복음주의 첫 세대와 달리, 20세기 초반 복음 주의는 '대역전'이라 불릴 정도로 사회적 문제에 관해 무관심했다. 대역전의 근본 이 유 중 하나를 종말시 옛 창조의 파괴를 지지하는 문자주의적 전천년설에서 찾기도 한 다. 존 스토트, 『현대 사회 문제와 그리스도인의 책임』, 개정 4판, 정옥배 옮김 (서울: IVP, 2011), 31-32 참고.

22 바르트, 『교의학 개요』, 246.

23 다음 책은 구원의 범위를 네 가지로 구분한다. (1) 그리스도에 대한 인격적 신앙을 가진 자만 구원받는다, (2) 그리스도의 복음을 듣지 못한 사람의 구원에 관해 명확하게 말할 수는 없다, (3) 그리스도에 의해 성취된 보편적 구원에 그리스도교에 속하지 않은 사람도 참여할 가능성이 있다, (4) 윤리적 가르침을 가진 세계 종교는 각자 구원의 길을 제시한다. Dennis L. Okholm and Timothy R. Phillips, eds., *Four Views on Salvation in a Pluralistic World* (Grand Rapids: Zondervan, 1996).

24 마태복음에 지옥이 7번, 마가복음에 3번, 누가복음에 1번 등장한다. 물론 복음서에는 지옥(géenna)이 언급만 되지 그 모습이 구체적으로 정의되거나 묘사되지 않기에, 이후 그리스도교 역사에서 발전한 지옥 이미지를 가지고 이를 이해하는 것은 경계할 필요가 있다.

25 맥그래스, 『신학이란 무엇인가』, 523.

26 다음 책은 법철학의 변화가 시대별로 속죄론의 발전에 어떤 식으로 영향을 주었는지에 관한 흥미로운 관점을 제공한다. 아도니스 비듀, 『속죄, 법, 정의』, 신기성 옮김 (서울: 새물결플러스, 2020).

27 인간은 원죄를 가지고 태어나기에 용서가 필요할 뿐만 아니라, 아무리 노력하더라도 하나님께서 만족하실 수준으로 선을 행할 수도 없다. 그렇기에 개혁주의 계열 신학자 중에는 그리스도께서는 십자가에서 죄의 문제를 해결하셨을 뿐만 아니라, 삶 속에도 적극적인 순종으로 율법의 요구를 충족하심으로써 우리의 구원이 되셨다고 주장하기도 한다. 정통 개혁주의 칭의론에 관해 다음을 참고하라. 마이클 호튼, "전통적 개혁파," 마이클 호튼 외, 『칭의 논쟁: 칭의에 관한 다섯 가지 신학적 관점』, 임현묵 옮김 (서울: 새물결플러스, 2015), 123-165.

28 대표적으로 엡 2:12을 본문으로 한 설교 "하나님 없는 삶에 대하여"(On Living without God)를 참고하라. 존 웨슬리, 『웨슬리 설교전집』 VII, 한국웨슬리학회 옮김 (서울: 대한기독교서회, 2006), 361-368.

29 창조에 삼투한 은혜를 통한 타종교인의 구원 가능성을 열어 둔 웨슬리도 죽음 이후에 하나님의 은혜로 믿음을 가지게 된다는 생각은 비판했다. 다음을 참고하라. Randy L. Maddox, "Wesley as Theological Mentor: The Question of Truth or Salvation through Other Religions," *Wesleyan Theological Journal* 27 (1992), 13, 16. 하지만 근대세계의 도래와 함께 등장한 개신교 신학에서 자주 발견되는 '자연과 은혜'의 구분법을 활용하지 않는 고대교회에서는 두 가능성을 모두 중요하게 생각했다.

30 "A Homily for Holy Saturday" by unknown author, 맥그래스 편, 『신학이란 무엇인

가 Reader』, 611에서 재인용.

31 폰 발타사르, 『발타사르의 지옥 이야기』, 59.

32 디트리히 본회퍼, 『그리스도론』, 정현숙 옮김 (서울: 복 있는 사람, 2019), 30.

33 폰 발타사르, 『사도신경』, 52-53, 55.

34 중세 민담 "코케인"의 일부를 다음 책 부록에서 인용했다. 토마스 모어, 『유토피아』, 주경철 옮김 (서울: 을유문화사, 2007), 191.

35 존 지지울러스, 『친교로서의 존재』, 이세형·정애성 옮김 (춘천: 삼원서원, 2012), 14.

36 「웨스트민스터 소요리문답」 1문의 답("Man's chief end is to glorify God, and to enjoy him foreve")에서 가져온 문장이다.

37 John Donne, "Hymn to God, My God, in My Sickness"의 첫 연의 내용을 각색하고 번역했다.

38 「웨스트민스터 신앙고백」에 따르면, 사후에 의인의 영혼과 달리 악인의 영혼은 곧바로 지옥에 가서 고통스런 형벌을 받는다. 웨스트민스터 신앙고백이 이렇게 중간 상태를 설명할 수 있는 것은 '영혼불멸' 개념을 전제하기 때문이다. 반면, 중간 상태에 영혼은 그리스도와 함께 잠을 잔다는 '수면설'을 지지하는 그리스도교 전통과 신학자들도 있다.

39 Dante, *Paradiso*, 115-123. 다음 한국어 번역본에서 인용했다. 단테 알리기에리, 『신곡: 천국편』, 박상진 옮김 (서울: 민음사, 2007), 292.

40 빌, 『계시록과 만나다』, 28.

결론. 아멘, 그리고 다시 '믿음'에 대하여

1 요한복음 3:3 원문의 '아멘 아멘'을 개역개정 성경은 '진실로 진실로'로 번역했다.

2 Louis Ginzberg, "Amen," *Jewish Encyclopeida*, vol. 1., 491.

3 에큐메니컬 신경 중 칼케돈 신경과 아타나시우스 신경뿐 아니라 325년에 작성된 니케아 신경 본문이 아멘으로 끝맺지 않는다. 381년에 확장된 니케아-콘스탄티노폴리스 신경은 아멘과 함께 끝난다.

4 시편에서 신적 언어와 인간의 언어가 예수 그리스도의 두 본성에서 일치하는 것에 관해 다음을 참고하라. 로완 윌리엄스, 『다시 읽는 아우구스티누스: 유한자의 조건과 무한자의 부르심』, 이민희·김지호 옮김 (고양: 도서출판100, 2016), 61-67 참고.

5 Hans Urs von Balthasar, *Prayer*, trans. A. V. Littledale (New York: Sheed & Ward, 1961), 35.

찾아보기

우리가 믿는 것들에 대하여

우리가 믿는 것들에 대하여